问道乡村文化

刘 奇◎著

中国农业出版社

北京

"人化""化人" 守正创新（代序）

刘 奇

18世纪之前，中国一直是人类文明的引领者。相对于非洲及南美的乡村，今天的中国乡村是"文明型落后"，而它们是"原始型落后"。之所以称之为"文明型落后"，是因为中国的乡村有着源远流长、博大精深且薪火相传的文化积淀。中华民族五千年文明史源头在乡村，主体是乡村文化，载体是数百万个自然村落。文化的本质是"人化""化人"。所谓"人化"，即人对客观世界的认识和改造；所谓"化人"，即以共同认可的标准规范人的行为。乡村振兴，本质上是"乡村复兴"，复兴农业文明时代的辉煌。乡村振兴，既要"塑形"，更要"铸魂"。乡村之与城市具有食物保障、生态保育、文化传承三个自身独有、城市没有、未来必有的特殊功能，食物保障、生态保育是"塑形"，文化传承是"铸魂"，乡村文化是乡村振兴的灵魂工程。

传承乡村文化是乡村振兴的核心要义，乡村文化的传承不仅仅局限于看得见摸得着的物质和非物质遗产，更重要的在于思想理念、思维方式和优秀制度的传承。所谓思想理念的传承，如顺天时、量地利、应人心的农业哲学思想，这一被称为放之四海而皆准的人类文明的黄金定律理应成为我们行事的准则。再如崇尚集体的观念，西方人称呼中名在前、姓在后，中国人则是姓在前、名在后，彰显出以家族姓氏为先的群体意识，而非西方的自我为先的个体意识。所谓思维方式的传承，农业的思维方式出发点和落脚点都在于遵循规律、适应自然，而工业的思维方式则是驾驭规律、人定胜天。在地球生态环境严重恶化的当今时代，中央提出构建人类命运共同体和地球生命共同体，追求生态文明。农业文明的特征是低效、平衡、被动；工业文明的特征是高效、失衡、盲动，生态文明思维就是既要借鉴农业文明的平衡与工业文明的高效，又要克服农业文明的被动和工业文明的盲动。所谓优秀制度的传承，中华民族煌煌五千年在乡村积累了大量的优秀制度。如世世代代聚族而居的乡村熟人社会，建立在情感基础上的团结，是内生性的有机融合，而西方人建立在契约基础上的团结则是外律性的机械组合，契约随时可立可止，情感的建立则需要时间，爱一个人不容易，想忘掉他更难。由这种团结生成的"家园红利"，看不见摸不着，但对于乡村社会矛盾的调处、资源的配置、邻里的互助等意义重大，是乡村社会的黏合剂，其产生的向心力、凝聚力、感召力和归属感不可估量。在人口大流动的背景下，应充分挖掘这一优质资源，推进"家园红利"的累积。

不少人认为，文化是一个虚无缥缈、无迹可寻的空灵之物，乡村文化建设找不到抓手。还有一些人认为，文化建设是宣传文化部门的事，由他们抓就可以了。其实乡村文化建设既实在又具体，它需要全社会的共同努力，大体应从十个方面抓起：一是兴教育。下大功夫改变乡村教育的颓势，让乡村孩子能就地就近读书，为乡村振兴打牢人才基础。二是续文脉。赓续农业文明之脉，让老祖宗世代传承的耕读传家以及循环农业、有机农业、生态农业、立体种养、间作套种等优良传统发扬光大。三是集器物。把已经被新科技取代的传统生产生活用具作为文物收藏起来留给子孙后代。四是修村志。发动退休教师、干部、文化爱好者及走出去的大学生把这场史无前例的乡村蝶变记录下来。五是承技艺。既要有国家省市级非遗传人，还应设立县乡级非遗传人，非遗传人应进学校、进课堂，从孩子中培养承继者，可学习芬兰，由国家把非遗设立为小学生必修课。六是立乡约。起自先驾驭规律、人定胜天。在地球生态环境严重恶化的当今时代，中央提出构建人类命运共同体和地球生命共同体，追求生态文明。农业文明的特征是低效、平衡、被动；工业文明的特征是高效、失衡、盲动，生态文明思维就是既要借鉴农业文明的平衡与工业文明的高效，又要克服农业文明的被动和工业文明的盲动。所谓优秀制度的传承，中华民族煌煌五千年在乡村积累了大量的优秀制度。如世世代代聚族而居的乡村熟人社会，建立在情感基础上的团结，是内生性的有机融合，而西方人建立在契约基础上的团结则是外律性的机械组合，契约随时可立可止，情感的建立则需要时间，爱一个人不容易，想忘掉他更难。由这种团结生成的"家园红利"，看不见摸不着，但对于乡村社会矛盾的调处、资源的配置、邻里的互助等意义重大，是乡村社会的黏合剂，其产生的向心力、凝聚力、感召力和归属感不可估量。在人口大流动的背景下，应充分挖掘这一优质资源，推进"家园红利"的累积。

不少人认为，文化是一个虚无缥缈、无迹可寻的空灵之物，乡村文化建设找不到抓手。还有一些人认为，文化建设是宣传文化部门的事，由他们抓就可以了。其实乡村文化建设既实在又具体，它需要全社会的共同努力，大体应从十个方面抓起：一是兴教育。下大功夫改变乡村教育的颓势，让乡村孩子能就地就近读书，为乡村振兴打牢人才基础。二是续文脉。赓续农业文明之脉，让老祖宗世代传承的耕读传家以及循环农业、有机农业、生态农业、立体种养、间作套种等优良传统发扬光大。三是集器物。把已经被新科技取代的传统生产生活用具作为文物收藏起来留给子孙后代。四是修村志。发动退休教师、干部、文化爱好者及走出去的大学生把这场史无前例的乡村蝶变记录下来。五是承技艺。既要有国家省市级非遗传人，还应设立县乡级非遗传人，非遗传人应进学校、进课堂，从孩子中培养承继者，可学习芬兰，由国家把非遗设立为小学生必修课。六是立乡约。起自先

"人化""化人" 守正创新（代序）

刘 奇

18世纪之前，中国一直是人类文明的引领者。相对于非洲及南美的乡村，今天的中国乡村是"文明型落后"，而它们是"原始型落后"。之所以称之为"文明型落后"，是因为中国的乡村有着源远流长、博大精深且薪火相传的文化积淀。中华民族五千年文明史源头在乡村，主体是乡村文化，载体是数百万个自然村落。文化的本质是"人化""化人"。所谓"人化"，即人对客观世界的认识和改造；所谓"化人"，即以共同认可的标准规范人的行为。乡村振兴，本质上是"乡村复兴"，复兴农业文明时代的辉煌。乡村振兴，既要"塑形"，更要"铸魂"。乡村之与城市具有食物保障、生态保育、文化传承三个自身独有、城市没有、未来必有的特殊功能，食物保障、生态保育是"塑形"，文化传承是"铸魂"，乡村文化是乡村振兴的灵魂工程。

传承乡村文化是乡村振兴的核心要义，乡村文化的传承不仅仅局限于看得见摸得着的物质和非物质遗产，更重要的在于思想理念、思维方式和优秀制度的传承。所谓思想理念的传承，如顺天时、量地利、应人心的农业哲学思想，这一被称为放之四海而皆准的人类文明的黄金定律理应成为我们行事的准则。再如崇尚集体的观念，西方人称呼中名在前、姓在后，中国人则是姓在前、名在后，彰显出以家族姓氏为先的群体意识，而非西方的自我为先的个体意识。所谓思维方式的传承，农业的思维方式出发点和落脚点都在于遵循规律、适应自然，而工业的思维方式则是秦，盛于两宋的乡规民约对社会治理尤其重要，一乡一村应广泛发动社会成员订立符合当地实际的乡规民约，以此推进乡风文明。七是立家训。一家之内，家长身体力行，以身作则的无言之教谓之家风，写成条文，挂在墙上的有言之教谓之家训，有了良好的家风家训，才能形成良好的家教，家风文明是社会文明的基础，凡有家训传世的氏家大族，历代名人辈出，成为一方楷模。八是开夜市。城市有着丰富多彩的夜生活，乡村则是"月光下的孤独"，几千人的村庄开办夜市既能活跃经济，又可让留守群体交流信息，沟通情感、消除寂寞。九是除旧弊。对于那些歪风邪气，不良习俗通过理事会等民间组织予以革除，大力倡导有利于身心健康的文明新风尚。十是办赛事。挖掘民间各类能人，为他们搭建施展才华的平台，提供发挥特长的机会，歌舞、书画、戏曲、体育、美食及猪牛羊、鸡鸭鹅和各种土特产、各种农业技能都可举办赛事，最美村超、村晚、村BA、村美食的火爆出圈，启示我们乡村办赛事的前景多么广阔。

守正创新是一切事物发展的规律。互联网、大数据、云计算、人工智能等高科技正以分新时异甚至秒新分异的速度向我们袭来，知识结构已分化成可以意会也可以言传的"明知识"，只可意会又可言传的"默知识"和不可意会也不可言传的"暗知识"，黑洞、暗物质、量子纠缠等一系列暗知识正在颠覆人们的传统认知和传统思维，乡村文化在这种背景下如何守正，又怎样创新，为我们提出了新课题，是我们面临的新挑战。乡村文化是中华文化之根之源之魂，守正就是要保根、护源、铸魂，坚守原点、坚守初心、坚守自我。创新则需要在思想理念、方法路径上准确把握，防止走偏。一是不能以工业文化代替农业文化。工业文化的理念是，人是自然的主宰，人可以改造世界、征服自然。农业文化则认为，人只是自然中的一员，人与自然应和谐相处，获利于自然，还应返利于自然。我们在享受工业文化的成果时，也尝到了它带来的"苦果"。二是不能以城市文化改造乡村文化。乡村文化的价值就在于它的唯一性，世界上没有两个相同的村庄。城市文化则是一种没有差异化、多样化的杂交文化，它要求来自五湖四海的每个人都要统一于新环境中的市民文化，即以新环境中的市民文化"化人"。三是不能以现代文化置换传统文化。传统的都是落后的，现代的都是进步的，这是西方人的思维。对于五千年文明唯一没有中断过的中华民族不适用，不曾中断的根源就在于我们善于从传统中汲取智慧和力量。"今人还照古时月，今月曾经照古人"，今古一体，知道我们到哪里去，必须知道我们从哪里来。四是不能以注入式参与取代融入式参与。送电影、戏曲、图书等下乡，不管农民需不需要，喜欢不喜欢，以居高临下的注入式让农民被动接受，效果注定不佳。乡村文化的主体是农民，他们既是受益者，更是拥有者、参与者、建设者、创造者，没有他们的融入参与，乡村文化便没有生命力。

不论我国经济社会多么发达，对于由乡而城的庞大社会群体而言，"两个不变"将持续一个相当长的历史阶段，即以"乡"为基点的活动空间不会变：从乡土社会走出去的每个个体时时都会泛起乡愁，他们像一只只风筝，但线永远被乡愁所牵；以"土"为基础的生存依托不会变：一日三餐、人人需要，这是铁律。建立在这"两基"之上的乡村文化，在传承中活化，在建设中发展，在守正中创新，在共情中铸魂，任重道远。

目录
CONTENTS

准确把握乡村文化建设的理念

乡村文化建设是乡村振兴的灵魂工程，需要在理念、走向、方法、路径等方面准确把握，谨防走偏。

一、不能以工业文化代替农业文化

在传统落后的农业社会，由于生产力、科学技术等方面的制约，人在自然界面前显得力量薄弱，人对自然产生一种不可违抗的崇敬心理和神圣感，努力地寻求与自然的和谐，这是朴素的"天人合一"观。

工业革命带来了生产力的飞速发展，极大地彰显了人的力量。工业文化以科技进步为核心，以效益最大化为目标，把"人是世界的主宰"作为其哲学理念，人可以改造世界，征服自然。人类正是依靠这一哲学，冲破了"天命论"的束缚，建立了高度发达的物质文明，这也是工业文化的价值所在。但是"人定胜天"的思想是一把双刃剑，这一思想的单向发展和走向极端，必然会加剧人与自然的冲突和对立，导致世界性的生态问题和可持续发展的障碍。我们在享受"人定胜天"思维带来的成果时，也在品尝着各种"苦果"，包括环境污染严重、资源消耗过度、生态平衡破坏等。

农业文化的价值体现需要遵循三个规律：一是遵从自然规律。农业文化崇尚与自然和谐相处，遵从自然规律，春种秋收，人类生活与自然融为一体；认可与自然的平等地位，既不对自然盲目迷信、顶礼膜拜，也不将其视为野蛮征服和改造的对象。人类可以认识规律、遵从规律，但是不能打破规律，要保护和善待自然，这是解决"人类困境"的希望所在，这与工业文化的"技术崇拜论"差异巨大。二是遵从市场规律。农业已经走出了自给自足的范畴，需要面向市场，以市场为导向，才能富裕农民，振兴乡村，找到自我发展之路。但是，农业文化面向市场是以保护生态环境为前提的，只有绿水青山才能最终实现金山银山。工业文化以追求利润为终极目标，会产生诸多"只顾目的、不择手段"的负面后果。三是遵从社会需求规律。农业虽然以市场为导向，但是，农业文化又不完全以获取利润为目的，农产品属于准公共产品，是人类的刚性需求和社会的必需品，即使无利可图，也不能荒废农业。

乡村文化建设应合理吸收工业文化中先进的科技手段，但在思想观念、思维方式上必须摒弃以效益为中心的工业文化单一思维。只有以农业文化的价值观为引领，才能使乡村文化长盛不衰，从而继续引领中华民族五千年文明史薪火相传，沿着正确的轨道向前发展，使这一人类历史上独一无二的文明形态永驻史册、永放光芒。这是乡村文化的历史担当，责无旁贷。

二、不能用城市文化改造乡村文化

城市文化与乡村文化有着很大的异质性，主要体现在两个方面：

一是交往规则的差异。城市是一个陌生人的社会，人际交往建立在理性算计的基础之上，时时、事事、处处依靠制度维持人与人之间的关系。彼此间的权利和义务，用白纸黑字写清楚，签订书面合同，是建立在法律条文基础上的他律，出现纠纷就会以打官司的方式解决，程序正规、成本高昂。城市文化中的个体呈现出原子化的特征，孤独感、异化感强烈。乡村社会是熟人社会，乡村文化诞生在以地缘和血缘为纽带、传统社会伦理为秩序的乡村社会，并在长期发展中逐步形成了以乡规民约、生活信仰、传统习俗、社会禁忌等非正式制度为基本内容的文化形态。即使在外出打工、面临深刻转型的当代农村，仍然是一个半熟人社会，村规民约依然发挥着重要作用，人和人之间的交往依然戴着脉脉温情的面纱，是在约定俗成、心理认同、共同遵守基础上的自律。乡村文化讲究诚信，不会轻易撕破脸皮，一个人如果不讲诚信，在熟人社会里，会面临极高的成本和代价，有可能会被熟人社会集体抛弃，丧失发展乃至生存的资格。如果用陌生人社会的城市文化来改造熟人社会的乡村文化，将会极大地增加社会治理成本，同时也与人的情感性需求相悖。人是感情动物，乡土社会"守望相助"的人情味，正成为城市人的追思与怀念。

二是文化特性的差异。城市文化是一种杂交文化，五湖四海、南来北往的人汇集在城市这个特定的区域，在互相交往磨合的过程中，原有各具特色的乡土痕迹不断隐退，从而生成一种适应新环境的市民文化。从某种程度上说，城市文化是一个没有个性的文化。乡村是由一个个祖祖辈辈聚族而居长期共同生活的村落组成，从文化上是代代相传、源远流长，与当地的自然环境、人文资源相结合，形成个性独特的村落文化。如果用千篇一律的城市文化去改造各具特色的乡村文化，就会失去乡村的特点，不符合乡村社会发展的规律。人类生活的丰富性来源于多样性、差异性和异质性，乡村振兴绝不是仅仅意味着宽广的马路、漂亮的高楼，而是要与当地乡村的地理区位、历史人文、风俗习惯、特定资源等相关联，与有着数千年农耕文明历史的乡村文化相衔接。只有植根于传统乡土社会，才能使乡村文化呈现出差异化、个性化的特征，显示出乡土特色。

三、不能以现代文化置换传统文化

在不少人的逻辑思维里，历史是向前发展的，现代的总是先进的，传统的总是落后的。这一思维方式和思想观念表现在空间格局上，就形成了城市代表了先进，农村意味着落后，"城市中心论"的观念已经成为普遍的社会心态。把乡村贴上"落后"的标签是从现代城市的主体视角出发，将乡村文化看成是"传统"和"不文明"的形态，因而是需要改造的。将不同于所谓城市现代文明的情形都归结为落后与迷信，以现代文化置换传统文化，这无疑是文化强权的思维模式，会让我们与传统隔绝，与前人脱离，丧失发展根基。

费孝通先生深刻地指出，从基层看去，中国的社会是乡土性的，中

3

国的根基在乡村。中国有着悠久的农业文明，也曾经长期是世界上最富强、最文明的国家，中华优秀传统文化已经成为中华民族的基因，植根在中国人内心，潜移默化地影响着中国人的思想观念和行为方式。传统文化有糟粕成分，但一颗果实坏掉了，不代表这棵树就没有了存在的意义。在一个有着悠久历史和美好传统的国家，乡村的转型与发展必须立足于传统之根的延续，必须培育出从传统中吸取营养的新的精神世界。如果仅仅是一刀切式地隔断"传统之脐"，带来的灾难与混乱将是长久与深重的。对传统文化的全盘否定，会陷入历史虚无主义的境地，我们需要"开发传统，服务现代"，要把传统中一切精华的、对今日有用的东西发掘出来，加以继承、弘扬，为中国社会顺利转型服务，为中国早日实现现代化服务。一个伟大的民族总是善于与时俱进地认识传统、评价传统、解释传统、重塑传统，从传统中寻找智慧和力量。中华民族正是依靠代代相传的优秀传统文化，不断推陈出新，成就了世界上唯一没有中断过的文明。否定传统，抛弃传统，以现代文化置换传统文化，看似新潮，实为斩断了文化的根脉，使文化的发展成了无源之水，无本之木，文化的枯萎，无疑是迟早的事情。

四、不能以注入式参与取代融入式参与

站在城市中心主义的优越立场上，会对农村采取一种单向度的输入和给予。送法下乡、送图书下乡、送电影下乡、送项目下乡，是我们非常熟悉的做法，这是一种主体与客体的分割式思维。对农村采取改造和社会救济的方式，以便能让农村更好地赶上城市的步伐，在这种模式下，农民是被动接受，是注入式参与。任何自认为先进与优秀的外在力量，都永远无法完全替代乡村社会的内部动力，也不可能代替农民的主体性作用。简单地把农民贴上落后和传统的标签，从外来者的立场和价值上对农民加以改造，农民的积极性就难以调动起来，就会出现"政府拼命干，村民一边看"的非正常现象。不尊重农民的意愿，没有农民的积极主动参与，即使是最完美的发展方案，也是外部强加的，是没有生命力的。

所谓农民主体性，就是农民自身在创造和建设活动过程中能够担当主角，主动地发挥自身的智慧和创造力，并能成为创造和建设成果的所有人和享有者。乡村建设运动的开创者梁漱溟很早就意识到农民主体性的重要性，把启发农民自觉性作为乡村建设的万事之首。在乡村文化建设中，由于方方面面条件的制约，外部文明的传导需要采取一定的方式注入，但更需要尊重农民的主体性，调动和发挥好农民的主动性与创造性，走内源式的发展道路。应充分认识到农民既是乡村文化的消费者，又是乡村文化的参与者、建设者，更是乡村文化的创造者、拥有者。农民投身其中，乡村文化就有了源头活水；只有让农民融入式参与，农民的创造性才能得以充分发挥，乡村文化的活力才能得以激发，文化的生命力才能得以旺盛。

　　　　　　　　　　（本文原载于《中国发展观察》2019年第24期）

构建乡村新型文化生态

让农民物质生活富裕、精神生活富足是乡村振兴追求的最终目标，而精神生活的富足关键在于文化建设。不少人觉得乡村文化建设既虚又空，看不见，摸不着，不知从何抓起。还有一些人认为，文化是写文章、搞娱乐、做宣传的人的事，让他们抓就行了，这些认识误区导致乡村文化建设迟滞。全世界仅名人给文化下的定义就有 300 多个，不同层面、不同视角、不同立场的人对文化的理解差异很大。当下，中国乡村文化建设应树立大文化的理念，把握十大要素，构建乡村新型文化生态。

一、兴教育

我国乡村教育衰败已成为不争的现实。农村基础教育、义务教育村空、乡弱，与城市形成鲜明反差，义务教育就近、免费两大优势，被撤村并校导致的上学远和进城陪读带来的上学贵所冲销。职业教育、技能培训与当地产业脱节，通识教育、素质教育载体不明，继续教育、终身教育一片空白。乡村教育具有基础性和先导性作用，必须复兴乡村教育，否则乡村振兴的人才就是个问题。我国古代，"十室之村，不废诵读""远山深谷，居民之处，莫不学有所师"。当下却是"现在的精英进城打工，未来的精英进城读书"。一些地方"百室之村"甚至"千室之村"都没有一所学校。现代教育培养的应是人的基础能力、思维能力、品质能力，而不是简单的教人识字、数钱，把人的一生概括为两个数：上学时的"分数"，工作后的"钱数"，这种认识是文明的倒退。未来社会的竞争，体现的是人与人思维能力的差距。经济决定今天，科技决定明天，教育决定后天。乡村急需现代教育支撑，没有良好的教育就没有良好的素质，没有良好的素质就不能从事现代化的工作，没有现代化的工作就没有现代化的收入，没有现代化的收入就没有条件接受现代化教育，由此形成一个恶性循环的怪圈。

二、续文脉

"耕读传家久，诗书继世长"。耕读传家是中华民族的文化基因，必须守好这一传家宝，传承好文化的血脉。耕以养身，读以明道，耕为自己，读为天下，耕与读透现出"达则兼济天下，穷则独善其身"修齐治平的大格局。延续中华民族的文脉，不仅要做好道德文章，更重要的是传承、弘扬好思想理念、思维方式、优秀制度这三大文化之脉。中国农民创造的农业哲学思想"天时地利人和"，被称为人类文明的黄金定律，是人们万事行为的准则。农耕文化的基本理念是道法自然、遵循规律，人类不能一味地向自然攫取，污染、破坏环境。人与自然和谐相处，是农业文明思考问题的出发点和落脚点。传统的乡村社会是一个自治为主体的社会，乡村的一些自适性制度设计，具有很强的现实意义。清朝末年官民合建的陕西大荔县"丰图义仓"，不仅功能设计科学，全县50多个村每村在这里都有一间粮仓，丰年囤积余粮，灾年下发民众。江西万载县鲤陂民间水利协会，成立一百多年来统一管理，规范制度，保障农田正常灌溉。这种乡村自治自助自救，通过建立利益共同体，不靠政府包揽的制度值得借鉴。

三、集器物

在漫长的农耕文化发展过程中，耧犁水车镰刀锄、石磨碾盘杈耙锹等一大批曾经发挥巨大作用的特色传统农具及生活器具，现已呈断崖式沉落，如不加以留存，再过若干年将难以找到。诸葛亮创制的木牛流马，宋代人设计的1 800多个零部件的织机，现代已无法还原，其科学价值、历史价值、艺术价值难以估价。各地应广泛建立农耕文化博物馆，尽可能多地将传统的生产生活的器物搜集整理集中展示，让子孙后代直观睹物，使几千年积累不中断、不失传。美国 3 亿多人口，仅有 200 多年历史，但却建有 3 万多座博物馆。中国 14 亿人口，5 000 多年文明史，却只有 6 000 座博物馆，这与文明古国和人口大国的地位极不相称。挪威把全国古村落的古房子拆了下来，在首都的郊区批了一片地方，把几百座古村落重新组建保护起来。建立博物馆，县乡村最有条件、最为便利。不仅应推行官建，还应鼓励、提倡、支持有条件的村及有能力的企业或个人围绕农耕文化兴建博物馆、展览馆，广泛发动社会捐赠器物，可大大节约成本。总之，应以多种渠道和方式抢救即将湮灭的历史遗存，为历史记录今天，为后代留下当代。

四、修村志

改革开放初期，全国有 500 多万个自然村落，随着城镇化的推进，现在还有 200 多万个。这是中国历史上村落变化最大的时期。一是数量变化大，在短短 40 年左右的时间里，200 多万个自然村落因各种原因即告消亡。二是形态变化大，旧村庄消失，新社区兴起，村落中原生态格局没了，世代构建的人际关系没了，长期积淀的传统文化没了，约定俗成的乡里制度没了。三是人员变化大，大量农村原住民外出务工就学离开村庄，为农业农村服务的新农人、到农村养老的城市老年人、到农村休闲养生旅游的群体等又流入村庄。四是空间变化大，村落由传统实体空间向虚拟空间扩展，人员流动到哪里，村落的风俗习惯、人情世故就延伸到哪里，即便在美国、加拿大，村落间的文化交流都可以隔着太平洋在掌中操纵。一个国家一个民族完整的历史应包括四大方面：国有史、方有志、族有谱、家有书。而在省、市、县、乡、村五级地方志中，村志对基层社会的反映最真实、最具体、重细节。历史上最有名的村志就是安徽池州杏花村的村志，它是中国唯一一部收入《四库全书》的村志。盛世修志，面对史无前例的村庄巨变，我们有责任、有义务把修好村志作为重要文化工程列入乡村振兴的议程。

五、承技艺

随着科技飞速发展，一些制造、使用传统农具的技艺，正在散落消逝；春种夏耘秋收冬藏，一整套按四时节令行事的传统农事操作规范几近失传。手工业、戏曲、杂技、雕刻等传统技艺，面临香火中断的危机。我国已经制定了国家、省、市、县四级非遗保护体系。非遗项目计有 5 大类 134 项，但多涉及少数民族，且零散、细碎、孤立，缺乏综合性、整体性、逻辑性的思维。在中华民族的宏大叙事中，应突破民族、区域、行业、时空等界限，从国家层面发掘对 56 个民族大家庭成员普遍产生影响、覆盖全域，对社会广泛适用的非遗并予以整体性保护。涵盖耕地农业、草原农业和捕捞农业三大领域的中华农业文明，应重点传承，并申报世界非物质文化遗产。有条件的地方，也应在乡和村选择重点由财政设立专项资金，培养乡村级非遗传承人，这是非遗保护的发展方向。芬兰规定小学生在毕业的时候都必须掌握一门本民族的非物质文化遗产。我国乡村学校应借鉴这种做法，开设传习传统技艺的课程。承技艺是对传统经验积累的继承，传承人就是守护神，唯其守护，才能活化；唯其传承，才能生生不息。

六、立乡约

宋代《吕氏乡约》《乡义》等村规民约，提出"德业相劝""过失相规""礼俗相交""患难相恤"，建立起中国最早的乡村自治制度。直到现在，这一古老村规民约中的价值理念，仍与社会主义核心价值观相吻合，发挥着扬善去恶，淳化风俗的作用。历朝历代皇权不下县，农村的许多具体问题都是靠村规民约解决资源的配置、矛盾的调处、邻里的互助以及应急事务的处置。在传统村落中，村落的精英分子以身作则，以自身行为和道德风范形成"权威"并影响村落，村落内部还有很多未以文字形式订立，但是村民普遍认同并共同遵守的行为规范，即看不见的乡规民约。今天，乡村治理应重拾熟人社会长期积淀的家园红利，特别是在应对法律法规难以调控的水污染、不良风气等难题时，充分发挥基

层组织作用，调动农村精英的积极性，发动乡民重构乡规民约，重建乡村信用体系，做到乡有乡约、村有村约，健全完善"自治、法治、德治"相结合的治理体系。这既是制度的重构，也是一场文化大讨论，在订立乡约的过程中，可以校正或走偏或迷茫的世界观、人生观、价值观，重建人与人之间彼此信任、互帮互助的紧密关系。

七、订家训

纵观历史，取得伟大成就的成功者大多数是从世家大族、名门望族、书香之族中走出来的。中国人看重族群，重视家庭，崇尚大家族观念。中国乡村形成了以家规、家教、家训为核心的家族文化体系和宗法制度，其传统和精神理念渗透到社会的各个领域和层面，植根于每个中国人心中。有言之教谓之训，无言之教谓之风。针对各家情况把名言警句写成条幅挂在墙上就是家训；家长以身作则，身体力行，通过自己的实际行动给子孙后代做示范就是家风。好的家教是家训和家风的结合，它奠定了一个社会文明的基础。中央纪委国家监委网站专门推出"中国传统中的家规"栏目，连续用两年多的时间发布了100期中国家规。浙江临安钱姓，自五代十国先祖钱镠留下家训，2 000多年来家族名人辈出。特别是近代以来，钱氏人才更是出现井喷现象，涌现了钱学森、钱伟长、钱三强、钱穆、钱钟书等众多文坛硕儒、科技巨擘、国学大师。今天在世界各国的院士级科学家群体中，出自这个家族的多达100多位。《钱氏家训》共635个字，分为四个篇章，即个人篇、家庭篇、社会篇、国家篇，饱含大智慧。良好的家训家风是家族兴旺发达、人才辈出的重要原因。

八、开夜市

自宋代取消宵禁以来，文人笔下描写一个地方的繁荣大多以"夜市千灯照碧云"概括。在疫情防控常态化背景下，夜间经济成为全国多地提振消费的"热引擎"和拉动经济增长的"新动力"。随着农村居民生活水平的提高、闲暇空间的增多、消费需求的提升、基础设施的改善，

在一些规模较大、人口集聚较多的村庄发展"乡村夜市"条件已经具备，时机已经成熟。不少地方试点探索的经验表明，"乡村夜市"是繁荣乡村的新空间、新领域、新途径、新举措，对于拉动经济增长、促进农民就业、完善乡村治理具有重大意义，特别是在农民精神文化生活缺失的情况下，也是为农民呈上的一道精神大餐，有效解决了留守群体"月光下的孤独"，具有浓郁的烟火气。推动"乡村夜市"发展应强化顶层设计，把发展"乡村夜市"纳入规划，形成布局合理、业态丰富、特色鲜明的夜市，打造一体化、多功能、便利化的综合性夜间消费载体，促进新业态、新产业、新服务发展。应配套设置专项资金或以奖代补，在水、电、摊位费用、创业资金、消费支持等方面给予倾斜政策，激发夜市发展。同时，强化"夜市治理"，打造规范有序、充满活力的夜间环境。荷兰阿姆斯特丹和我国上海等很多城市设立了"夜间区长""夜生活首席执行官"等类似头衔，专职解决夜间经营过程中发生的各种问题，这些做法同样适用于"村庄夜市"治理。

九、革陋习

物质生活和精神生活都富裕了才叫生活富裕，而精神生活富裕应是文明型富裕。有的农村地区"人情礼"、婚丧嫁娶越滚越大，攀比之风，到处弥漫。有些家庭一年应付五花八门的"人情礼"要花几万元。有农村彩礼被称为"一动不动""万紫千红一片绿"，"一动"指车子，"不动"指房子；"万紫"指一万张5元钞票，"千红"指一千张100元钞票，"一片绿"指一大片50元钞票，天价彩礼让本应喜悦的家庭苦不堪言。有的农民盖楼房互相比阔，但对乡村脏乱差的环境见怪不怪，乱扔垃圾乱排污水，公共卫生不知维护。有些农村青年打着外出务工的旗号，上不赡养年老的父母，下不抚育年幼的子女，把责任和义务推给社会。还有的沾染上赌博、迷信、奢靡、浪费等恶习，败坏公序良俗。除陋习、树新风，须转变人情社会处理事情的"情理法"规则，坚守现代社会"法理情"原则。一靠法治手段扶正祛邪，二靠理性引导树立新风，三靠情感联系巩固深化。有的地方设立"治陋办""红白理事会"，

改革陈规陋习、不良风俗；有的地方开展星级文明创建，开展好媳妇、好儿女、好公婆评选，弘扬邻里文化、孝道文化；有的地方设立"道德银行""爱心超市"，树立文明乡风。这些因地制宜的探索，都是革除陋习、建立文明乡风的好做法。

十、办赛事

中国民间文化历史悠久，有岁时民俗、饮食民俗、人生礼俗、民间艺术、民间信仰等，连贯古今。每逢节庆或重大活动，农民会举办龙舟、花灯、社戏以及歌舞、诗词、书画、竞技等文体娱乐赛事，活跃文化生活。县乡村基层组织对此应择优发挥、顺势而兴。中国美食文化博大精深，品种最丰富，影响最广泛。中国面条有 1 200 多种做法，青海发现的 4 000 年前的面条成分居然是小米。一碗面条成就了多少企业，康师傅、统一、今麦郎、白象等大牌方便面，调制出几十种味道争夺市场。2018 年，全世界方便面销量 1 036 亿份，据有关数据显示，最高峰时中国一年销量达 400 多亿份。青海化隆县农民做兰州拉面，短短几年时间在全国开了 4 万多家店，2019 年挣了 100 多亿元。宋代大文豪苏东坡，一生写了近 50 首跟美食有关的诗，相当于 50 集《舌尖上的宋朝》。《红楼梦》这本书里的美食达 180 多种。5 000 年中华文明积淀最深厚的地方不是哲学，不是文学，而是中国人的"舌尖"，美食文化是中华文化重要的组成部分，值得深入挖掘。泰国推广"一村一品"项目已有 20 多年，每年在曼谷举行"一村一品小吃博览会"。可以借鉴泰国的经验，将数以万计的中国美食作为国家战略，广泛发动乡村挖掘特色、开发推介，不仅在国内宣传弘扬，而且要走向海外。举办一场美食赛事，就是举办一场中华文化博览会。在海外举办美食节，文化的影响力可能远远超过在孔子学院举办讲座，接受舌尖上的中国比接受哲学里的中国显然更容易、更简单，这是我们弘扬传统文化、重拾文化自信最便捷的举措。

（本文原载于《中国发展观察》2021 年第 11 期）

走出"乡仇" 走进"乡愁"

自 1958 年城乡二元制度实施以来，乡村成了被社会轻视、歧视甚至仇视的"谈农色变"之地，人人都避之唯恐不及，人人都想逃离。从制度设计看，既想从乡村索取剩余，又厌恶乡村是个包袱，有些人恨不得把乡村一脚踢出地球，他们认为是乡村的拖累才使中国发展得这么慢。一股浓浓的"乡仇"弥漫在中国社会长达半个世纪。他们没有看到正是由于乡村的支撑才使中国发展这么快！

改革开放以来，随着以农养政的结束，代之以工养政、以商养政的开始，加之二元制度的逐步瓦解，中国的乡村正发生着深刻剧烈的变化，资源单向流入城市的时代已告终结。一些环境优美、风光秀丽的乡村，正成为社会追捧的养生之地、旅游胜地、投资兴业的热土，尤其在人类财富积累已进入第五阶段的健康养生阶段和即将问世的汽车无人驾驶时代，乡村将成为井喷式消费之地。坊间戏言：现在是穷人进城，富人下乡；忙人进城，闲人下乡；为生存的人进城，为生活的人下乡。"乡仇"成了"乡愁"。

乡土文化正在随着乡土社会的转型而转型，呈现四大特征：

一是后喻时代。美国人类学家玛格丽特·米德把文化分为三阶段：前喻文化、并喻文化和后喻文化。前喻文化就是农业社会时代，文化是稳定的，生产和生活是一套传统的办法，农业文化传承就靠先辈的经验积累，然后向后辈传递。到了工业时代，叫并喻文化，就是技术可以在同代人里传播，不需要那么长时间的经验积累。到了今天的信息时代，叫后喻文化。科技高度发达，年轻人比老年人思维敏捷，接受新事物能

力强。现在的乡村已经进入了后喻文化时代，年轻人发挥了主导作用。一个典型的例子就是年轻人利用电商平台，嫁接各种服务于乡村的资源，促使实体经济与虚拟经济高度融合发展。

二是多元时代。发端于 20 世纪 80 年代的中国"民工潮"是一个改变中国、影响世界的人口大流动。乡村人口的大流动打破了村与村、县与县和省与省之间的区域界限，改变了农民传统僵化的思维方式，世界上没有任何人像他们这样渴望看到外面，他们在多少地方打工，就浸染多少种文化，给乡村社会带回多元、开放、丰富的文化要素。

三是非参与时代。长期以来，乡村文化依靠的是农民自我参与、自娱自乐的民间歌舞、民间戏曲、民间技艺、民间说唱以及民间工艺等形式得以世代沿袭和传承，高跷队、秧歌队、玩龙舞狮等过去仅春节活动就长达月余。现在的农民整天面对的只是无法置身其中的电视、收音机，儿童所关注的不是电视就是游戏机，甚至是 VR（虚拟现实）。新的故事叙述形式和新的娱乐载体让乡村的居民栖息于此，生活却在别处。

四是逆乡土时代。长期以来，我们公共资源的配置一直是重城市轻乡村，特别是在公共教育上，十多年的撤点并校导致了农村学生的上学远、上学难、上学贵。不能就近上学带来的额外负担比要钱的教育还贵，到镇上借读一年至少要多花八千到一万元，到县城借读一般要花一万五到两万元。绝大多数孩子不在本乡本土读书，远离乡土生活，他们的知识结构也同时远离乡土，被城市化，乡土文化传承后继乏人愈演愈烈。

乡土社会的转型带来乡土文化的再生转型，但不论如何转，怎样变，以乡为基点的活动范围不会变，以土为基础的生存依托不会变。只要人类还需要吃饭，就需要农业；只要农业存在，就需要农民；只要有农民，就会构成彼此相连的乡土社会，生成独具特色的乡土文化。

乡土文化需要重建，重在抓好六个方面：

第一，坚持三个守住。一是坚守原点。农业文明是中华文明也是人类文明的源头，不要一提乡土就是落后的、腐朽的、应该抛弃的。18

世纪之前的农业文明时代，中华民族一直是人类文化的引领者，几千年的积淀要坚守。国家文化自信的基础是老百姓的文化自信，不可妄自菲薄，乡土文化是根是源是灵魂，坚守这个原点就守住了中华文化的灵魂。二是坚守初心。乡土文化是以适应乡土为基本特质的。所谓文化就是"人化"和"化人"。首先是"人化"，即以本土人共有的意志形成的生活样式。西部山区的农民告诉贾平凹"北京好是好，就是太偏远了"。中心和边缘是一个相对的概念，应以当地人观念和认知为基准。其次是"化人"，即不论你来自何方，多么文明，到了这个地方都要遵循这个地方的生活方式、风俗习惯，外来的文化或文明能不能被当地接受，为当地所化，主动权在本土，而不是外人，外人不要轻易干涉，"己所不欲，勿施于人"，"己所欲"也不能强加于人。赶农民上楼就违背了初心。三是坚守自我。每个人既是乡土文化的载体，又是传承者，也是创造者。作为载体，要注意学习掌握传统；作为传承者，要注意宣传发扬光大，主动"化人"；作为创造者，要不断自觉地吸收先进的外来文化、现代文化。在乡土文化建设中，每个生于斯长于斯的人都不可以置身其外，都应承担起应有的责任义务。

第二，从传统中传承。文化是刻在心里的信条，制度是写在纸上的约束，制度当然也是文化。不能穿拖鞋背心上班是文化，必须穿西服打领带上班是制度。文明是人类所创造的物质财富和精神财富的总和，文化、制度、器物构成文明的三个维度。传统中有精华有糟粕，传承传统，要分清二者。我们讲孝，开展回家运动，但二十四孝图中的愚孝要剔除。我们弘扬世家大族优秀的家风家教家训，但严酷的宗祠惩罚制度要废除。

第三，在发扬中发展。把传统文化发扬光大，必须在传统中不断发展，随着科技的发达、社会的进步、人们需求的日益升级，不发展就会被淘汰。传统需要"活化"，《清明上河图》在上海世博会重新被赋予生命。活化要注意不能过度商业化，是建设性破坏，还是破坏性建设要分清。私有制时代农民是无偿劳动，大锅饭时代农民是无效劳动，今天毁坏资源破坏环境就是有害劳动。吸收外来和新鲜的文化，则要注意别什

么都要，要有扬弃升华，有一种审美的高度。

第四，重塑耕读传家传统。贵族精神的特点就是"三自一担当"，自尊、自明、自律，敢于担当。贵族子弟云集的英国伊顿公学，两次世界大战学生参战死亡率40％多，整个英国参战600多万人，死亡率只有12％，足见贵族的担当精神。实际上在中国的乡村，延续上千年的耕读传家的传统，在某种意义上就是一个比较朴素的贵族传统。其中乡贤就处于核心的作用，他们是乡土文化的精灵，是标杆，是方向，是牵引器，是动力源，没有乡贤的社会就没有活力、没有动力、没有主力。今天，重塑耕读传家传统要着重这几类群体，一是离退休人员落叶归根，二是大学生村官，三是城归农民工，四是接受优秀家风家教家训熏陶的世家大族、名门望族的后裔，五是新富贤能者。应培养他们的勇气、慷慨、正直、自尊、担当等品质，促使他们投身到乡村的扶贫事业、乡村公益建设等方面。

第五，创新五大制度。一是创新新农村产权制度。调查和摸清农村集体资产的家底，创新多种形式的农村集体产权制度改革，确保和增加农民的财产性收益。二是创新农村经营制度。在巩固和完善农村基本经济制度的基础上，完善"三权"分置制度，积极探索土地经营权的适度流转。三是创新农业支持保护制度。把对农业的支持保护同农产品的价格形成机制区分开来，发挥市场主体在农产品价格形成中的决定性作用，充分利用市场价格的信号指示与资源配置的作用，把支持保护政策扭曲价格的效应最小化。四是创新城乡融合发展制度。积极利用乡村旅游、田园综合体以及特色小镇等新产业、新载体和新媒介，畅通公共资源、经济要素在城乡之间的流通，实现资源和要素的双向流动，促进城乡的融合发展。五是创新乡村治理制度。理顺传统治理方式与现代治理方式的关系，健全自治、法治、德治相结合的乡村治理体系。

第六，四生五意契合。四生五意就是生产、生活、生态和生意。所谓生意有两层含义，即市场的繁荣和由"四生"孕育出的新的文化创意。重振乡土文化，生产不能脱离生活，生产、生活不能脱离生态，生意不能脱离生产、生活和生态。四者互为因果，互相促进，这样才能打

造出高品质的生活、高效率的生产、高文明的生态、高收入的生意以及高水平的文化。

我们不能阻挡乡村的变化，但是我们必须留住乡土文化！有文化的乡土才能留得住乡愁。

（本文原载于《中国发展观察》2018年第2期）

九园之乡：中国乡村的未来

　　建设什么样的乡村，是乡村振兴的元问题。中国的乡村与非洲及南美洲的乡村不同，他们是"原始型落后"，我们是"文明型落后"。有着五千年文化积淀的中国乡村，在漫长的岁月磨洗中，逐渐生成了各自独特稳定的居住环境、社会结构、风俗习惯、人际关系及运行机制等。复杂多元深厚的历史背景昭示我们，实施乡村振兴战略，不像在一张白纸上作画，可以随意挥洒，而应立足原风貌、原生态，做好传统与现代的衔接，古典与时尚的互融，传承与创新的契合。中国乡村的变迁，是迭代而不是换代，要宜居还需要宜业，保障食物更应有多种功能。因此，精准把握未来乡村建设的发展走向、功能定位、价值逻辑及思维方式，是乡村振兴稳步推进的关键。"产业兴旺、生态宜居、乡风文明、治理有效、生活富裕"是实施乡村振兴战略的宏观大政，要将这五大目标任务细化、实化、具体化，应以"九园之乡"的价值追求和思维逻辑，设计架构，定位功能，引领走势。

　　一是农民宜居宜业的家园。给农民一个既宜居又宜业的家园，这是乡村振兴最重要最核心的内容。宜居宜业关键在于两个方面：一是生产、生活、生态、生意"四生契合"。有些地方进行村庄大规模整合，把老百姓安置到一个新地方集中居住，农民生活质量提高了，但种自己的田要跑十几甚至几十公里，骑摩托或开车的油钱比卖农产品的钱还多，农民不满意。不仅要生产、生活契合，还要和生态、生意相契合。要创造"身在青山绿水间，心在唐诗宋词里"这样一个宜居的环境，同时还要做好市场开发，有好产品，能卖得出去，卖个好价钱；有好景

点，能引来游客，让风景产生价值。不然，再好的生产生活生态条件，市场不活跃，也是死水一潭。二是"三产融合"。中国人多地少，小农户需要兼业，应在发展粮食和特色种养业的同时，大力发展乡村的二、三产业。新鲜农产品采摘后，最好马上装进冷库。很多农产品加工应在乡村完成，如果把工厂建到城里，不仅成本高而且不合理。农业服务业，尤其是生产型服务业，是当前我国农业最短的短板，美国农民 300 多万，但美国为农业服务的从业人员却占美国总人口的 17%～20%。应破除"谈农色变"的旧观念，大力发展农业服务业，为农民开拓"离土不离乡"的第三就业空间，为兼业者减少背井离乡的远征打工。只有"四生契合""三产融合"，农民才能就近就地就业、宜居宜业、安居乐业。尤其需要关注的是，宜居宜业是当地农民的宜居宜业，不是外地人、城里人的宜居宜业。鞋子合不合脚，只有穿鞋子的人自己知道。因此，乡村振兴一定要突出农民的主体地位，让农民说了算，不能只顾宜居不顾宜业，更不能以旁观者的眼光去定位是否宜居宜业，这是我们未来乡村建设的大逻辑、关键点、要害处。

二是农品高效生态的田园。高效、生态是未来农业发展的方向。现代科技的植入，使农业生产效率大大提高，而农业的生态化远未成形。要实现农业的高效生态目标，应坚持以低端传统产业对接高端现代需求的发展理念。中高端现代需求就是有机、健康、绿色产品，目前我国的有机农业只占世界的 6%，美国占 47%。我国的有机肥施用占比不到 10%，美国占比已高达 50% 以上。一亩高标准土壤，应有 16 万条蚯蚓，300 千克的真菌细菌，5%～12% 的有机质含量。好土壤才能产出好产品。我国推行"减肥增绿"计划大见成效，但是和社会的实际需求差距还远，化肥、农药施用量依然很大。目前世界上农药有 3 万多种，食品添加剂也有 3 万多种。乌克兰人体清理专家做了一个实验，将死人身体上有毒的垃圾清理出来，平均 3～5 千克，占人身体重量的 4%～6%。另据我国科学家研究，使用化肥生产的小麦，与使用有机肥生产的小麦相比，钙含量减少 76%。100 年前，美国农业部土壤所专家写了一本《四千年农夫》，记载了中国、日本、朝鲜的农民如何运作循环农

业、生态农业，认为这是东亚地区农业的奥秘。这本书现在还被美国农民当作《圣经》来读。而我们却把祖先创造的"天人合一"哲学思想和有机农业经验扔在一边，学习连美国农民都认为过时了的所谓现代农业，这是从学术界到政策界都应认真反思的大问题。从有利于人的健康视角看，生态农业也是高效农业，世卫组织研究表明，现在全世界有30多亿人吃不起营养平衡的健康饮食，我国就有3亿多人处在"隐形饥饿"状态，表面上吃得很好，但食物中缺乏必需的营养成分。要把"病从口入"变成"病从口出"，让人们吃出健康来，最简便廉价的办法就是变开发植物、动物的"二物思维"，为开发植物、动物、微生物的"三物思维"，发展生态有机健康农业，直接通过饮食调节营养平衡。坚持以低端传统产业对接高端现代需求的发展思路，也是提高农产品价值的最佳捷径，中高端现代需求的农产品价格必然高于一般农产品。中央提出农业供给侧结构性改革，就是要求发展既讲高产又讲高质的生态有机绿色农业，只有高产高质，才能高效。

三是市民休闲养生的逸园。纵观历史，人类财富积累的演进分为五个阶段：第一阶段是土地，第二阶段是机器，第三阶段是金融，第四阶段是教育，第五阶段是康养。如今人类正处于第五阶段，有人戏称现在是"忙人进城，闲人下乡；穷人进城，富人下乡；为生存的人进城，为生活的人下乡"，虽为戏言，但却折射出休闲养生已成为人们对于高品质生活的追求。有关资料表明，中国人均每日休闲娱乐时间约为2.2个小时，而欧美国家约为5小时，这表明我国的康养产业拥有巨大的上升空间。而且，如今的消费结构与以往有很大不同，物质奢侈消费已逐步减少，健康养生消费比重正稳步增加。未来到乡村休闲养生的人群主要有四类：富人、老人、闲人以及高智商的人，其中老人为主要群体。我国"未富先老"的状态已经呈现，农村老龄化进程比城镇更快。德国哲学家海德格尔将人类理想的生活环境概括为"诗意的栖居"，富有诗意的环境，能够点燃激情、激发活力，让人产生诗情画意的美感，比如看到一片荷塘，马上就有"接天莲叶无穷碧，映日荷花别样红"这样的诗句呈现出来。这种"诗意的栖居"才会让人产生和美恬静、舒适安逸的

幸福感，才是适合人类休闲养生的理想状态。人类已经进入"大（大数据）、云（云计算）、移（移动互联网）、物（物联网）、智（人工智能）"时代，未来乡村建设，既要尽力而为，又要量力而行，因地因时制宜加强现代化基础设施配套建设，让"逸园"中人跟上时代，"逸"得现代。

四是人与自然和谐的乐园。人与自然的不和谐始于工业革命。工业文明理念追求"人定胜天"，笃信人是自然的主宰，人可以改造自然；而生态文明认为"人是自然中的一员"，应与自然和谐共处。未来乡村建设要从根本上解决人与自然不和谐的问题，就必须破除"驾驭规律""人定胜天"的旧理念，树立遵循规律、天人合一的新思维。规律只能被认识而不能被打破，只有尊重规律，才不会被规律惩罚。我们现在面临的水、土、空气污染等问题，就是不尊重规律的后果。工业革命超越限度，即成危害，塑料问世曾被认为是最伟大的发明，今天已经成为最严重的公害，科学家研究表明，我们每人每天都在吃塑料微粒，每人每周平均要吃进 5 克，相当于一张信用卡，这对人体会造成多大危害尚不得而知。塑料残留在土壤里会改变土壤性状和土壤结构，导致农作物减产。更严重的是，土壤里的塑料，可能几百年都降解不了。水多、水少、水脏，是人与水关系越来越僵的矛盾点，很大程度上源于人与水争空间。有调查显示，我国改革开放以来 70% 的城市化都是建在跟洪水争空间的区域。生态恶化，河水断流，2013 年，流域 100 平方公里的河流 2.3 万条，20 世纪 50 年代是 5 万多条，半个多世纪减少一半多。乡村振兴在生态环境问题上，最紧要的是做好三件事：改土、治水、净化空气，使动物、植物各安其家，快乐生长；让人与自然各美其美，和谐相处，创造一个山水田林河湖草、鸟兽虫鱼微生物共生共荣的生态环境。

五是游子寄托乡愁的留园。乡愁是中国人对家乡的特有感情。游子"落叶归根"，商人"衣锦还乡"，官员"告老还乡"。泱泱大国，中华儿女，对于家乡的情感关系可以用两个"真好"概括，年轻时终于离乡出游，"真好"！年老时终于归乡安居，"真好"！南怀瑾"三千年读史，不外功名利禄；八万里悟道，终究诗酒田园"是他的人生心得。纵观历

问道乡村文化……

21

史，古往今来，从贩夫走卒到文人雅士，从乡野渔樵到庙堂乌纱，他们的心路历程都表明"吾心归处是故乡"。今天我国正在高速推进城镇化，新中国成立伊始城镇化率仅约为 16%，发展到今天已经超过 60%。自20 世纪 40 年代到 80 年代，跨越半个世纪，从乡村走进城市的几代人是一个庞大的群体，很多人还长期处于"一脚城里一脚乡"的两栖状态，他们对乡村的记忆和怀念深深地刻在脑海里，乡愁也是这几代人特有的情感，是属于他们的集体记忆。留住乡愁，就是为他们留下那段挥之不去的集体记忆，让他们在人生的后半场能够找寻到"于我心有戚戚焉"的场景缅怀。因此，乡村建设，必须坚守"迭代"而非"换代"的理念。"迭代"即在原有的基础上进行改造，决不可推倒重来，务必尽可能多地保持当地特有的原生态格局、原乡土风貌、原民俗韵味。传统村落是中华传统文化的基因宝库，中国的自然村落从改革开放前的400 多万个已经减少到目前的 200 多万个，每个村落都蕴藏一种独特的文化基因，一个传统村落的消失也将意味着一种传统文化基因的消亡。保护传统，留住乡愁，并非排斥现代，尤其民房的改造，应遵循"外面五千年"（保持传统）、"内里五星级"（追求现代）的理念，让传统与现代融为一体。

六是农耕文化传承的故园。乡村文明是中华民族文明史的主体，村庄是中华民族文明的载体。在高科技迅猛发展的今天，传统农耕文化正遭遇断崖式沉没。随着人们认识的深化，对传统农耕文化的保护呼声渐高，重视程度渐深，但在具体保护与传承的过程中更多关注的是其表象，如传统的生产生活用具、工艺品、木雕、戏曲、刺绣等的收集、整理，这些都是我们迫切需要做好的工作，但更为重要的是对传统文化中思想理念、思维方式以及制度建设的传承。例如，"天时、地利、人和"是中国农民经过长期实践总结出来的农业哲学思想，它是中国农民对人类文明做出的巨大贡献，被国外学者称之为放之四海而皆准的"人类文明的黄金定律"。遵循自然规律是中国农业得以万年传承、生生不息的根本，中国农民想问题、办事情从来都按照这一思维方式谨言慎行，不越雷池。这些思想的精华、思维的逻辑，应成为我们乡村建设必须继承和发扬的核心。历经成百上千年积淀，一些切实可行、长盛不衰的乡里制度，耕读传家的家风、家训、家教等优秀传统文化，都有着极大的现实意义和历史价值，需要我们收集、整理、传承、活化。总之，传承农耕文化不可只重表象，丢弃本质；只重形式，失去精髓。

七是缓解社会压力的后园。民谚云"小乱避城，大乱避乡"。这是因为乡村可以长期与外界隔绝，自我形成一个封闭的内循环系统，一代人甚至几代人都能够在那里繁衍生息。陶渊明笔下"不知有汉、无论魏晋"的桃花源便是明证。新冠肺炎疫情防控期间，一些人便搬离城市，到乡间别墅居住躲避疫情。人类正面临诸多难以预测的移动性背景，当突发性新型灾难降临时，人口密集的城市没有退路，乡村的救助疏解功能显而易见。从更宏观的层面看，人与劳动的关系根据时代不同而呈现出不同的特点，农业文明时期，是"人与无偿劳动的抗争"，工业文明时期是"人与无益劳动的抗争"，计划经济时期是"人与无效劳动的抗争"，人类正进入人工智能时代，将出现"人与无处劳动的抗争"。以色列学者赫拉利预测，未来世界是"1％的神人和99％的闲人"组成。如何解决"无处劳动"的矛盾？重要途径之一就是发挥乡村的人口"蓄水池"和内循环作用，让赫拉利笔下的"闲人"到乡村去寻找生活的意义、价值和乐趣，使乡村成为缓解社会压力的后园。在大力推进城镇化进程中，有一种声音认为要"终结村庄"，这是不符合中国国情的论调。有研究表明，我国的城镇化率上限为70％左右，意味着未来将有几亿人仍然生活在乡村，目前世界人口超过1亿的国家也只有13个。只要人类还需要吃饭，就必须有农业，有农业就必须有农民有农村，面对一个14亿张口的庞大群体，吃饭永远是头等大事。中国的村庄不会消失，因此，不可盲目终结村庄。城与乡就像一对夫妻，各有功能，谁也不能取代谁。

八是民间矛盾调处的谐园。中国农民聚族而居，世代沿袭，形成村落。经过漫长的历史积淀，社会关系相对稳定。大规模撤村并居，一旦打破这种稳定与平衡，就会产生新的社会矛盾，乡村就会面临更多新的挑战。中国乡村的治理，历来依靠的是正规制度和非正规制度共同作用形成的合力，被称之为"第三领域"。自古以来，遇到兵荒马乱，王朝更替，只要某地有一位德高望重者利用这种力量鼎力维护，就能稳住一方，偏安一隅，待到新的王朝建立，便又马上和新生力量对接。城里人发生矛盾，靠的就是利用正规制度打官司，乡村如果单靠正规制度解决问题，恐怕一村设一个法庭，天天开庭都解决不完。乡村调处矛盾绝大多数靠的就是一些德高望重者出面调停，上升到法律层面的十分有限。他们可以说是国与家、上与下、官与民、公与私的对接枢纽，是乡村各种矛盾的缓冲带。中央提倡自治、法治、德治的三治结合，把自治放在首位，就是对乡村这一传统治理精神的发扬光大。有学者指出，乡村精英通过调解民间纠纷、评判是非获得权威，通过参与村庄公共事务提供公共产品获得声望，通过维护村庄共同利益获得地位，在村庄治理方面发挥了重要作用。这正是当下需要挖掘培育的乡村治理新动能。"乡村落后，需要按照城市文明的思维加以改造"，这是西方人的逻辑，是一种野蛮文明，在中国水土不服。地相近，人相亲，心相通，情相牵，邻里和睦，乡风文明，才是乡土中国的特色，才是治理有效的社会生态。

九是累积家园红利的福园。中国乡村是一个熟人社会，"远亲不如近邻"，邻里在长期相处中建立起彼此信任、互帮互助的紧密关系，这是乡土中国的宝贵资源，它像是一座无形的"村庄银行"，诚信就是一个人、一个家庭的"存款"。在这个熟人环境里只要讲承诺守信用，严格用熟人社会的游戏规则约束自己，就会积累成一种取之不尽、用之不竭的社会福利，即"家园红利"。这个看不见、摸不着，却又无时不在、无处不在的"家园红利"，在资源配置、矛盾调处、邻里互助、临时救危等诸多方面都发挥着不可替代的重要作用，而且代际传承，福荫子孙。遇到急难险事，不需要号召动员，邻里就会立即伸出援手。乡里乡亲，急需用钱，"家园红利"积累丰厚的人家不需要写借条、找抵押、付利息，马上伸手可得。反之，一旦在这个熟人圈子里失信，他将被熟人社会的成员集体抛弃，甚至祸及子孙。一般没有人敢用"诚信"作为抵押物，做一些违背公序良俗的勾当。这种熟人环境积淀的社会福利，是乡村社会自我平衡、自我净化、自我发展的有效机制，是乡村德治的

重要内容，对于完善乡村治理价值巨大、意义深远。在乡村人口大流动的背景下，熟人社会建立在诚信基础上的"家园红利"逐步弱化，校正乡村迷茫的世界观、人生观、价值观，已成当务之急。当前，在开展社会主义核心价值观教育的同时，应充分挖掘这一世代积聚的宝贵资源，大力弘扬这种诚信为本的传承精神，重构乡规民约，加强乡村的信用体系建设，让"家园红利"成为打造幸福乡村价值链的重要环链。

（本文原载于《中国发展观察》2021 年 1 期）

"诗意栖居"与"四生"契合

　　党的十九大报告把"生态宜居"摆在乡村振兴战略五大目标任务的第二位，足见生态宜居在乡村振兴中的重要程度。生态宜居就广义而言，应包括环境优美度、生活便利度、社会文明度、资源承载度、公共安全度、市场发育度、居民幸福度等，它应是文明的经济生态、政治生态、社会生态、文化生态和自然生态五位一体相融合、相统一的理想生活环境。要建设这样一个乡村环境，关键在于生产、生活、生态和生意的"四生"相互契合、彼此照应、互为支撑、互为因果。

　　首先是生产与生活的契合。生态宜居不能以看一眼就走的外地人、城里人的视角审视，它首先应是本土居民的宜居。而本土居民生于斯长于斯，未来发展依赖于斯，农业生产是他们的主业。新的居民点建设首先应考虑有利于居民从事农业生产。我国是一个小农户为主体的国度，这种国情还将长期存在。改革开放四十年来，我们积极推进土地流转，但至今仍有 70% 的农户依然耕种着自己的土地，没有参与任何形式的流转。如果新规划的居民点离生产场所过远，农民种田要跑十几里甚至几十里，即使设施再现代，生活条件再好，生产与生活严重脱节，农民也不会满意，每天需要开车去种地，收获的产品还不够油钱。前些年，一些地方掀起的"灭村运动"风潮，东部某省一个县级市把一千多个村整合成 208 个新社区，带来的就是这样一种后果。同时，一些地方居民点建设不是按小桥流水人家的农家格局，而是像城市一样盖上高楼，赶农民上楼，农民对此也比较反感。农民不像城里人夹个皮包就上班，农民需要有存放农具的地方；农民也不像城里人瓜果蔬菜随时到超市采买，农民需要利用闲散时间在房前屋后种些瓜果蔬菜以自用，如果住在高楼上，他们的这一需求便被扼杀。当然也可在居民点办个超市让农民去买菜，这样一是不符合农民习惯，二是浪费了农民的闲散时间，三是加大了生活成本，四是在石油农业泛滥的背景下，农民不放心安全问题，在西方发达国家普遍流行的最佳生活方式是吃的东西必须是自己种养的。

其次是生产、生活与生态的契合。遵循生态化规律、按照生态学原理，贯彻绿色化发展的新理念是造福子孙后代、实现可持续发展的基础。生产绿色化应做到：一是坚决杜绝为了温饱不顾环保的乱象发生。在一些地方劈山开矿、围湖造田、挖地采煤造成环境严重恶化教训惨痛。杜甫有名句"国破山河在"，今天我们绝不能让"国在山河破"。有些自然景观是上亿年形成的，破坏了就再也不能恢复。二是坚决落实农业农村部提出的减肥增绿计划。到 2017 年底，我国已经实现农药的负增长、化肥零增长，但这距离绿色化还相去甚远。美国的生物肥已占总用肥量的 50％以上，我国不到 10％。不光减少农药化肥造成的面源污染任重道远，而且除草剂、农地膜污染之严重已到了非治不可的地步。三是变植物、动物的"二物思维"为植物、动物、微生物的"三物思维"。就农业生态循环的大系统而言，植物是生产者，动物包括人类是消费者，微生物是分解还原者，它把植物、动物的残渣废料包括人畜粪便分解还原作为植物的肥料进行下一轮生产。微生物在农业领域的开发利用应摆在各级领导的重要议事日程，这是贯彻落实中央推进农业供给侧结构性改革的基础性举措。没有"三物思维"便没有生态农业、循环农业、有机农业、绿色农业。生活的绿色化，就是要提倡低碳生活方式，从村户环境卫生抓起，让居民养成良好的卫生习惯，养成保护环境的自觉意识，树立"绿水青山就是金山银山"的发展理念，让居住在那片土地上的每个人时时、事事、处处都能身体力行，自觉践行。

最后就是生产、生活、生态与生意的契合。所谓生意就是通俗说法的做买卖，市场开发。一个宜居之所不应只是生产生活生态的契合，还应做活生意，做好繁荣的市场开发。市场不活跃，在高度发达的交通通讯时代，缺乏便利的生产生活条件，就谈不上宜居。应充分利用互联网打通线上线下的物流通道，把生产的好产品卖出去，卖个好价钱，把旅游景点推介出去，把游客吸引来。

德国哲学家海德格尔把人类最高境界的生活环境概括为"诗意的栖居"。一个能够点燃激情，触发灵感，让人诗兴大发的地方，当然最宜人居。"晴空一鹤排云上，便引诗情到碧霄"，只有"四生"契合之处，才是"诗意栖居"之所。

（本文原载于《中国发展观察》2018 年第 16 期）

长寿的中国小农

中国历史上就是一个小农大国，今天尤甚。2.3亿个家庭承包经营农户，就农业的经营主体而言，是美国230万个的100倍，是英国23万个的1 000倍。中国小农何以如此长期占据农业的主导、主体、主力地位，除了农业需要以家庭为基本经营单元的特性之外，还有着深刻的历史背景和特殊的制度环境。

一、优秀的遗传基因

中华文明是世界上最古老的文明之一，也是世界上唯一没有中断的文明。何以如此？关键就在于农业文明时代的中国农业有着优秀的四大遗传基因。

一是一江一河的地理协作。黄河流域的旱作农业和长江流域稻作农业共同孕育了中国农业的辉煌历史。古代中国农业面临的最大问题就是治水。五千年农业文明史就是一部一河一江的治水史。治水必须上下游、左右岸齐心合力，在地理上协作、在空间上联动，培养出协作精神，在协作中结成利益共同体。早在秦统一中国之前的几百年里，一些诸侯国就已经精心设计了许多水利工程，在地方志中更是充满了这方面的记载。北方的黄河淤塞严重，经常泛滥并带来被称作"河殇"的巨大灾难，黄河的改道甚至断送了王莽的新王朝；西南四川省人口密集的成都平原几乎所有的农业用水来自战国时代李冰父子所筑的都江堰，迄今仍惠及众生；在东南地区，则是需要精心控制灌溉用水的水稻种植。水资源的管理非常重要，一条河流、一条水渠流过的村庄形成了保护小农利益的群体，而不同的群体为了共享水利资源而又结合成为一个个超村落范围的合作圈子。而基于国家对于水利设施的整体控制，又形成中央统一的国家大共同体。治水是如此重要，以致有些学者把中国称为"水利社会"。而水之"利"来自上下游、左右岸世世代代持之以恒的地理大协作，原子化的小农户在治水问题上的结盟，是变水害为水利的关键。

二是文化一统的群体伟力。自秦统一后，中国一直以来使用汉语和汉字，任何国家任何民族都没有这样的优势，印度到现在仍然有100多种语言文字。目前世界有14亿人以汉语为母语，而只有4亿人以英语为母语。假如中国没有统一的文字，我们可能会看到和欧洲类似的多语种情形，当然也形成不了中国这样超大能量的创造力。1993年出土的《郭店楚简》表明，虽然存在着不同的方言和独特的地方文化，借助于互通的文字系统，公元前300年前后战国时代的各国都参与了同一的哲学争辩和讨论，形成了众多的哲学思想流派以及一个大范围的文化区域。而早在战国时代，《道德经》的绝大部分内容就已经在中国流传。不管历史的风云如何变幻都没能湮灭中国文化的传承性。中华文化的包容性和巨大的思想统摄性造就了中华民族极强的凝聚力，更方便文化的创造、传播和继承。

三是遵循规律的先发优势。中国的传统农业是以生活为中心的农业，遵循自然规律，不与自然对抗，在封闭的内循环圈内——农作物的果实留给人类食用，根茎叶喂牲畜，然后人畜粪便还田作为农作物的肥料，年复一年的循环向前发展。西方现代农业是以生产为中心的农业，它打破了这个内循环，注入了两个外力——农药化肥和机械，产量大增，效益大增。单纯的生产效益追求造成了诸多的弊端，蕾切尔·卡森的《寂静的春天》揭示了唯"利"是图的社会造成的严重后果：为了工农业发展而大量使用的化学物质，特别是人工合成农药的生产和使用，正在悄悄威胁人类的生命和环境。中国的小农所创造的传统农业因没有借助农药化肥和机械这两个外力，发展较慢，但是比较稳固并与自然和谐相处，具有绿色、生态、有机的特性。伴随着西方后发农业的弊端日益被社会诟病，中国传统农业的先发优势日益凸显，呈现勃勃生机，受到越来越多的重视。

四是农业哲学思想的理论指导。中国在农业方面的著作，今天可以看到名字的就有500多种，可以看到原著的有300多种，浩瀚的著述奠定了中国农业哲学思想的基础，揭示了天人之间真正的关系是伙伴、是朋友，理应遵循天人合一、天人共生的自然规律，这些著述都是我们老祖宗农业实践的结晶。"天时地利人和"的农业哲学思想被世界公认为人类文明的黄金定律，放之四海而皆准，是最高境界的理论指导。中国农业文明之所以成为世界上唯一没有中断的文明，这是重要的秘诀之一。

二、优质的历史积淀

煌煌五千年文明史，中国农业生生不息，薪火相传，积淀出丰厚的历史文化。

一是动植物文化。中国传统社会常以"五谷丰登，六畜兴旺"作为祈年的吉语。从出土的遗物看，在一万年以前，长江流域与黄河流域已分别成为农作物栽培两个不同的起源地，大约9 000年前，那些收获野生水稻的华夏先民就开始在长江一带栽培水稻，在8 000年前则在北方的黄河流域开始栽培小米，也就是说，北米南稻的社会制度在8 000年前已经开始建立起来了。在近代基于生物遗传学理论的育种技术发明之前，我们的祖先就已经掌握一套自成体系选育作物的技术和方法，在此基础上培育出了丰富多彩的传统作物品种，形成了独特的本土农业文化，其中最有代表性的就是粟文化、麦文化、稻文化、蚕桑文化、茶文化及家畜家禽文化等。

二是农业技术。我们的祖先创造了一整套独特的农事活动方式和精耕细作的技术体系，其精华部分，至今仍是世界现代农业发展值得借鉴和发扬的要素。审时相物的农事历法仍被用于推算传统节日、安排农事活动。精耕细作的农业技术、动物驯养技术、林果繁育技术以及发酵酿造技术等在文明积累的历史长河中起到了开创和启迪的作用。

三是经营模式。从技术层面看，创造出如稻鱼共生、猪沼鱼、间作套种、立体养殖等经营范本。从宏观格局看，传统小农经济主要以家庭为单位从事生产和消费，自给自足，比较富裕的家庭甚至有一条规矩：家庭成员不应吃或穿他们不生产的东西。与此同时，小农经济又保持小农业与家庭副业相结合、自给性生产与商品性生产相结合。在这种"两条腿走路"的经济模式下表现出典型的生态型农业文化的特征，形成特殊的循环农业模式，并用较少的土地养活较多的人口，具有极高的经济效率和强韧的竞争力，它甚至战胜了城镇化手工业模式以及雇工经营的大农场。

四是农业哲学。传统农业不仅孕育了以天、地、人"三才"理论为代表的农业生产哲学，还生成了中国农民的生活哲学，主要体现在民间谚语里、习俗里，民间的哲理性的言语在《诗经》《道德经》等许多古代著作里都有引用，不少是很有价值的，是积极健康的。

五是农业制度。中国传统农业的发展和演变，伴随着土地、人口、赋税及乡村治理等农业制度的变迁和演进，构成了农业文化传承的重要内容。

六是重农思想。"士农工商"的排序，使农成为实业中的首业。我国古代的重农思想始于先秦，在西汉时期已经形成较为完整的体系。之后历朝历代贯穿始终，在那个以农养政、以农养国、以农养城的年代里，不重农王朝便不复存在。

七是村落家族文化。血缘与地缘认同相结合的村落家族文化，是中国农业文化的自然载体，也成为中国最广泛最深厚的社会基础。时至今日，散布在中国全境的数百万个自然村落，仍然是中国农村社会的基本外貌特征，体现了中国乡村传统的组织特征和文化特征，支配着中国乡村社会的每一个领域。家的集合是家族，家族的集合是民族，民族的集合是国家，这是一条环环相扣的生态链。

八是民俗文化。岁时民俗的传承、饮食民俗的传承、人生礼俗的传承、民间艺术的传承、民间信仰的传承等都是代表。

九是田园文学。中国的农业大国的特点，同时铸就了古今文学艺术家解不开的田园乡村情结，出现了农业人生与艺术人生相映成趣、相得益彰的现象。脍炙人口的田园诗词是古典诗词的重要支脉，妇孺能诵。

十是中医药文化。中医药作为中华民族传统文化的瑰宝，其产生和发展与传统农业也是密切相关，我们有药食同源的传统，在中国很难找到一样菜肴不是以生活在许多世纪以前某位圣贤的食谱为根据的，而圣贤在设计食谱时经常会想到它的药用价值。中医药文化作为中华民族与疾病长期斗争的过程中积累的宝贵财富，也为中华民族的繁衍昌盛和人类健康做出了不可磨灭的贡献。

这些宏大历史积淀的整体性、传承性、创新性、包容性及可持续性，使得中国小农"为文而化"，浑然一体。

三、优化的制度环境

在农安天下的时代，中国无数次的改革，绝大多数与农有关，历代统治者都在寻找一个适合当时农业发展的制度环境，尽管有不少改革中途夭折，随着时间的推移又都退回原地，但毕竟在兴旺初始发挥了作用。今天，我们已经彻底改观了过去"推磨转圈"的制度设计。

一是由重业到重人。历朝历代都重农，但是历朝历代都是只重视农业，而不重视农民。2006年，我们结束了长达2 600年的农业税历史，同时不断增加义务教育时段，由9年逐步向12年乃至15年迈进，提升农民的整体素质；并通过合作医疗解决农民看病难看病贵的问题，使农民体质逐步强健。农民古代化，农业不可能现代化。优化的制度安排正将农民培养成现代化的职业农民。

二是由管死到放活。在政策制订方面，我们学会了从说"No"到说有条件的"Yes"。计划经济时代的农民，只准在自家承包地上务农，不准做其他，更不能离开。改革开放以来政策逐步放活，一是土地的放活，由过去的生产队经营变成家庭承包经营；二是经营的放活，家庭承包之后开始时还受计划经济的管束，不是想种什么就种什么，还有计划，种多少小麦、种多少棉花、种多少油料都是指定的，然后再统购统销，统购统销废除之后经营就放活了，想种什么就种什么；三是领域的放活，乡镇企业发展起来农民可以务工也可以经商、办企业等，领域就不只限于种地；四是空间的放活，过去农民只能在家门口从事农业生产，想要进城很难。最初的政策也只是允许自带口粮进城，后面政策逐步放宽，农民不用再背着大米背着馒头进城，今天还可以到国外去；五是金融的放活，过去是不允许农村有本土金融，如农民资金互助、乡镇银行、自己发育起来的金融组织；改革开放以来，农村金融在逐步放宽，农村的本土金融力量逐步发育起来；六是组织的放活，过去农民是不允许有组织的，现在农民专业合作组织不断成长，不断增多。1898年光绪皇帝颁布上谕，要求各州府县力推农会，那时候就知道要把农民组织起来，100多年后的今天，我们尤其要把这件事情做好、做到位。

三是由农民到市民。农民进了城，家里的承包地还不上收，这是一个很灵活的制度安排。这些农民如果一旦城里找不到工作，回家还可以务农。这种弹性制度使得农民有了一份保障，不会像阿根廷、巴西等南美一些国家过度、过快城市化，导致农民失业成为城市贫民，几十年拖累整体经济社会发展，掉入中等收入陷阱。今天我国城市中拥有土地的农民占总人口的20%以上，这些人在城市中进退自如，避免了中国经济重蹈拉美覆辙。

四是由本体到载体。农业现代化，农业是本体，农民是主体，农村是载体。建设农业现代化只能在农村建设，抓农业不能光抓农业本身，对于主体农民和载体农村一样需要重视。村村通、电网电话电讯、饮水、环境、危房改造等现在正逐步跟上、配套。社会正在形成一个前所未有的共识：农业现代化必须本体、主体、载体三体共同现代化，缺一不可。

四、优胜的经营主体

小农长期以来占据主体地位是优胜劣汰的选择、历史的选择、规律的选择、农民的选择。古今中外的基本经验是以家庭经营为主体，历史反复证明除了家庭经营，其他方式是行不通的。更何况美国追求的是劳动力产出最大化，我们追求的是土地产出最大化，土地产出最大化需要的是精耕细作，是不讲价钱、不计报酬的团结协作，这一点只有以家庭为单元的小农才能做到。中国小农正从传统走向现代，中国传统农业的先发优势正重现生机，不施化肥，不用化学农药的有机农业只有小农才能做好。

中国现代的小农正与时俱进，脱胎换骨。一是已非自给自足，产品市场化。传统的小农经济虽然主要是自给自足，但是在历史上商品交换发生非常早。不如此，个体农户难以生存和发展。远在周代，城镇的标准规划中都必须包括市场，即在城中划出一井之地，指定为商品交易区，被称为"市井"。参加市场交易的商贩大多是小农户，他们身兼农夫与商人，利用剩余劳动时间从事副业，农忙时节是农夫，农闲时则化身行脚小贩，走街串巷售卖自己的商品。宋代的《东京梦华录》与《梦粱录》记载，当时的汴京和临安到处都是这种行脚小贩。这些兼业的商贩由于固定投资少，又充分利用家庭中的剩余劳力，成本非常低，他们处处显得比固定商铺更具有经济效率。专业的商贩只能远走他乡，从事长途运贩。中国有名的商帮，如徽商、晋商和甬商等，以及历史上著名的商人如陶朱公、王元宝和沈万三等都是从事远途运贩。

新中国成立后，为了建立起计划经济，先后确立了统购统销和人民公社制度，农产品的流通被严格禁止，商业化和市场化被当作资本主义的尾巴而被"割掉"。改革开放后，家庭联产承包制带来了生产力的解放，农产品的产量实现了爆炸性的增长。农民获得了剩余农产品的享有权，"交够国家的，留足集体的，剩下都是自己的"。为了交换这些剩余农产品，国家推动了农产品的市场化改革，农产品的商业化开始于蔬菜、水果、鱼类和畜产品等产品，后来又过渡到糖料、油料、棉花和粮食等国家战略性产品。商业化的范围如此之广，现代小农已经摒弃了自给自足的生产方式，生产出来的东西已经不是自己用，产品已经全面实现市场化，即便在偏远的乡村，农民现在也参与到国家乃至国际的大市场浪潮中。有研究表明，我国农产品的市场化程度可以媲美美国，甚至在某些领域超越美国。市场化为专业化生产提供了可能，商业化和市场化带来的新收益，激活了小农的仿效心理，形成产业集群。农民最相信自己所见，最重视眼前利益，只要少数人通过某种产业发家致富后，其他农民就会"一拥而上"，在这种条件下，极易形成"潮涌现象"，呈现出"一组一品""一村一品"的规模化生产和产业化格局。目前实行专业化的农村中，大多数是高附加值的肉禽鱼、蛋奶和蔬菜与水果的生产，这与我国居民消费结构的变化息息相关。随着人们收入的增加、生活水平的提高、生活方式的改变，生活需求也发生了重大变化。农产品消费结构由 8：1：1 向 4：3：3 的转变，以粮食为主的消费型转到粮肉菜并重的消费型，这给小农经济的发展带来了新的契机。高附加值的农产品是"资本和劳动双密集"的农业。家庭作为一个充满弹性的生产单位，特别适合这种农业所需要的密集、频繁、不定时的劳动投入，既廉价也高效。另外，消费结构多元化要求小农不单要生产自己吃的粮食，还要生产别人消费的肉禽鱼、蛋奶和蔬菜与水果等，种养一体化的小农要把这些产品合并在一起生产，生产成本就会低得多，非常有利于实现范围经济、适度的规模经济。这种种养的多样化可以直接提升农民的收入，也提供了更多的就业机会，增加了农业劳动力的需求并提高了农村的工资水平。

二是已非单枪匹马分散的个体，结盟组织化，是大农中的小农，犹如大园区中承包经营的小业主。在传统的小农经济中，大多数的农产品交易是在高于农户和村庄的标准市镇中完成的，农户生产但不消费的产品在这里销售，消费但不生产的产品在这里一般也能买到。小农户对小市场，生产对销售是基本吻合的。但是，今天农业生产在空间上是分散的，很难形成工商业部门那样的产业集群；在时间上，农业生产具有季节性，作物一茬一茬的，动物是一栏一栏的，而农产品的消费是集中的和连续的。这样小农户和大市场就有了很大的矛盾。特别是在我国农户规模特别小的情况下，这个问题尤为突出。为了解决小农户与大市场的问题，目前一种模式是"公司＋农户"，其中也包括了"公司＋中介服务组织＋农户"这种衍生形态。这种模式将农产品的产加销等各环节结合起来，实行专业化生产、企业化管理和一体化经营，取得了一定成效。但是，"公司＋农户"这种模式，是企业在种地，弊端正在显现。

这种模式其实是昨天"公社＋社员"的翻版，只不过"公社＋社员"是政府与农民打交道，而"公司＋农户"是企业与农民打交道而已。中国农业必须走"农户＋农户"的路子，才是正途。发达国家普遍采用农民合作组织来实现农户和市场的对接。西欧国家，合作社生产的农产品占到市场销售总额的60％，丹麦的奶制品中90％由合作社生产，美国谷物合作社控制了60％的国内市场份额和40％的出口份额。在20世纪50年代初，我们为了解决小农户的问题，也开展了"农业合作化"运动，建立了农业生产合作社、供销合作社和信用合作社。但是，这种合作社虽然名义上是集体的合作，但是本质上却是国家的控制，不过与国有企业不同的是，这种集体经济由国家管制但却由农民承担管制后果。今天，我们建立各种类型的合作社，力图以市场为导向，按照农民自愿参加，共同经营，民主管理，利益返还的合作原则建立。农民是合作社的主人，自己当家，自己分享利润。截至2016年底，全国农民合作社已达一百多万家，全国各级示范社已突破10万家，开展内部信用合作的合作社已有几万家。通过合作社把农民组织起来后，可以连接起小农户与大市场，提供社会化服务，承担起农民组织、产业延伸、市场中介、分散风险和社会化服务等多种功能。特别是，组织化后的小农能够减少收入的波动和高额的交易成本，使得小农不至于为了保障家庭的粮食安全而退回到自给自足当中去，从而可以接受新的市场机会和采用新的技术来增加未来的收入，脱贫致富。

三是已非传统耕作方式，引入现代理念、现代管理、现代技术、现代设施。在传统种植方式中，种子的改良主要是农民通过在田间试错的方式来实现的，最初个别突发奇想的农民以其认为有效的方式对原有的品种实施了粗糙的修改，如果出现了好收成，这个改良的品种耕作就会被其他农民模仿和学习。这样，新的改良品种就得以在整个区域中逐步扩散开来。新作物主要是从外部引进，但是速度却非常缓慢。在明代以前的1 500年中，我们主要引进了三种新作物：茶、高粱和亚洲棉花。在传统耕作的轮种中，南方耕作的主要是水稻，不过双季稻的耕作主要局限在广东、广西和福建等华南地区，气候、人力和肥料不足等因素造成了双季稻广泛推开的困难。在北方，双季耕作的实践主要是种冬小麦和玉米。而传统的肥料主要依靠的是人畜的粪便，以及从池塘、阴沟和河流挖出的淤泥，青草、豆类、稻草、根茎之类的植物茎秆。在传统农具上，元代王祯的《农书》涉及的农具达105种，几乎包括了所有的传统农具和主要设施。靠着这种传统的耕作方式，我国以占世界9%的耕地养育了世界1/5的人口。

随着人口的快速增长，可开垦处女地的消失和可灌溉土地增加的困难使得传统的耕作方式难以为继。中国小农应时而变，不断改变耕作方式，引入现代理念、现代管理、现代技术和现代设施等，改良品种已经不是靠自己艰辛漫长的摸索。现代的改良品种和新作物基本上都是由经过专业训练的科学家，利用生物和化学知识，在现代实验室中培育出来的。这种以科学为基础的农业比起以农民试错为基础的农业要有效率得多，并且也更高产高效。利用先进的杂交技术，袁隆平的超级稻第三期试验田亩产高达926.6千克；得益于遗传工程技术，中国抗虫棉增产10%。有研究表明，农业技术的进步已经是我国农业生产力上升的主要驱动力和中国农业经济健康发展的重要基础。未来基于分子生物学和遗传工程的新技术将和传统的育种技术一起，成为今后几十年提高农业生产力的主要动力，为小农的现代化奠定必要的技术条件。

我们现在农药、化肥、除草剂的使用量超过世界平均水平的3倍，面源污染特别严重。种地得要先养地，从而保持土壤的优质。现代小农正在积极探索养地之法。一是精准施肥，逐步减少化肥的使用，并应用水肥一体化技术。液体肥料在很多国家已广泛应用，美国液体肥料占全部肥料的55%，有3 000多家液体配肥厂，英国、澳大利亚、法国、西班牙、罗马尼亚等国也大量用液体肥，以色列田间几乎百分百用液体肥。二是逐步使用生物肥料替代化学肥料。生物肥料与传统的化学肥料相比则具有保护生态，改良土壤，提高肥料利用率，提高作物产量和品质的作用，是一种环境友好型肥料。生物肥料的这些优势将会是我国农业可持续发展的关键。

采用绿色和有机的可持续发展理念，正使现代小农发挥优势，大显身手。化肥农药对人的健康产生了很大的负面影响，已经受到广泛诟病，有机农业在全世界范围内正得到普遍青睐。不同于"泥土"，"土壤"是一种有限资源，每年翻耕使得土壤暴露在风雨侵蚀之下，使用化肥农药导致土壤退化严重。日本朝日绿源公司在山东莱阳租地，不施农药化肥，主打无公害农产品。由于不采用化学手段，亩产量仅为当地人所种田地的一半，一度成为当地一些人的笑柄。其实日本人并不傻，虽然莱阳土地肥沃，但经过化肥和农药的洗刷，土地已退化，种植之前先做土，他们不施肥、不打药、让土地"荒着"，就是要逐步恢复土壤的肥力，保持农地的可持续发展。这种绿色和有机的可持续发展理念不但不"低智"，还带来了丰厚的回报，朝日绿源的牛奶每升定价 22 元，是国内牛奶价格的 1.5 倍，他们生产的草莓每千克定价 120 元。现代小农正在吸纳这些采用绿色有机的、可持续的农耕方式。目前，全国各地普遍涌现出许多以生产有机农产品为主的家庭农场、农民合作社及小农户，发展势头强劲，产品十分畅销，效益大幅提高。

四是已非全部包揽生产各环节，适应社会化分工协作，引入专业服务组织。以往小农从种到收，所有的事情都会自己做，而现代小农引入了社会化服务，产前、产中、产后的各类服务都由专业组织来做。这种外包作业是扩大农业经营规模的重要形式，也大大提高了机械设备的使用率。而这些大型机械设备，利用率越高，平摊下来的成本越低，具有显著的规模经济效应。引入社会化服务的另外一个重要作用就是使得农业劳动变得轻型化。中国有 8 亿农民，但自 20 世纪 80 年代末以来，那些年富力强、文化素质稍高的农民都会选择进城谋求发展，数量庞大的农村青壮年涌入城市，农村劳动力日益呈现出老年化和女性化倾向。但是，老龄化和女性化其实并没有给我们的农业生产带来太大负面影响，其中的秘密就在于社会化服务的引入。社会化服务，像耕种和收割等，往往是节约劳动的技术设备，重活累活全由机器来做，留守的老人、小孩和妇女管理一亩三分地绰绰有余。也正因为这一原因，在农村劳动力大量外流的情况下，我们的粮食产量还能够保持十二连增。这些年，社会化服务的成功范例就是农机跨区作业。每年"三夏"，全国大约 50 万台农民自购的联合收割机便自发地南下北上跨区作业，解决了全国80％以上的机械化收割问题。近些年，各地又创造了土地托管这种新的经营模式。农民可以进城打工，由当地一些给农业提供社会化服务的组织来帮农民种地，农民付成本，托管组织只按照农民的要求搞服务，收获的粮食和农产品还是归农民所有。土地托管通过签订合同的方式明确双方的责任和风险，把农民和作业承担者之间的关系固定下来，更好地发挥了作业承担者的企业家才能，提高了经营效率，并分散了风险。

五是已非封闭保守，融入互联网、高科技，与时俱进，实现接二连三。传统农业只在一产中做文章，获得的收入极为有限。现代农业打破了一产的桎梏，实现了"接二连三"的华丽转身。现在的小农户也已经不再封闭保守，他们已经把新理念、新技术、新设备、新管理都引入农业经营全过程，并且实现了"接二连三"的三产融合发展。20世纪90年代，日本一位学者就已经提出要把农业建成第六次产业，即一二三产能融合发展的产业，来增加农民的非农收入，缓解农业资源的匮乏和农业收入的高风险。要获得更高的农业效益，除了生产种植，农户更要获取设计、包装、加工、仓储、运输、销售、研发等后续产业链条中的高附加值，比如让农民建立直销店、农超对接，或让农民以产销量确股参与后续环节的分红。互联网这种高科技的兴起更是赋予了三产融合新的内涵。互联网利用全面的农业服务体系，让三产融合发展互为因果。互联网以价值链为纽带，把服务做到农业全产业链条的各个环节，上到大数据云计算、网络化金融、智能化管理、个性化生产，下到场景化营销、极致化体验、分享式传播、平台化沟通，等等，使全产业兴衰与共、成败一体，从而推进产业的整体协作，利益共享、风险共担，建立起一荣俱荣、一损俱损的命运共同体。利用互联网经营农业的农民正呈井喷式增长。

六是已非只种自家土地，参与市场流转形成适度规模。在传统的小农经济中，"佃农"往往是贫农或者零散小农，可以说是大地主小佃农。明清时期的租佃制就非常普遍，自耕农的农田占农田总面积的比率不到一半，相当数量的土地是租给半自耕半佃农。受传统"耕者有其田"观念的影响，许多人对租佃制还是有一些误解，一谈到租佃就色变。这可能是由于过去地主的强势下，佃农的权利得不到保障，土地租佃的合约往往对地主有利，而对佃农不利造成的。如果把租佃关系纳入人人平等和公正严明的法治框架下，这个顾虑是可以消除的。事实上，现代经济学发现租佃制度的存在有其经济上的合理性，否则就无法解释这种制度的持久性和普遍性。在实践上，现代的小农已非仅仅耕种自家的土地，还参与土地租赁流转，小型家庭农场越来越多。目前，全国经营150亩以上的家庭农场已达34万户。小农成了地主，而大农成了佃户，小地主大佃农，这是前所未有的。小地主大佃农有许多优点，一是通过土地租赁，资金不多但有经营能力的农民可以获得经营农业的机会，实现农地资源的优化配置；二是在目前我们土地如此细碎化的情况下，可以利用租赁的办法，扩大土地的经营规模，实现一定的规模经济，提高农业经营效率；三是通过支付租金而不是购地款，大佃农可以节省下一部分资金，用于农业的投资，发展资本密集型的农业，提高农业经营的竞争力。新时代的小农可以通过小地主大佃农的方式，实现适度规模经营，提高经营效率，获得更高的收入。不过，土地的流转必须保持适度，不能盲目扩大。有两个重要的问题需要考虑，一是人地比例。在人地问题上世界有两类：人少地多，如美国3亿人，28亿亩耕地，人口比我国少10亿多，而耕地比我国多近10亿亩，美国家庭农场规模平均3 500亩；人多地少，如日本、韩国和中国都是人多地少，所以土地只能适度规模，100个人的地给1人种，其余99人到哪里去，去干什么。二是农村老龄人口生计问题。土地是农民赖以生存的最后保障，农民工在过了打工的年龄后，返乡务农还能有基本的生活保障。这些农村老龄人口，创业无门，打工无力，除了务农以外，别无他途，机会成本几乎为零。他们不会轻易流转土地，除非支付的租金高过农业净剩余和他的劳动报酬的总和，这也是为什么我们经常会看到，有些老龄农民即使每年产出扣除投入后所剩无几，还要继续务农，因为他还是获得了劳动的回报。农业的利润总体不高，"佃农"很难支付过高的租金，而我们政策层面上也没有各种奖金、年金和养老金来鼓励农民届龄退休，保障他们的晚年生活，如果强行流转土地，最终只会危及他们的利益，饥寒交困，老无所依，老无所养。因此，土地流转不可行政干预强迫，必须尊重农民意愿。

七是已非低产低效，实现高产高效。传统的精耕细作农业使得人口得以大量增长，但是靠天吃饭的农业发展缓慢与人口激增对农产品的过快需求形成不安全的社会矛盾。正如托尼在 20 世纪 30 年代指出的："中国的农民就像踮起脚尖从水中露出鼻子，一个小小的涟漪就足以让他溺水身亡。"传统的小农低产低效有很多原因，一是自然风险。气候、瘟疫、疾病和其他自然灾害给农业产量造成的不可预期的影响。不利的气候可以影响从播种到收割的各个阶段。二是市场波动。传统农产品的收入弹性低，收入高的时候对农产品的需求并没有相应增加太多；同时，农产品的价格弹性低，当供给增加，农产品的价格反而下降得很厉害。因此，有时出现丰年，农民的收入反而下降。《汉书·食货志上》就描述了这种增产不增收的现象，"籴甚贵，伤民；甚贱，伤农。"三是苛捐杂税。农业是传统经济的主体，各种财政的开支最终往往落在农民的头上，农民投入再生产的能力严重不足。更要命的是，虽然历朝历代总是试图减少农民的税收负担，但是每次税费改革后，都掉入黄宗羲定律，农民负担在下降一段时间后又涨到一个比改革前更高的水平，黄宗羲称之为"积累莫返之害"。但是，现代的小农已非低产低效。如上所述，现代的小农粮食产量已经由传统的亩产一二百斤提高到一两千斤，增长十倍以上，同时，他们已经不只是生产谷物，而是更多生产高附加值的肉禽鱼、蔬菜与水果等产品。这些高附加值农产品的需求弹性非常高，居民的收入越高其消费也越大，增产又增收。现代小农也不再是原子化的个体，组织化熨平了收入的波动风险。现代耕作方式的运用，使得更多质高价高的绿色有机产品被生产出来。三产的融合发展，增加了丰厚的非农收入。土地的适度流转和社会化服务则实现了规模的经济效益。现代的小农既高产又高效且高质。

小农是文化、制度和经济要素的复杂关系系统。只有把小农放在这个复杂系统的框架下，从我国历史发展的前后联系以及文化、环境和制度的约束中去分析和把握，才能理解小农主体地位和长盛不衰的原因，才不会盲目地"仿美"，邯郸学步。

（本文原载于《中国发展观察》2016年第18-19、20期）

生态文明视角下的城与乡

　　人类文明已经经历了上百万年的原始文明、上万年的农业文明和三百年的工业文明三个阶段，正在进入旨在解决工业文明弊端的第四文明阶段，即生态文明。就空间概念而言，生态文明的地理空间存在于城与乡两大板块，在生态文明背景下，城与乡的关系正在发生着巨大变化。

　　一是城市文明作为工业文明的伴生物正在被新的更高层级的生态文明所取代。所谓生态文明是指人类既获利于自然，又还利于自然，在改造自然的同时又保护自然，人与自然之间保持着和谐统一关系的一种新型文明形态，它是人类物质文明、精神文明和制度文明的总和。1866年德国科学家海克尔首提"生态"一词，1984年莫斯科大学学报《科学共产主义》首提生态文明概念，1987年我国生态学家叶谦吉首次定义生态文明，2007年中共十七大把生态文明首次写入文献，2012年中共十八大把生态文明建设摆上与经济建设、政治建设、社会建设、文化建设五位一体的重要位置。早在1972年联合国就通过了《人类环境宣言》，1983年联合国又成立了世界环境与发展委员会，可见生态文明理念早已为人类社会广泛认可。建设生态文明，从地理空间上看，在中国960多万平方公里的土地上，城市占地仅5万多平方公里，保护绿水青山，擦亮白云蓝天，重头戏、主战场无疑在幅员广阔的乡村。但生态文明逆生于生态的不文明，生态不文明的源头在城市、在工业，城市、工业在推进人类文明进程的同时，也制造着与人为敌的反生态文明，使得不少乡村环境恶化到危及人的生存。生态文明的建设重点在乡村，难点却在城市和工业。城与乡在生态治理上是源与流的关系，不堵住源头，则"绿水青山枉自多"!

二是城市功能正在被高度发达的交通、通讯及互联网分流。从城市发展看，城市功能在农业文明时代重在军事、政治，工业文明时代重在制造、贸易，近年来交通通信的便捷和互联网及人工智能的问世，逐步使城市的制造、贸易功能弱化，阿里、京东、拼多多的崛起显示网上交易已成主流。截至 2017 年底，我国网民规模已达 7.72 亿，互联网普及率已达 55.8%，社会结构因此由垂直型向扁平化发展，城市的生产制造和商业贸易功能正逐步向乡村扩散。一旦 3D 打印和汽车无人驾驶普及，可以预见，一些无污染制造业和商品贸易在乡村将呈井喷式增长。

三是城市疾病正在被"小桥、流水、人家"的乡村疏解。生态文明是化解工业文明带来的城市种种疾病的良方，逆城市化已成为发达国家的潮流，德国已有超过 40% 的人工作在城市，生活在乡村。乡村因其亲近自然、环境优美、人居和谐，成了被现代城市病缠绕的城里人寻求心灵栖居的疗伤地。过去的穷乡僻壤，成了今天的世外桃源，过去的谈土色变之地，成了今天的心灵慰藉之所。尤其在物质需求已不再呈刚性增长、老龄化社会加速到来的背景下，都市人争逐"心灵原乡梦"日渐浓烈。焦灼、复杂、忙碌、快节奏的现代病，只有在安宁、平静、简单、慢生活的乡村才能得以消解。

四是城市边界正在被新的发展理念模糊。那种画地为牢、边界清晰、不可逾越的城乡地理分界和户籍分野正受到挑战。建筑组团与田园组团交叉展开布局，是与生态文明建设高度契合的城市化发展新理念。城市越大集聚力越强，但受人类管理能力的制约，并非越大越好，更何况大城市使后代人远离自然，不了解自然界生命的规律。实现城乡空间融合、功能融合应是化解这一矛盾的关键。日本为此在城市建了几千家市民农园，让城市孩子随时了解动植物生命过程。这是一个事关人类生存发展的哲学命题。只有认识规律才能把握规律，少做违背规律的荒唐事。我国长期实行的二元户籍制度也正在全线崩塌，虚拟的城乡边界也将寿终正寝。城与乡无论在地理空间还是管理空间上都正走向融合。

五是城市思维正在被城乡共荣的新型空间生态所颠覆。所谓城市思维就是长期形成的"悠悠万事，唯城独大"思维，传统观念里，城市是中心、是主体、是主角，是先进生产力的代表，"三农"只能仰视、只能奉献。战争年代，农村包围城市；建设年代，农业支援工业；改革年代，农民服务市民。我国已经结束以农养政，进入以工养政、以商养政的时代，党的十六大首提要统筹城乡发展，之后又提出协调发展、一体化发展、融合发展，十九大报告更进一步提出要优先发展农业农村，这是一次前所未有的颠覆。过去那种城市优先的思想观念、思维方式在生态文明阶段必须彻底改变，一切政策的出台、制度的供给、资源的配置都应以生态文明为标尺，这是城乡互动共存、互助共生、互补共荣的金光大道，也是乡村振兴的动力源泉。

在生态文明的语境下，城与乡没有高低贵贱之分，没有中心边缘之差，没有先进落后之别，也没有主角配角之异。二者就如同一对夫妻，各有分工、各负其责、各尽其能、融合发展，在"各美其美、美美与共"中实现和谐统一。

（本文原载于《中国发展观察》2018 年第 18 期）

乡村社会的"变"与"不变"

亘古以来，世界唯一不变的就是"变"。语出《礼记·大学》的"日新月异"一词，是古人形容事物变化之快的典型用语。如今事物变化的速度已经远远不能用"日新月异"形容，"时新日异"，甚至"秒新分异"的事情已经层出不穷、屡见不鲜。方方面面纷繁复杂的急剧变化使人们眼花缭乱、手足无措。特别是信息滞后的亿万中国农民，让突如其来的种种变化冲击得晕头转向，常常为之惶惑不安，世界观、人生观、价值观三观模糊，方向感缺失，不知如何应对。新的历史条件下，乡村社会哪些该"变"、哪些不能"变"，是实施乡村振兴战略必须梳理清楚、把握准确的一个重要课题。

一是思想观念要变，但"三农"是重中之重的价值取向不能变。如今，越来越多的农民认识到不能靠"一亩三分地"实现致富和改善生活条件，他们渴望走出农村享受城市生活，他们的就业空间和就业观念也随之改变，这种改变汇聚起古今中外史无前例的人口大迁徙，助推中国经济实现快速崛起。但在加快城镇化进程中，也存在诸多认识上的误区，甚至背离了城镇化的本意。城镇化的本意是你不管在哪里生活，都能享受到和现代城市基本相仿的公共设施和公共服务。历史经验显示，所有发达国家都不是以牺牲农村为代价而实现城镇化的，城乡发展都是一体化的。今天，我们必须回归理性认识，摒弃"唯城镇化"的城镇化，抛弃从事农业就低人一等的传统观念，建设好美丽乡村，真正打破城乡二元制度，实现城乡融合发展，让农村成为令人向往的地方，让农民成为令人羡慕的职业，这才是我们追求的城镇化。在这个过程中，不管农民的就业空间如何转换，"三农"是重中之重的观念都需要坚守，"三农"的巨大价值绝不是用产值、收入这些数字指标所能衡量的。美国原农业部长与环球时报记者的对话，语惊四座：你要吃饭吗？那么农业就很重要。一日三餐，人人需要，这是铁律。农业的重要性是人类永恒的主题，对于中国这样一个人口大国、农民大国、农业大国、农村大国而言，"三农"任何时候都是重中之重。14亿张嘴，不端牢饭碗，随时都会出大事。

二是生产方式要变，但是遵循生态规律的路径不能变。现代科技手段和生产要素在乡村的普及程度越来越高，化肥、农药等现代要素早已在农业生产中广泛应用。近几年，甚至连手机都成了农民的"新农具"，农民用手机可以做很多事情，甚至包括田间管理。但现代要素在深刻改变农业生产方式和农村生活方式的同时，也为"三农"发展带来诸多发展隐忧，对"石油农业"的过度依赖，加剧了土壤退化、环境污染和农业资源的掠夺式开发，这种模式难以为继。现在，中国农业到了必须加快转变生产方式的阶段，到了必须重新思考发展模式的时候，遵循自然生态规律，继承和发扬中国传统的天人合一、道法自然思想，让动物、植物、微生物"三物思维"的理念深入人心，中国的农业才有未来。从逻辑上看，植物是生产者，动物包括人是消费者，微生物是分解还原者，它把动植物的残渣废料包括人畜粪便分解还原再作为植物肥料进行下一轮生产。没有微生物的参与，便没有农业的生态循环。变"二物思维"为"三物思维"，是我们建设绿色农业、有机农业、生态农业、循环农业的关键，也是提高农产品质量，推进农业供给侧结构性改革的关键。

三是生活环境要变，但小桥流水人家的大格局不能变。文明不文明首先看环境，优美整洁的生活环境是现代文明的重要标志。乡村生活环境要变首要一条就是要治理"脏、乱、差"。室内室外，房前屋后，路塘沟渠，村户环境保持整洁、干净、卫生，尤其应大力推动"厕所革命"。厕所虽小却是大民生。纵观全球，厕所问题是大多数发展中国家面临的共同难题。印度有7亿多人没厕所，莫迪在任给全国人民的承诺就是要建 1.1 亿座厕所。世界卫生组织曾把厕所定义为世界上最廉价的医药。习近平总书记对厕所这一民生难题曾多次提出推进"厕所革命"，足见改变乡村生活环境的重要性。但乡村环境要变，不能一变就变成像城市一样的高楼大厦，而应该突出"小桥流水人家、粉墙黛瓦篱笆"的独特个性、独特魅力。乡村就是乡村，生活环境再变，也不能丢掉乡土特色，也要适应生于斯长于斯的农民生产生活需要。乡是城的基础，没了乡也就没了城。城与乡就像一对夫妻，有男有女，各有分工，各司其职，改造乡村绝不可以城市为蓝本施行"变性术"。

四是生活方式要变，但是勤俭节约的传统美德不能变。年轻一代农民都追求时尚、追求城市的生活方式，曾经的"杀马特"，今天的"漂一代的轻生活"，大多是来自农村的打工青年。这本无可厚非，但对"油腻""佛系""漂一代的轻生活"等城市非主流亚健康生活方式的过度追崇，就需要深刻反思了，将会带来一系列社会问题。因此，跟风、追星、赶时尚的新生代农民，千万不能被城市灯红酒绿的环境迷醉，一味追求"今朝有酒今朝醉"的过度消费、消极生活的浪漫日子。勤俭节约是中华民族世代相传的传统美德，尤其在今天，对于一个有着巨大资源约束的人口大国而言，勤俭节约是每个公民的社会公德，你花的是自己的钱，浪费掉的却是全社会的资源。某富商掉了一块硬币在地上，年老难以弯腰捡起，别人帮他捡起，他奖给别人一百元钱，这里透现的就是勤俭节约的美德，再富也要坚守。

五是小农思维要变，但是养老育小的责任义务不能变。小农思维就是自给自足的思维。随着社会分工越来越细，社会化服务也越来越发达多样，自给自足的经济自循环模式不符合市场经济原则，必须打破。但不管服务业如何发达，人们应该担负的教育子女、赡养老人的责任和义务不能全部推给社会，社会也无法代替家庭承担责任。有些农村青年打着外出务工的旗号，长期脱离家庭，上不赡养年老的父母，下不抚育年幼的子女，逃避养育责任，只顾自己潇洒，为社会为家庭为未来留下诸多隐患。无论社会如何发达，养老育小的家庭责任和义务都必须承担，社会只能随着时代的进步多一些分担。家庭是社会最基础的细胞，维持家庭关系稳定的根本就在于上能养老，下能育小，代代传承，连大象等动物家族都能做到这一点，更何况人类。

六是文化传承要变，但传统文明的弘扬不能变。人类有史以来的文化传承方式主要靠先辈的经验积累，一代一代向后人传递，在科技飞速发展、信息大爆炸、技术化社会全覆盖的当下，文化的传承方式已发生逆转，年轻人头脑敏锐，善于接受新事物，首先掌握现代科技知识，然后再传递给老年人。回家问问儿子、问问孙子的事越来越多。虽然文化传承方式被颠覆，但几千年积淀的传统优秀文化依然闪光，不能丢失，必须继承好、发扬好。比如乡村熟人社会世代累积的"家园红利"是我国乡村最有价值的优质文化资源，所谓"家园红利"，即熟人社会长期共同生活积淀的一种社会共济互助福利。它对于资源配置、矛盾调处、邻里互助、应急事务等方面的处置，起到无可替代的作用。随着乡村人口流动的加剧，"家园红利"正在弱化，提倡、保护、支持"家园红利"的巩固，应成为乡村振兴的重要内容。

七是抱残守缺要变，但闪光的人生信条不能变。"父母在，不远游""男女授受不亲""不孝有三，无后为大""三纲五常"等诸多古代人生信条，是在特定历史条件下生成的，只能代表那个时代的文明。例如在交通通信不发达的古代，出远门要花很长时间，也没办法与家人联系，赡养父母就成了问题，今天"千里江陵一日还"已是家常便饭，尽可以远游。诸如此类的古训，放到今天就成了残缺的文明，不可循规蹈矩死守，食古不化。但有些人生信条是必须世代坚守的。如"老吾老以及人之老，幼吾幼以及人之幼""己所不欲，勿施于人"等被国内外称为放之四海而皆准的"人类文明黄金定律"。耕读传家是中国乡村最具代表性的教子方略，世代传承不曾中断的中华民族农业文明，靠的就是耕读并举。但今天不少人被当下物欲横流的现实冲昏了头脑，宁愿跑外卖、送快递，甚至入传销，也不去职业学校学一项技能。云南怒江沿线的乡村前些年到处都有"上了初中，再去打工"的标语，而现在新的读书无用论有所抬头。"知识改变命运"的信条任何时候都应坚守。今天的知识已经演变成为三个层面，可以言传的"明知识"，只可意会不可言传的"默知识"（如骑自行车、音乐舞蹈、书法绘画艺术等），不可言传也不可意会的"暗知识"（如大数据、云计算、人工智能等），如果连"明知识"都不愿多学，注定跟不上这个时代。

八是小富即安要变，但量力而行的方略不能变。吃饱了、穿暖了、口袋里也装满了，于是就整天从酒场到牌场，吃喝玩乐、花天酒地。或安于现状，无所事事；或四方云游，不思进取。幸福是奋斗出来的，不奋斗就不可能有幸福。物质生活富足了并不代表就幸福。奋进开拓，永不停步应是人生的追求。但陪巴菲特吃一顿午餐，陪的人就要花三千多万，世界上只有一个巴菲特；马云在商界是个神话，中国也只有一个马云。一些从乡村走出来的青年，往往找不准标杆，总想着学那些云端里的人物，结果会很惨。生命不息，奋斗不止，但一定要切合实际、量力而行，只要尽力而为就可以了。好高骛远，盲目求大，心有余而力不足，会一事无成。故乡容得下肉身，容不下理想，只好远走他乡；城市容得下理想，容不下肉身，落得无处栖身，这种"灵"与"肉"的撕裂，是当下大多数农村青年的苦痛。在理想与现实中找准自己的人生定位，能干什么，该干什么，适于干什么，要保持清醒的头脑，不可浑浑噩噩。

九是陈规陋习要变，但公序良俗的遵守不能变。物质丰裕了，乡村里的婚丧嫁娶、人情礼分越滚越大，攀比之风，到处弥漫。有的人就变着法子办酒宴掏别人的口袋，如小孩出生、满月、百日、周岁、每年生日、剃发、入学等都要办宴请客。有的家庭一年应付这些五花八门的人情礼份要花几万元。又如盖楼房互相比阔，你盖两层我要盖三层，你盖三层我要盖四层，总想压过别人，盖了房子又没人住，多少年的积蓄都花在房子上，如果用这些钱投资生财岂不更好。乡村脏乱差的环境见怪不怪，你乱扔垃圾他乱放柴草，公共卫生不知维护。这些都需要重构乡规民约，引导改变。但对于国家和社会，在存在与发展过程中所必需的一般秩序不能改变。所谓一般秩序即善良风俗和公共道德。某企业注册"叫个鸭子""招只鸡来"商标，商标局以"格调不高，易产生不良社会影响"为由不予注册，企业上诉，法院判决驳回，因非主流文化中鸭和鸡有性工作者的含义，企业的这种行为就是违反公序良俗。如跳广场舞，应在不影响附近居民生活的前提下进行，强身健体也需要尊重他人。乡村中假冒伪劣产品无孔不入，农民一经发现，应拿起法律武器维护消费者权益，不能听之任之。中国乡村长期生成一个人情社会，情大于法，处理事情的一般规则是"情理法"，为人情做假证的事多有发生。今天是一个法治社会，必须坚守"法理情"的原则才是现代社会公民维护公序良俗的应尽责任和义务。

我们花了一百万年才进入青铜时代，我们只用了几十年就进入了信息时代、人工智能时代，世界还在加速飞旋。理清"变"与"不变"，把准方向，该变的力促其变，不该变的执意坚守，让亿万农民和广大农村基层干部在大变革的时代洪流中始终保持清醒的头脑，是乡村振兴的必修课。

（本文原载于《中国发展观察》2019年第13期）

农业的思维流向

　　全面实施乡村振兴战略，加快农业农村现代化，一个至关重要的前提，就是用大历史观来看待和思考农业问题。从历史的纵深厘清和把握农业发展不同阶段的思维流向，才能更好地引领和指导农业发展的政策制定、生产组织、产业形态，更好地稳住农业基本盘，守好"三农"压舱石。从农业发展的历史进程看，不同时期的农业发展孕育着不同的发展思维，大体上经历了"六品"引领的迭代思维。

　　温饱思维——探索品类。人类自诞生之日起，面临的首要生存难题就是食不果腹。原始人类依靠集体的力量，以群居形式共同抵御自然界的各种威胁，最初依靠采集植物、狩猎捕鱼为生。我国上古时代的传说神农尝百草就是采集试吃的典型，进而知道自然界的哪些物种可以供人类食用，哪些草药可以治病，为黎民百姓找到了充饥的五谷，尝出了365种草药进而写成《神农本草经》。随着人口增多，如何获得稳定可靠的食物来源成了催生原始农业的动力。采集活动孕育了原始的种植业，狩猎则孕育了原始的畜牧业。随着人类文明的演进，在与自然界的长期共存中，人类通过观察和实践，逐渐发现了动物可以驯化，进而开始驯养家禽家畜，也逐渐学会了保留植物种子用来种植，进而获得了比较多的食物产量，这是农业生产的历史性跃进。伴随种植养殖生产技术的改良和新型生产工具的发明，人类的食物来源有了比较稳定的保障，使得解决温饱问题的可靠性进一步增强，人类得以生存繁衍。经过成千上万年的探索，到目前为止，人类已知可以食用的植物种类有两千多种，药用的三千多种。从原始社会的农业生产，直到温饱问题得到稳定解决之前，这个历史阶段，人类面临的主要矛盾是如何获取更多的可食之物以解决温饱问题，千方百计探索用以果腹的动植物品类，甚至不惜付出生命的代价，从而实现由吃不饱到吃得饱的跨越。这一温饱型思维贯穿于有史以来人类农业文明的全过程，直到今天，在非洲、南美洲的丛林里生活的一些人，仍然在为生存进行着不懈的探求。

小康思维——优化品种。"小康"是介于温饱与丰裕之间的一种生活状态和社会形态。温饱问题基本解决后，人类的关注点逐步由追求食物品类向优化品种转变，更加追捧那些易种植、产量高、品质好的农作物品种，实现了从追求解决一日三餐的基本温饱，转变为注重食物的品种丰富、来源多样，由吃得饱向吃得好演化。安徽省凤阳县小岗村十八户农民的红手印拉开了中国农村改革的序幕，40多年的改革开放极大解放了农村生产力，伴随农业生产技术的进步、农作物品种的选育改良和农业生产方式的优化，农业生产效率大大提高，土地产出率极大提升，农产品市场供应更加多元，品种丰富。特别是通过8年精准脱贫攻坚战，如期完成脱贫攻坚任务后，千百年来困扰中华民族的绝对贫困问题彻底得到解决，全面建成小康社会的成色更足。中国老百姓的餐桌更加丰富，食物品种更加多样，想吃什么基本上就能吃到什么。

丰裕思维——崇尚品牌。东西多了看品牌。在实现"小康"的基础上，伴随现代农业生产技术的广泛应用，现代农业产业体系、生产体系、经营体系加快构建，农业生产力得到极大提升，农产品极大丰富，市场供应十分充裕甚至供大于求。由于消费者选择空间的扩大，选择余地的增多，消费理性逐步提升，品牌成了首选。在这种消费理念的变革中，农业发展从单纯注重量的扩张向更加注重质的提升转变。农业生产尤其重视品牌的培育，大力发展无公害农产品、绿色食品、有机食品、农产品地理标志等"三品一标"农产品，这是保障供给端食物质量安全的重要环节，也是传统农业向农业现代化转变的重要标志。

健康思维——强调品质。由吃得好到吃得有营养、吃出健康，这是食物供给的又一次飞跃。这一阶段的消费追求是变"病从口入"为"病从口出"，人们不再仅仅追求品牌，而是更加注重农产品营养成分对人体健康的作用，消费者不光关注质量，还关注与质量有关的产地、周期、日期、节令、鲜度等，讲究营养平衡、时鲜原产，有利身体健康。有研究资料显示，单纯靠施用农药化肥生产的小麦比传统生态种植方式的小麦含钙量低76%，因而既营养又健康的农产品成为市场的宠儿。目前市场上这类农产品售价很高，十元一斤的米、百元一斤的肉已经不是新闻，但市场依然供不应求。在健康思维引领下，市场对农产品实行优质优价，倒逼了农业生产要走产品安全、产出高效、资源节约、环境友好的道路，更加关注农业的土地产出率、劳动生产率和资源利用率、环境承载力。

味道思维——欣赏品味。这一阶段，人们既要吃出健康也要吃得美味，在注重营养健康的同时，更加追求农产品的口味地道，强调原种、原法、原味。有美食消费研究报告显示，消费者选择美食时考虑的第一是就餐环境，第二是味道，第三是食品安全，第四是价格，可见味道的重要。原种就是传统品种。据统计，20世纪50年代中国小麦品种上万个，现在推广的品种只有400多个，都是改良品种，原来的土种几乎灭绝了。山东省1963年花生品种有470个，到1981年品种还有30个，现在只有15个。驰名中外的北京烤鸭，目前市场上销售的90%都不是原来的土种鸭了。中国的土猪经过了近万年的时间改良驯养，而近三十年来数以千计的土猪种被国外引进的良种取代，土猪近乎绝种。全国畜禽遗传资源二普调查显示，88种地方猪有85%的数量急剧下滑，有4个猪种已经灭绝，还有30多种濒危或濒临灭绝。温州水牛因能替代奶牛产奶，而且所产奶比普通牛奶蛋白质等含量还要高，被列入《国家级畜禽遗传资源保护名录》，甚至被载入联合国粮农组织编写的《水牛》专文，但目前温州平阳土种母水牛存栏只有210头，种公牛只有12头。这些传统的种质资源是民族的宝贵财富，通过建立种质资源库对其进行保护，不仅十分紧迫，也是比较有效的手段。我国已在中国农业科学院建有可保存粮棉油果蔬等340种作物、50多万份保存期50年以上的种质资源库。20世纪六七十年代后，随着高产矮秆水稻的大面积推广种植，高秆水稻几乎无人种植。云南等地从国家作物种质库找回了高秆水稻"毫秕"种子，恢复了在西南地区的种植，这种水稻平均株高 2.4 米，所产的大米市场售价每千克超千元，效益十分可观，一小把种子，让群众走上了脱贫致富路。原法就是摒弃"石油农业"，接续绿色、有机、循环的传统农业种植方法。原味就是农产品的原始味道、传统风味。从世界范围看，粮食用于口粮、工业和饲料的消费比例大体已形成 4∶2∶4 的结构，也就是四成用于人类食物，两成用于工业原料，还有四成用作动物饲料。不光人类追求传统味道，动物也是如此。否则，拼命靠施用化肥农药生产的农作物，改变了传统味道，不仅人类不喜欢吃，也影响动物的食欲和生长。

生态思维——追求品行。人类社会已经历三大文明形态，也就是上百万年的原始文明，上万年的农业文明，三百年的工业文明，现在正在向第四种文明形态——生态文明过渡。道法自然、天人合一是古人朴素的生态道德观。工业文明以来，社会长期倡导和奉行的道德哲学是人类中心主义，在人是自然的主宰这一观念引导下，资源消耗和环境污染毫不节制、毫无顾忌，地球已经不堪重负。农业不能只从大自然索取而不去保护，否则必将被大自然抛弃。生态思维追求的是生产者品行端正，以生态道德的理念发展农业，借鉴传统农业文明的精华，推广循环农业、生态农业模式。被美国农民奉为《圣经》的《四千年农夫》一书，记载的就是中国、日本、朝鲜等东亚传统生态农业的做法经验，在新阶段中国更应继承发扬。在生态文明时代，务必要超越传统价值观，激发社会成员对自然的热爱、尊重和感恩，树立在热爱自然、尊重生命、优化环境、健康发展的基础上，保障人类的发展和幸福的新理念。当务之急需要变革农业生态链，变"植物、动物"的"二物思维"为"植物、动物、微生物"的"三物思维"。植物、动物、微生物构成了生态循环农业的基本架构，从逻辑上看，植物是生产者，动物包括人类是消费者，而微生物是分解还原者，它把植物、动物的残渣废料还原为肥料进行下一轮生产。没有微生物的参与，循环、生态、绿色、有机农业都只是空洞的概念。以生态文明思维正品端行是未来农业的标杆。

以"六品"为标志的农业迭代思维，构成了农业发展的历史演进和时代脉络。思维的流向阶梯式递进、螺旋式上升，随着人类社会的发展进步，后一种思维都是在前一种思维的基础上催生出来的，它们之间又是交叠重合而不是替代关系，每种思维都是前一种思维的优化提升，而不是对前一种思维的否定抛弃。以代表一个时代消费特征的思维为引领，多重思维共生共存，是农业思维的逻辑流向，也是未来农业的发展走向和目标方向。

（本文原载于《中国发展观察》2021 年第 3－4 期）

"母体文明"的尴尬应该终结

乡村振兴已经成为这个时代的主旋律、最强音，但对农业文明的认识，社会尚处于模糊状态，或称农业文明是过时的文明，必由工业文明取代；或称必须首先发展工业文明才能带起农业文明。认知的走偏必然导致行为的走偏，从而影响乡村振兴战略的顺利实施。

纵观近现代世界各国农业发展的路径，大体可分为三种类型。第一种类型以美国为代表，首先是农业崛起，进而推进工业化、城市化的发展。第二种类型以日本、韩国、英国和欧盟一些国家为代表，农业现代化和工业现代化基本同时并进。第三种类型以巴西、墨西哥、南非、菲律宾等为代表，这些国家率先发展城市，进而通过城市化带动工业化和农业现代化。前两种类型的国家很快实现了现代化，第三种类型的国家20世纪六七十年代发展很快，很多经济发展指数在世界排名靠前，但不久这些国家经济发展就显现危机，直至今天还在原地踏步。

农业文明、工业文明和城市文明是人类文明发展的轨迹，也是人类文明的三大基本载体。这三大文明是并行不悖、共生共荣的关系，必须同时发展、同样发展、同步发展。文明的发展有一定的规律，三大文明的突出特点是继起性，后一种文明都是在前一种文明基础上成长发育起来的。农业文明是母体文明，其他一切文明都是建立在农业文明基础之上的文明。这种构建如同金字塔，底层越厚实，整体越稳固。所谓"基层不牢，地动山摇"，离开农业文明的基石，工业文明和城市文明就成了无源之水、无本之木、无基之塔。无数事实反复证明，没有农业文明的文明是残缺的文明，没有农业文明的社会是断裂的社会，没有农业文

明的经济是危险的经济，没有农业文明的发展是不可持续的发展。大力
发展城市化，用城市化带动工业化，用工业化推进农业现代化，尽管主
观愿望是好的，但结果可能未必理想。

美国从立国之初就确立了"以农为本"的思想。两次世界大战中，
美国农业得到飞速发展，战争导致世界农产品需求旺盛，美国政府实行
农产品最低价格保证，多次通过"农业信贷法"，保证对农业充足的资
金投入，各种形式的农业合作社纷纷兴起，农业机械化步伐大大推进。
今天，美国出口的农产品几乎占世界出口总量的一半，始终占据世界农
业霸主地位。英国从 13 世纪开始到 1876 年禁止圈地历时 400 多年，圈
占土地 700 万英亩*。英国的圈地运动开始养羊后改为发展粮食生产，
由牧而农，促进了英国农业的发展，粮食单产提高了 1/3，人均粮食增
产率达 73%，出口量飞增，英国被称为"欧洲的粮仓"。

与此相反，一些国家没有遵从人类文明发展的规律，奢望一步跨入
城市化，可惜只能是"欲速则不达"，不仅没有跑得更快，反而掉入陷
阱。巴西 20 世纪 60 年代城市化水平就达 80%以上，人均收入达到四
五千美元，在世界名列前茅。过度过快的城市化导致大量农民涌入城
市，高楼大厦和"贫民窟"并存，社会治安严重恶化，城市成为犯罪的
天堂。原本地广人稀，土地肥沃的国家却因无人种粮，沦落到吃不上饭
的地步。为缓解城市病带来的问题，巴西政府主要做了两件事：一是让
穷人能吃上饭。政府在城市社区建立大食堂，无论什么人，只要花一雷
亚尔（约 3.7 元人民币），就可以吃上一顿有菜有肉的饱饭。二是大力
发展农村。巴西成立了与农业部平级的农村发展部，政府将土地分配给
无地农民种，期限为 20 年，前 10 年农民自种自收，后 10 年将收益的
一部分交还政府。20 世纪 30 年代，菲律宾一批学者到美国留学，在这
些归国精英的主导和支持下，西方农业跨国公司和本国资本家控制菲律
宾农业和农村的诸多领域，大量的失地和失业农民涌进了城市。随着城
市就业岗位增长的下降，失业问题很快转化成社会问题和政治问题。今

---

* 1 英亩＝4 046.86 平方米。

问道乡村文化……

59

天的菲律宾，有 30% 的人生活在贫困线以下，每 10 个菲律宾人中就有一个背井离乡，仅在我国香港就有 70 万接受过高等教育的菲律宾女佣。20 世纪六七十年代，朝鲜依赖苏联提供的工业技术、机械、石油，快速实现工业化和城镇化，光拖拉机就装备了 6 万台。80 年代，朝鲜 70% 的人口实现了城市化，粮食人均 400 千克，年收入人均 900 美元，日子过得比较好。1991 年苏联解体，朝鲜 4/5 的机械化农业机器和设备由于荒废以及缺少配件和燃料而无法使用，直到现在吃饭问题都没有解决。这些都是发展路径带来的问题，反复出现的问题就要从规律上找原因，违背规律终将付出巨大的代价。

农业文明不能与工业文明、城市文明脱节。农业文明是母体文明的意识必须牢固树立，时刻强化，尤其对于中国这样一个有着 14 亿张嘴需要吃饭的人口大国，更是松懈不得，马虎不得。"母体文明"的尴尬应该终结，也必须终结。

一应重塑农业文明的现代尊严。在大力推进工业化、城市化的今天，农业文明被视为最落后、最腐朽、最该被抛弃的文明。曾被人们引以为豪的"鱼米之乡"，成了偏僻落后闭塞的代名词。民以食为天，官以食为天，城以食为天，国以食为天，当前必须下大功夫克服全社会对"三农"的偏见与傲慢，重塑农业文明的现代尊严。

首先农业具有基础性。哪怕农业创造的 GDP 在一国的比例中微乎其微，也轻视不得，漠视不得，更忽视不得。其次农业具有准公共性。世界上没有任何一种产品，像农产品这样每个人每天都离不开，农产品在参与商品竞争的同时，还担负着公共性的社会职能。再者农业具有引领性。工业能引领、城市能引领，农业同样具有引领作用。荷兰的花卉、新西兰的奶牛、我国山东寿光的蔬菜和吉林的玉米等都已成为引领当地的主导产业。社会必须走出"离农越远离现代化就越近"这一误区。

从世界范围看，农产品已被武器化。美国主要是通过转基因技术控制种子，从源头上控制粮食主权，甚至是国家主权。美国"9·11"之后又制订了生物国防法，印度出台法律限时实现种子国有化，澳大利亚严厉控制种子进口，日本则严禁进口大米。世界上大部分国家都不许进口主食，这关乎民族危亡、人种危亡。现在有一种提法叫种子民主，绝不能让种子由发达国家全控，必须还各国农民种子权，让世界没有"粮奴"，必须将粮食安全上升到粮食主权来认识。从国内现实看，我国农产品消费每年约需要 35 亿亩土地产出物，但我国 18 亿亩耕地加上复种面积每年也只有 25 亿亩，每年都要进口约 10 亿亩土地的产出物。巨大的资源约束是中国的基本国情，不自立自强，农业一旦被人"卡脖子"，那将是"一剑封喉"。

当务之急在于全方位探索，如何像工业、像城市那样把现代技术、现代设施、现代管理、现代服务、现代人才、现代金融以及现代理念、现代思维等诸多现代元素注入"三农"，让其插上现代化的翅膀。

二应重启农业现代化议程。农业现代化与现代农业含义是大不一样的。二者都体现了现代性，但现代农业着眼于提高效率，而农业现代化，一个"化"字使其内涵更丰富，意义更深广，农业现代化不光要实现现代农业的经济目标，还要实现农业自身在经济社会发展过程必须承担的社会目标、政治目标、文化目标和生态目标，是多目标的集合。农业现代化，农业是本体，农民是主体，农村是载体，只有本体、主体、载体这三体共同现代化，才能实现农业现代化。乡村振兴是"三农"工作重心的战略性转移，应在实施进程中紧紧围绕经济、政治、社会、文化及生态多重目标，抓住三体共化这一关键，因地制宜，突出重点，分步实施，渐次推进。

三应重构社会价值取向。

一是根据农业主功能区的定位，重建一套考核评价体系。1995 年国家实行"米袋子"省长负责制，一直不断强调"省长负责制"对保障粮食安全有重要作用，但没有硬性指标，没有考核机制，也没有落实责任。加上种粮效益不高，甚至是赔本的买卖，"出力不讨好"让很多地方很无奈，不得不致力于"招商引资"，用在"钱袋子"上的精力超过了"米袋子"。十几年前全国粮食调出省有十来个，如今仅剩五个。因此，要以农业产出和农业综合生产能力为指标，对农业主功能区建立新的考核评价体系，加大对主功能区的支持和保护力度。

二是提高两个积极性。首先要提高农民的积极性。国家要粮食，农民要票子。长期以来，我国通过工农产品价格剪刀差、农业征税等方式汲取农业剩余，长期为工业化提供原始积累，牺牲了农民的大量经济利益。近年来，农资价格暴涨，几十、几百倍的涨，而粮价只涨了几倍。农民生产成本加大，种粮没有积极性。必须让种粮农民有钱赚。其次要提高粮食主产区基层干部的积极性。对他们的评价考核主要看在农业领域贡献，让抓农业的人在经济上、政治上都得到实惠，这样基层干部才有抓农业的积极性。

三是加大对农业主产区的支持力度。世界上没有哪一个国家不对农业进行补贴的，越是发达国家补贴就越高。我国农业补贴政策已经由补贴流通环节向补贴生产环节、由补贴消费者向补贴生产者全面转型，初步形成价格支持、直接补贴和一般服务支持等功能互补、综合补贴和专项补贴相结合的农业补贴政策框架。然而，相对发达国家而言，我国农业补贴支持水平仍然较低。

四是协调好产区与销区的关系。有数据显示，我国地区人均财政收入、人均 GDP、地方城镇化水平、地方人均纯收入等指标与人均粮食生产量呈明显的负相关关系。国家层面要协调产区与销区的关系，不能让主产区自己承担这一责任。必须借鉴生态补偿机制的做法，让销区发挥资金技术等优势，支持粮食主产区农业发展，加大对产区的基础设施投入，以缩小产区和销区之间的发展差距，只有这样才能从根本上保证国家的粮食安全、维护国家的粮食主权。

（本文原载于《中国发展观察》2021 年 16 期）

乡村教育的忧思

　　1926 年，陶行知在乡村教育讨论会上的演讲中曾说到"中国的乡村教育走错了路，他叫人离开乡下往城里跑，他叫富的变穷，穷的变得格外穷"，话虽刺耳，但时隔 90 年之久，这番话仍像是在提醒着当今的农村教育。如今的农民子女很难得到良好的学校教育，农村的教育资源分配日益不均衡，大量的中小学被撤并，6 000 多万留守儿童大都面临新的上学难，而 3 000 多万流动儿童却由于户籍等问题难以享受到城市里的优质教育资源，无法计数的流浪儿童接受教育更是无从谈起。精英教育的模式也让很多农村学生即使在接受了高等教育之后，也很难在城市中得到发展的机会，进退两难。除此以外，由于农村儿童群体的家庭教育严重缺失，很多儿童在学校中被老师视为"问题儿童"，对其放任不管，将责任归咎于父母缺乏管教上，又造成了恶性循环。本应培养出寒门学子的农村教育，如今却似乎成为压在农民身上的不可负担之重，昔日村庄里的琅琅读书声，如今只剩下一所所人去楼空的废弃小学。教育作为农民最关心、最重要、最需要的公共服务产品，却在当下的农村里制造着新的不平等，甚至是制造着新的贫困。

一、撤点并校造成农民工子女上学难

　　自 1985—1987 年某部门提出"人民事业人民办"的口号后，各行业各部门纷纷出台政策，从农民头上收钱，"三提五统"遍地开花，层层加码，农民不堪重负。为减少教育开支，一些地方就从撤减农村学校上打主意。自 2001 年国务院出台《国务院关于基础教育改革与发展的决定》后，各地把撤点并校当成改革的重要举措，开展得如火如荼。据教育统计资料显示，1998年，全国有小学60.96万所，从我国2001年决定开展撤点并校开始，到2009年，全国小学仅剩28万余所，2010年进一步减少到25万余所，12年间小学减少了35万余所，平均每年撤并近3万所，全国初中平均每年撤并400余所。而与之俱来的是很多地方在执行过程中一味地强力推行，忽视村民们的利益和意见，不顾交通条件和地理位置的限制，不顾农民的实际困难，挤压弱势的乡村教育，导致了农村学生的上学远、上学难、上学贵。由于撤点并校后村小数量大幅减少，导致农村的学生上学距离大幅增加，有关调查显示，小学生家离学校的平均距离为10.86里*，初中学生为35里，辍学率上升，学生安全隐患加重，乡土文化渐失。

吉林省龙井市全市共有人口17万人、65个行政村，但全市却只有1个行政村还保留着村小，其他64个村的村民子女只能到镇或县城读书。不仅极大地加重了家庭负担，也使得学生的安全得不到保障。安徽省岳西县来榜镇花墩村，地处深山区，由于村小被撤并，村民的孩子上学需要去9公里之外的中心学校，而9公里崎岖的山路对小学生来说太过漫长，家长只能选择去镇上陪读。根据调查的情况，一个农村学生在镇上读书一年，生活、租房等日常支出大约在8 000到1万元之间，在县城读书的成本在1.5万到2万元之间，这还没有将陪读的家长不能务农、打工等机会成本损失计算在内，这对农村家庭来说无疑是一笔沉重的负担。国家对义务教育阶段免除学杂费的政策优惠被学校撤并带来的额外负担抵消，也让义务教育阶段因学致贫的比例大大提高。而随着村小被纷纷撤并，很多农村家长觉得与其把孩子送到几十里外的邻村小学去读书，不如干脆去县里、市里陪读，这也进一步导致在布局调整中被保留下来的学校依然面临生源短缺的问题，形成了恶性循环，使得村内小学的教学质量逐渐下降，长期以来城乡教育发展严重失衡的状况越发凸显。山西五寨县前所中心小学校长说，农村学校很多是"除了缺学

---

* "里"为非法计量单位，1里＝500米。

生，啥都不缺"。吕梁市交口县双流镇梁家沟村支书说，村里七八十个孩子，除了 4 个在村里，其余都在镇或县城由家长陪读。

义务教育两大特征，一是就近，二是免费。撤点并校使大量儿童无法就近。在美国，如孩子不能就近入学，当地政府就会马上被告上法庭。义务教育虽然已经免费，但那些因没有学校既无法在出生地读书，又不能跟父母到城里读书的孩子，只能选择到镇或县城的第三地读书，其经济负担比不免费不知道要增加多少倍。

改变这种状况，要在撤并村小时既要考虑到村内的人口数量、经济条件和地理环境，还要考虑到地方的文化特点、人口流动和产业结构等问题，要充分征求学生家长的意见，尊重群众的知情权，不仅仅要考虑教育资源的规模效益，更要将教育公平放在首要位置，要以保证农村儿童就近入学、安全健康成长为底线。从更加长远的眼光来看，村小在促进当地经济与文化发展方面起到无可替代的重大作用，在农村保留适当的村小或教学点，不仅是实现教育公平之举，更是维系着中国的乡土文明命脉。福建永泰县有农村学校 78 所，其中只有一名学生的单人校有 19 所，这 19 所中只有一个孩子和一个老师的占 11 所，但县里坚持"只要有一个学生，这个学校就不能撤"的理念。这种理念应是目前发展农村教育的座右铭。乡村学校是农民希望的寄托，他们在田里辛苦劳作，看到背着书包去上学的孩子，心里充满了无限甜美的憧憬，没有学校，他们对未来的希望就全都破灭了。

二、流动打工导致流动儿童受教育难

农民工进城寻找职业是一种非稳态的就业，常常需要不断转移地方，而随读的孩子也必须如漂萍逐流，东奔西走，这个流动读书的群体随着农民工对孩子教育的重视和自身条件的改善越来越庞大。2010 年人口"六普"时流动儿童为 3 581 万人，如今数量更多。他们中的大多数在城市接受义务教育面临着难以承受的经济压力和入学的困境，失去平等接受义务教育的机会和权利，导致贫困或弱势在农民工家庭内部代际转移。

流动儿童在城市中接受教育主要面临三个方面的问题：一是流动性大，农民工频繁的工作变动导致了其居住场所的不固定，而且出于经济上的考虑，打工者租住房往往都是在离城较远、环境较差、出行相对不便的地方。流动儿童必须随着父母工作的变化而频繁转学或中途回家等情况也打乱了他们正常的学习生活节奏，"孟母三迁"的故事家喻户晓，在今天中国的城市里，大街小巷到处奔走的都是"孟子妈"，只是昔日"孟母三迁"是为了给儿子寻找一处适合教育的环境，而如今的"孟母三迁"却只是为了给孩子找到一个可以稳定地读书的学校。二是缺少家庭教育，农民工体力劳动繁重、知识素养不高，往往忽视了对子女的照管，也没有能力和时间对子女的学习进行指导，使得学校教育与家庭教育配合经常落空，给学校教育和社会教育增加了压力。三是教学资源不足，流动儿童进入公立学校"门槛"高，费用昂贵，手续烦琐。据有关方面调查，农民工子女在一线城市就学，家长需要提交多达20份的各种证明材料。在公立学校中，流动儿童不仅入学学费高于当地户籍人口子女，而且就学过程中其遭受各方面歧视和不平等对待的情况也较多。而多数流动儿童学校教师队伍的整体素质不高且硬件设施落后。

以上三个原因共同导致了流动儿童难以获得高质量的教育，而城乡文化背景、学习环境不同也使农民工子女的身心发展受到影响。与城市本地儿童相比，流动儿童不仅生活环境差，而且还背负着父母更加殷切的期望。各种现实问题使其幼小的心灵容易受到创伤，留下阴影，从而逐渐产生自卑、自闭等心理。此外，农民工的工作和生活一直处于不稳定的状态，流动儿童也很容易产生浮躁情绪和厌学心理，他们会因为无法尽快缩小与同学的差距而急躁不安，从而难以用平常、健康的心态面对学习和生活。

解决流动儿童教育问题应从三个方面努力，一是城市学校应无条件接纳，不得设限。城市财政应将他们的教育经费纳入财政预算。二是引导社区及企业为流动儿童离校后的空余时间找个去处，防止父母尚未下班，孩子无人看管，放任自流。三是城市群团组织发动志愿者深入农民工中，帮助引导他们空闲时间多陪孩子，防止孩子被城市的灯红酒绿所诱惑。

三、精英教育模式带来农民子女就业难

目前农村与城市从义务教育阶段到高中阶段都用着相同的教材、教法和进度，而农村学校的硬件、师资和资讯等方面却无法和城市的学校同日而语，农村孩子的升学机会越发渺茫。有关调查显示，北京市考生考入北大的比例接近千分之三，而甘肃省则不到万分之一，北京人上北大的机会是甘肃的 30 多倍。很多农村学生成为教育体制下的牺牲品，在初中或高中毕业后即陷入了"升学无望、就业无门、致富无术"的尴尬处境。

而少数农村学生中的"尖子生"们即使在通过了严苛的教育选拔进入了大学之后，往往由于家庭为供养其读书而背负着很大的债务，毕业后的压力可想而知。对于他们而言，家庭供养他们读书是承担着较高的风险投资，他们急需得到及时的回报。而在现实中，这些在城市里没有关系、没有背景的农村学生往往在求职路上四处碰壁，让他们无法在城市中找到出路，而长期的城市生活也吊高了他们的胃口，哪怕只能在城里混口饭吃，也不愿再回到家乡。这种现实导致了农村家庭对教育产生了严重的不信任，读书无用论也在农村重新抬头，"读书有风险，投资需谨慎"已成为社会流行语，他们从根本上动摇了对"知识改变命运"的看法，眼前的现实是，知识不仅没有改变命运，而且还带来债务危机，拖累家人。这也从根本上动摇了农村社会对教育的期待。就目前来看，乡村教育没有必要让千军万马都去挤一条上大学的独木桥，必须改精英教育模式为生存教育模式，让大多数孩子从小就学习掌握一门生存发展的技能，以此培养大量的"留得住、用得上"的乡土人才；并且强化职业教育，让农民学以致用；强化农村继续教育、终身教育，给农村学生更多的选择，也让农村教育承担起培养现代社会所需的各类技能人才的社会责任。瑞士中学生毕业后有 75% 的人选择就读职业学校，只有 20% 的选择读大学、做研究；德国职业教育的发达才造就了国家有十多万种工业标准成为国际标准。

针对城市学校大班额、乡村学校空心化，中国教育正面临由机会公平向资源配置公平深化的现实，国务院已经出台了《关于统筹推进县域内城乡教育一体化改革发展的若干意见》，重点抓好标准、制度和规则的制度创新设计，力图改变"村空、乡弱、城挤"的乡村教育现实。但已经形成恶性循环怪圈的城乡教育失衡，解决起来绝非易事，需要顶层设计，更需要全社会的共同努力，尤其需要县乡决策者高瞻远瞩的视野，高屋建瓴的举措，高度重视的情怀。

留守儿童、流动儿童、流浪儿童，这是一个人数上亿的庞大群体！我们给未来乡村留下一群什么样的孩子，这群孩子就会给我们留下一个什么样的乡村未来！

（本文原载于《中国发展观察》2016 年第 17 期）

中国农民的迷茫与困顿

改革开放以来，外来文化、城市文化、现代文化越来越成为强势文化，左右着人们的生活。根在乡村、人在路上、心向城市的中国农民文化认同、道德伦理、人生价值、择业观念、生活目标等在多种强势文化的冲撞下，处于迷茫困顿状态，方向感缺失。模糊混沌的心理处境，严重制约了他们的发展。廓清认识，让农民走出迷茫，解除困顿，对于提振他们的精神，促进他们的发展大有裨益。

一、对传统乡土文化的迷茫与困顿

当今世界是多元文化并存和交织的时代，不同的文化之间既有交融、交汇，也有排斥和吞蚀。作为长期滋养中国农民的乡土文化在与城市文化、外来文化的碰撞中，逐渐被边缘化乃至消解。从现实层面看，铺天盖地的快餐式外来文化、城市文化、现代文化掩盖了传统厚重的乡土文化。从物质层面看，以消费主义为代表的现代城市文化将人类对物质的占有欲极大地释放出来，物欲横流已经遍及社会角角落落。从社会舆论看，一提传统的乡土文化，就被当成落后、腐朽、愚昧的东西抨击之、抛弃之。从社会行为看，过去为之骄傲的鱼米之乡，今天在招商引资对外宣传的活动中，都唯恐避之不及，生怕被人看成偏僻落后之代名词。凡此种种，被搞得灰头土脸的传统乡土文化严重恶化了农民的心理处境，使许多农民身处工农两界左右为难，游走城乡之间进退失据。生活中那些原本以为很在理的东西，不知是对是错，是留是弃。

传统乡土文化是农耕社会的原生态文化，是在相当长的历史阶段，农民群体在世代相传的过程中，所形成的特定区域共同文化的积淀。可以说，传统乡土文化承载着一个民族的历史和传统，包含许多现代文明的基因。例如，就现代社会在制度和规则层面而言，有两大基本支撑要件，一是产权关系及其与之配套的法律体系；二是诚信体系。传统乡土文化在这两方面都有着足够丰富的内涵和较为完备的规则。

首先，传统乡土文化观念中有着清晰的产权关系及其规范要约。比如，每家每户耕作的土地不仅有面积、地块等标识，还有"鱼鳞图"勾勒它的四至边界和土地质量；甚至是阳光、空气、水这些取之不尽、用之不竭的无形公共权益，都有约定俗成的要求。比如，盖房子不能挡住别人的行路、采光、通风，灌溉农田要兼顾下游用水，臭粪池不能建在村子的上风头，等等。这些约束虽然没有与之配套的法律体系，但有乡规民约，乡规民约有时比法律的约束力还强。在许多乡村解决资源配置矛盾或调适权益纠纷不是靠打官司而是靠乡规民约。

其次，传统乡土文化有它别具一格的诚信体系。城市是一个移民性的生人社会，人与人之间的关系依靠的是契约，乡村社会是世代聚族而居的熟人社会，熟人间的关系靠的是诚信。以诚信和道德作为人与人之间相互利益关系的抵押品，看起来虚无缥缈，实际上比实物契约更具约束力。因为，在这种熟人环境下，一旦违约，代价十分沉重，不仅本人会被整个熟人社区抛弃，而且延及亲友和子孙后代。费孝通曾评价，"乡土社会的信用并不是对契约的重视，而是发生于对一种行为的规矩熟悉到不加思索时的可靠性。"因此，传统乡土文化里的诚信体系虽没有法律的威严，但因约定俗成的惯例，有着旺盛的生命力，成为维系着传统农村社区和谐与稳定的一种独特力量。

最后，从生产发展的角度看，乡土文化也始终是先进生产力的担当者。我国农民早就从长期的实践中，摸索出了休耕、轮作、稻鱼共生、桑基鱼塘、猪沼鱼、稻鱼鸭等富有朴素的循环经济和生态经济思想的成功经验。即便是现代高科技的转基因技术，在古代也有其实现形式，比如金鱼即是由农民养殖的鲤鱼变异而来。古代农书知其名的有 500 多种，其中现存的有 300 多种。这些农书不光是农业文明的传承者，也是现代工业文明的启蒙者。在传统乡土文化中，不见经传的广大农民世代相传的许多理念都贯穿着适应环境、和谐共生、天人合一、道法自然的思想。

充分认识传统乡土文化的现代性，充分肯定它对民族、对社会的贡献，才能规正社会偏见，廓清人们认识上的误区，从而引导广大农民从思想观念上走出迷茫和困顿，树立信心，提振精神，摒弃自卑感，增强自豪感。

一是要重塑传统乡土文化的现代尊严。就整个世界而言，传统文化分为四大类型，即东亚文化、南亚文化、西亚文化，还有西欧文化。文化是一种个性的习俗、生活的样法，而文明是一种共性的规则。人类文明就是在不同种族、不同地区、不同时期的各种文化中提炼出的为全人类一致认同的思想和行为规则。中国传统的乡土文化有很多方面早已被提升和吸纳到代表人类文明的准则中，比如关于诚信，关于恪守孝道等，"老吾老以及人之老，幼吾幼以及人之幼""天人合一""道法自然"等许多中华民族的格言警句都具有传承价值。在当前中国传统的乡土文化发展面临困境之时，我们需要重新发掘其丰富内涵及其对人类文明的贡献，让全社会明白乡土文化的现代性、文明性，让全体国民尤其是广大农民在精神层面重树自信感、自豪感。

二是要继承和发扬传统乡土文化的精髓，促进乡土文化的现代性转变。中国是一个古老的农业大国，中国文化的根也在乡土文化之内，只有真正处理好乡土文化的继承与发展，实现其现代性的转变，构建和谐社会、建设新农村的任务才能最终完成。应积极组织力量，挖掘和整理乡土文化中具有浓郁民族特色的各种物质和非物质遗存，关注乡土文化的生存和发展状态，积极宣传乡土文化里积极和现代的一面，使乡土文化在不断坚持和借鉴中延续发展，促进中国传统的乡土文化的有机再生和现代性转变，从而更加符合时代发展的要求。

三是在现代城市文化的构建中，要积极吸取传统乡土文化合理的精神内核。西方城市发展都历经数百年而生成，如今业已形成比较稳定的社会架构。这个构架有纵横两条线，纵向的是宗教信仰，这是一根轴；

横向的是各类社会组织，这是一张网。快速膨胀的我国城市尚未形成一个支撑稳定的文化结构体系，在今后的城市文化构建中，一方面要借鉴西方发展城市文化的经验，如大力发育各类社会组织、社区组织等；另一方面必须吸收传统乡土文化的精华和养分，如熟人社区诚信体系的构建等，培育具有中国特色的城市文化。

中国的农耕文明有着 5 000 多年的历史，有人说这是中华民族得以薪火相传、历劫不息的根本。诞生于这片土地上的传统乡土文化，是一种巨大的历史财富。应该让所有人都明白：人类与城市的联结只是眼前的诱惑，而人类与乡村的联结却是心灵的脐带，人类所有文明，都是由猿人下地从事农耕开始的，乡土文化是人类所有文明的源头。

二、对家庭伦理的迷茫与困顿

中国农民传统的家庭观念是"老吾老以及人之老，幼吾幼以及人之幼""父母在，不远游""老婆、孩子、热炕头"。但随着农村大量青壮年外出打工，很多农村家庭仅仅具有法律意义上的形式，夫妻天各一方，更无法"老吾老，幼吾幼"，名存实亡。有专家说，中国农民工的家庭都处于半解体状态，传统的家庭观念遭受到严重的冲击，家庭伦理受到巨大的挑战。

青年农民外出后，农村出现三大留守群体。第一，4 700 万留守妇女。她们既要照顾家中老人和小孩，又要承担繁重的农业生产劳作，家务、农活一肩挑，生活压力大，劳动强度高，身体素质严重下降。由于男人不在家，留守妇女普遍缺少安全感。她们既担心老人、小孩和自己的人身、财产安全受到侵害，也担心疾病、灾祸等突发事件的发生，还担心身在花花世界的丈夫抛妻弃子当"陈世美"。此外，由于长年分居，留守妇女要忍受着生理上和心理上的双重煎熬。由于缺少沟通、交流，夫妻双方容易在思想观念、生活习惯、价值取向等方面逐渐产生差距，出现感情"隔离带"，引发矛盾，导致婚姻出现危机。第二，5 800 万留守儿童。与父母的长期分离，他们的学习、生活、成长、发展都受到很大的负面影响。一是亲情缺失对留守孩子的心理发育、人格养成造成严重影响。相当一部分孩子不同程度存在孤独、紧张、失落、焦虑等心理问题，生活和卫生习惯差，自卑、沉默、悲观、孤僻，或表现为任性、暴躁、极端的性格。二是教育缺位对留守孩子正确价值观的形成造成不利影响。相当一部分孩子缺乏是非、善恶观念。三是管理真空造成留守孩子行为缺乏有效约束。大部分留守孩子在家由祖辈看管，年迈的老人无论在精力还是能力上都无法适应管教孩子的要求，而学校老师对每个孩子的关注也十分有限，与家庭间也缺乏必要的沟通，从而形成管理上的真空。这些孩子不仅容易受到他人非法侵害，自己的行为也容易失控。在一些农村地区，留守孩子甚至已经成了"差生""问题孩子""不良青少年"的代名词。第三，留守老人。农村老人一生辛苦劳作，晚年本应休养生息、颐养天年，但儿女的外出打工，使他们不仅不可能安享清福，反而要重新担负起青壮年时代的农活重担，生活压力使他们感觉比青壮年时代更苦更累。一是生活质量很差。繁重的体力劳动加上教养孙辈的责任，身体上、精神上都难以承受。二是身体健康状况较差。不少老人疾病缠身，没钱看病也没有条件看、没时间看，小病扛，大病拖。三是家庭氛围缺失。电话成了与外出子女交流沟通和精神慰藉的主要途径，平时除了看电视、赶集、聊天外就没别的娱乐活动和情感寄托，常常是"出门一孤影，进门一盏灯"，老无所养，老无所乐现象日益严重。

近现代以来，中国家庭曾遭受过三次大的冲击。第一次是"五四"时期，一部分青年知识分子力图冲破传统宗法制度、封建礼教的束缚，以各种方式表达对旧式家庭的不满。但是，一来这些冲击当时只发生在一部分知识分子和社会精英阶层，二来尽管这些旧式家庭的叛逆者对家庭存在不满，但在赡养老人、抚养孩子等义务方面仍然恪守"老吾老，幼吾幼"的古训，冲击只体现在精神和思想层面。第二次冲击发生在"文化大革命"时期。亲情之间的信任关系受到严重破坏，夫妻、父子、兄弟姊妹等反目的情况波及很多家庭。第三次大的冲击就是自 20 世纪 80 年代以来打工潮的出现。2 亿多青壮年农民为改变自身的命运、追求更好的生活而外出，涉及绝大部分的农村家庭。外出务工的农民长年累月在城里打工，有的甚至一两年或者几年不回家，这次冲击对家庭的震荡和破坏比前两次更深更大。外出农民工心中想尽家庭义务而鞭长莫及，常常处于痛苦的两难境地，这种由"经济理性"引发的冲击，使得许多作为家庭支柱的青壮劳力外出之后的"留守家庭"处于实质上的解体半解体状态。

"留守家庭"作为特定历史阶段的产物，不可能在短期内消失，它可能还将持续几代人存在于现实社会之中。家庭是社会的基础细胞，家庭的质量从某种意义上决定着社会的质量。而如果"留守家庭"频频"后院起火"，变成了"问题家庭"，不仅是农民难以承受之重，更是社会难以承受之重。农村留守家庭为社会经济繁荣做出了巨大贡献和牺牲，破解农村留守家庭的"留守"之痛，是全社会的共同责任。一是要尽最大努力促进人口流动的家庭化，即以家庭为流动单元。政府在考虑廉租房问题上不仅要针对城里低收入人群，同时也要将进城农民工纳入视野。企业在用工方面要尽量提供更多夫妻共事的机会，有些地方的企业开设夫妻房的做法也值得借鉴。还有就是促进社会上的空房流转，据国家电网在全国 660 个城市调查显示，有 6 540 万套住房的电表读数为零，这些住房利用起来足够 2 亿人以上居住。再加之约 2 000 个县城的空置房，可利用的空间更大。二是要创新制度，为流动人口尽家庭义务大开方便之门。西方社会对家庭成员的长期分居是很不理解的，美国人甚至认为夫妻三个月不在一起，家庭就算自动解体了。政府应出台相关农民工探亲假的法令并监督企业严格遵行，春运期间开通农民工专列，减免或补贴农民工探亲的部分车船费，降低他们的探亲成本，使农民工有钱、有时间回家看看，尽量承担一些家庭的责任义务，促进家庭感情交流。三是完善农村社会化服务，让家庭的一些职能转移给社会。比如，扩大农村寄宿制学校的规模，提高留守儿童的教育效果；充分发挥基层妇联和计生组织作用，开展留守家庭生产互助等类的活动，帮助留守妇女和老人解决生产生活中的实际困难；建立乡镇一级的含有心理门诊、法律援助、文娱中心在内的留守服务中心，等等。四是加强和谐家庭方面的宣传。要引导农民工不仅要考虑眼下挣钱，同时要考虑长远责任，承担必要的家庭义务，不能在城里乐不思蜀。

三、对职业选择的迷茫与困顿

中国的农民工，之所以谓之"农民工"，是因为农民由务农转向务工经商，即由一产转向二三产业。从趋势上看这是好事，符合规律。但在这一过程中，如果农民眼下都一窝蜂地挤向二三产业，千军万马挤上一条独木桥，那就会是一个天大的问题。而眼下的中国农民在择业观念上存在一个很大的误区，农村小青年不出去打工就会被别人瞧不起。各级行政部门、各类新闻媒体也一直大力宣传让农民走出乡村，去务工经商办企业。广大农民正是在这些社会力量的推动下，自身失去了理性判断，盲目地认为城市灯红酒绿，遍地流金，务工经商就能发财。但事实上从事二三产业的农民绝大多数只能有很少的劳动剩余，有的甚至只能挣个吃饭钱，甚至还有相当一部分农民白白折腾一回却铩羽而归。舆论导向与择业取向的偏差、目标预期与自身条件的差距，使广大农民在职业选择上深深地陷入迷茫和困顿之中。

从中国现实情况看，农业剩余劳动力一下子都转移到城市务工经商是不可能的。一方面是剩余劳动力基数十分庞大，中国有3亿左右的农村剩余劳动力，除了目前务工经商的2亿以外，还有1亿多农村劳动力等待转移，而目前我国二三产业的容量空间已经十分有限，就业难已经成为最大的社会压力。另一方面，中国是一个农业大国、农民大国、村庄大国的格局不可能在短期内迅速改变，它需要一个符合经济社会发展规律的渐进过程。即使二三产业的容纳量提得再高，也不可能像美国等发达国家那样一产只占百分之二三的人口比例，中国在未来几十年里，即使城市化率达到百分之六七十，仍有五六亿的农村人口，他们中的绝大多数人还需要务农。

破解农民在职业选择上的迷茫和困顿，需要我们既解放思想，又冷静思索。一是要继续敞开城市和二三产业的大门。公平和机会均等是现代社会、法治社会的基本规则，要让所有农民都能够有权利、有机会在职业选择中一试身手，充当市场经济中的弄潮儿。对那些有条件、有能力从事二三产业的农民，要积极引导鼓励他们一往无前，为成为真正的产业工人而努力奋斗，谋求更好的人生发展路径。二是引导那些经过一番闯荡，实践证明没能力也没条件从事二三产业的农民不如尽早回乡实实在在地当好农民。企业不招40岁以上的农民工已成为一种普遍现象，等到青春已过，又没留下积蓄，再回到农村务农，既不愿干也不会干。假如再患上一身职业病（我国职业病人已达2亿以上，其中大部分为农民工），晚年谁来养活？各级基层组织应积极引导，大力培养一大批高素质农民。日本正在推行的农业接班人计划就是为解决农业后继有人问题的好政策。三是要引导大部分农民理性选择就业地域。并非所有的农民都能够无所牵挂地远走他乡，各家有各家的难处。有的家庭老人孩子需要照顾；有的打工的地方离家太远，交通不便；有的因为南下北上而气候水土不服；也有的会遇到生活的不习惯，等等。应引导农民充分考虑家庭等诸多方面的因素，以就地择业为宜。四是要鼓励广大农民向农业的广度和深度进军。如今无税时代的农业与过去相比有着更广阔的发展前景，农村改革初期农民是"交够国家的，留足集体的，剩下都是自己的"，现在农民不仅收入全部都是自己的，而且还给许多项补贴。只要扑下身子，好好经营，从事农业的收入不比外出打工差。现代农业已经不仅仅是传统意义上的种田喂猪，而是包含从田间地头到餐桌的一个巨大产业链。庭院经济、生态农业、立体农业、旅游农业、休闲农业、观光农业、精细农业等都有很大的开发深度和广度，农产品加工、储存、保鲜、运输、包装、销售以及农业社会化服务等环节有着巨大的空间容量。美国农民占总人口的3%，但是从事为农服务的占17%，因此，漫长的产业链和农业的多功能性决定着农业就业领域的可拓展性，农村基层干部应引导广大农民看清这一前景广阔的大趋势，重树择业观念。

四、对城市化的迷茫与困顿

城市化是人类文明发展的方向，跳出农门也是中国农民世世代代的追求。如今二三十年过去了，新一代农民工又沿着父辈的足迹进入城市，而越来越多的进城农民发现自己进城之后的遭遇是"干完活走人"，成不了城里人，面临进退两难的困境。

我国城市管理有三条线，一是户籍，二是社区，三是单位。户籍是身份的标志，社区是生活的环境，单位是工作的平台。对一个城市居民而言，户籍、社区和单位与自身存在着千丝万缕、无时不在的联系。但是，对农民工而言，这个城市管理的三条线仅仅与之发生临时的关联。社区把他们当作外来人口，工作单位三五年更换一个，最大的问题就是根本没办法将户口迁入居住地。有的农民进城十几二十年，买了房，甚至当了老板，但仍然成不了城里人，可以说是"身处闹市无人问"。浙江大学一位教授研究发现隐藏在户籍背后的有 47 种权利。农民可以进入城市，但成不了市民，享受不到真正意义上的市民权利。龙永图先生曾说："如果不能让农民工留在城市开始市民生活，不能让农民工在城里买得起房子，那么，我们的城市化就不是实实在在的城市化，而是虚假的、带水分的城市化。"长期的不平等待遇，使农民找不到自己生存的尊严，更谈不上幸福感。

农民工在城乡之间徘徊，进不去，绕不开，挣不脱，回不来。暗自伤神、苦闷彷徨，"何处是归程，长亭更短亭"。客观地说，导致农民工对城市化迷茫与困惑的现实因素很多，但主要有三点。其一，目前无论是国家能力、财政能力，还是城市自身的能力，无论是在基础设施、就业容量、发展空间、管理水平等方面，都难以承载大规模农民城市化的需求。仅以就业为例，目前全国城镇每年新增劳动力近 2 000 万左右，而新增就业岗位大约也是近 2 000 万左右，另外还有一千多万下岗失业人员。城市自身尚且如此，更何谈顾及农村。其二，在现行体制下，绝大多数农民工无法完成身份和职业转换，只能处于"无根生存"状态。城市化的关键是人的城市化，1 亿多农村劳动力进城尚且无法被城市所"化"，农村还有 3 亿多的富余劳动力要想"化"入城市，显然不是一件简单的事。其三，中国正经历一场人类历史上最大规模的人群在最短的时间内拥入最没有准备的城市的强烈冲击，由此带来的经济、政治、社会、文化等各个领域全方位的变革，在这一变革过程中，中国走的是世界各国从未走过的四大转型同时推进的道路，即向市场经济转型、向工业社会转型、向开放社会转型、向法制社会转型，在这种风险极高、难度极大、矛盾极多、任务极重的转型中，要消除 50 多年积累的二元体制带来的问题，需要一个渐进的过程、较长的时间和充分的准备，无法一蹴而就。

要解决这一矛盾和问题，需要从两头着手。一是增大城市容量和就业容量，让农民的城市梦追求看到希望，看到曙光。而发展小城镇，推进农民就地城市化是中国最理想的选择。小城镇是农民城市化最可企及的首选地。大中城市有限的承载能力和高昂的生存代价使绝大多数农民工在相当长时期内无法扎根，而小城镇生活成本较低，是农民就近城市化的现实选择。而且，小城镇更是农民的精神家园，他们更愿意在家乡的小城镇发展。可以说，农民实现城市梦，由小城镇起步逐步向大中城市过渡应是中国城市化的必由之路。这是绝大多数农民最适宜、最现实、最便捷的选择。二是引导农民对自己的未来作出清醒的理性判断，没有能力和条件在城市立足、在城市发展的，应重新审视自己，做出符合自身条件的身份定位。"锦城虽云乐，不如早还家"。尤其乡村组织应抓住节假日农民返乡的机遇，帮助农民认真分析，做出当市民还是当村民的身份定位。严防中国陷入拉美过快城市化、过度城市化的陷阱，是摆在我们面前的严峻课题，大量贫民窟、大批失业者让城市不堪重负的教训，不应在中国重演。近年来，巴西政府痛定思痛之后，不得不成立农村发展部，政府拿钱买地给农民，引导那些进城后找不到工作、难以生存的农民回流农村种地，当好职业化的农民。这种走回头路的曲折历程我们务必引以为戒。

（本文原载于《中国发展观察》2011 年第 3 期）

谨防小康之后的"堰塞湖"

    脱贫攻坚，决胜小康，在中华民族五千年文明史上树立起一座划时代的丰碑，中国农民的生活已经发生和正在发生着前所未有的十大飞跃。

    一是前所未有的衣食无忧。脱贫攻坚的核心目标就是"两不愁三保障"，"两不愁"即衣食不愁。我国人均粮食占有量已由1949年新中国成立时的209千克增加到2020年的480千克左右，增长了约130%，高于400千克的国际粮食安全标准线。而中国人均年消费粮食不足150千克，中国人民基本端牢了自己的饭碗。不论是偏远的山区丘陵，还是突发性灾害应急，随时都可确保供给。这在即便是"稻米流脂粟米白，公私仓廪俱丰实"的开元全盛日也无法做到。一旦发生自然灾害，需要官仓放粮，而放粮则需朝廷批准。在交通通信不发达的古代，公文层层上报到朝廷需要走上十天半月，批准后的公文下传又要走上十天半月，"嗷嗷待粮"的灾民只有伸长脖子等候。今天，无论是舟曲泥石流，还是汶川大地震，无论是内蒙古、新疆的多日大雪封门，还是广西、湖南的连月洪涝，救灾物资都能及时送达，灾民不致啼饥号寒。今天服装上已经很难分出一个人是农民还是市民。绝大多数农民由"一衣多季"转变为"一季多衣"。

    二是前所未有的轻松劳作。"锄禾日当午，汗滴禾下土"妇孺能诵，"足蒸暑土气，背灼炎天光"是昔日农民的传统劳作方式。在技术落后、工具笨拙、方法简单的漫长农耕时代，不论是耕种收割，还是开沟挖河；不论是抗旱防洪，还是舂米磨面，都需要付出繁重的体力劳动。随着近年来的机械化普及和社会化服务，"机器换人"把农民从繁重的体力劳动中彻底解放出来，从生产到生活，那种需要出尽牛力、累坏筋骨的苦役全面寿终正寝。即便需要扛挑抬搬的简单体力劳作，也被普及的电动车取代。

三是前所未有的居有所安。通过多年危房改造项目实施和脱贫攻坚中近千万人易地扶贫搬迁工程的完成，农村居民全面实现了居有所安。过去那种泥墙草顶，一到雨天，外面大下屋里小下的居住环境彻底消除。

四是前所未有的时间闲暇。"日出而作，日落而息"是文人士大夫对农民的理解。"晨兴理荒秽，带月荷锄归"，他们常常是"日未出即作，日虽落不息"，归来后还要延长劳动时间，"昼出耘田夜绩麻"。一年四季，春种夏耘秋收冬藏，"田家少闲月"；阴晴雨雪，田间农事家中生计，见缝插针。白天举家忙种田，晚上男人需要担水劈柴、推磨打碾，女人需要穿针引线、缝制衣衫。改革开放后，家庭承包经营制度的推行，使农民终于有了"一个月过年，三个月种田，八个月空闲"的时间自由。有关调查显示，今天，农民农闲时的日平均闲暇时间为 476.7 分钟。

五是前所未有的无徭无役。自公元前 594 年鲁国实行初税亩以来，历朝历代均以收取农业税治政养国，故使农民"任是深山更深处，也应无计避征徭"。农业税征收甚至"桑柘废来犹纳税，田园荒后尚征苗"。到 2006 年，在中国实行长达 2 600 周年的农业税终于被扔进历史的垃圾箱，农业进入"无税时代"。农民务农不仅不需要交税，还能享受种粮等各项补贴。万里长城是多个朝代民工一块砖一块砖垒起来的，据史料称秦代征用民夫修筑长城占总人口的十分之一还多。京杭大运河是数百万民工一镐一锹刨出来的。劳役兵役是历朝历代压在农民头上继税赋之后的第二座大山。今天，随着机械的发达，农民再也不需为出苦役发愁。中国历史上无数次的农民起义多因不堪忍受繁重的徭役而发生，这一困扰社会发展的历史痼疾从此再也不会重演。

六是前所未有的社会分担。中国有着"老吾老以及人之老，幼吾幼以及人之幼"的优良传统，但养老育幼的责任和义务历来是以家庭为单元，社会只是扮演着道德引领、精神提倡的角色。新中国成立以来的几十年里，城市养老育幼的部分职能逐渐被社会分担，养老院、幼儿园遍布城区。但乡村一直处于盲区，村民不知幼儿园为何物，一些开办养老院的乡镇也是惨淡经营。最近三五年，乡村幼儿园已经全面覆盖，学前教育已经成为国家的制度性安排。乡村老人不仅可以领到政府发放的养老津贴，还有不同档次的养老保险。各类养老机构也在乡村逐步发展。家庭的养老育幼职能向社会分流，为年轻的家庭成员减轻负担、安心工作拓宽了空间。

七是前所未有的疾病统筹。神农尝百草，然后演绎出中华民族的国宝中医药，在西医传入中国的近现代以前，中国人看病靠中医，中医的理论基础是哲学思辨，临床知识靠实践经验，学习、传授比西医更难。在交通通信不发达的时代，看病难一直是困扰中国人寿命的主因，新中国成立之初人均寿命仅 40 岁。自进入 21 世纪以来，国家建立了新型农村合作医疗制度，小病理赔，大病统筹，实行农民医疗互助共济，人均寿命大幅提升，2020 年已达 77 岁。虽然乡村医疗卫生仍存在诸多尚待解决的矛盾和问题，但前所未有的寿命大幅提升说明我们走对了路子。拥有中医、西医两套医疗体系的中国人理应更健康、寿命更长。

八是前所未有的隔空面叙。2020 年中国网民 9.89 亿人，互联网普及率已达 70.4%。在互联网的作用下，世界很小，地球是一个村庄；世界也很大，村庄是一个地球。一个村庄的人到达地球上任何地方，互联网就把这个村庄的虚拟空间扩展到那个地方，村民与他可以远隔万水千山通过视频随时面对面聊天闲谈，交流情感，物理距离在感官体验上为零。比起靠鸿雁传书、靠邮件传文、靠电话传情的旧式交流，是一种做梦都想不到的神话。

九是前所未有的出行便捷。"千里江陵一日还"是古代诗人的夸张。在交通工具高度发达的今天，"千里一日还"才是现实。20 世纪 80 年代，民谣称乡村道路是"晴天一身土，雨天两脚泥"，坐车有"三跳"，即"车在路上跳，人在车里跳，心在肚里跳"。目前，全国农村标准公路已有 4 万多公里，通硬化路的乡镇和建制村已达 99.64% 和 99.47%，建制村通客车率已达 98%。摩托车、电动车在乡村全面普及，小汽车

问道乡村文化……

也随处可见。村、乡、县、省一直联接国道的路网体系全面通达，农民出行只靠两条腿的时代彻底结束。

十是前所未有的城乡两栖。在私有制国家移民社会的城市化进程中，农民想当市民卖掉土地拔根就走。我们是公有制，且是安土重迁的民族，农民在乡村的根扎得很深，且根系发达。农民想当市民，首先需要放弃农村户口，退还承包地，而退地村集体就要给予补偿，集体经济发达的村有能力补偿，但农民不愿退出，他们还想从集体中不断获取更多的利益。集体经济落后的村农民愿意退出，但村里无力补偿。再加上熟人社会的人情红利、宗族力量的护佑、安土重迁的传统观念，中国农民很难拔除扎在乡村里的深根，将长期保持一脚城里一脚乡的城乡两栖状态，农忙在乡务农，农闲进城务工，戴着"农民"与"市民"两顶帽子生活，将成为古今中外城市化进程中一道独特的风景。有关调查显示，2.8亿农民工有落户城市意愿的只占21%。

曾几何时，农民描述他们的生活状态是："耕地靠牛、温饱靠救（助）、交通靠走、通信靠吼、治安靠狗、娱乐靠酒"。今天农民生活正在发生的十大飞跃，不仅史无前例，更是突如其来；不仅是全方位提升，更是颠覆性改变。面对这种数千年未有之大变局，安享清福、乐不思蜀、混沌度日的思潮正在乡村社会酝酿，主要表现为四大特征：一是生活目标模糊。不足温饱时农民为温饱流尽汗水，温饱解决后他们为"吃细粮、住瓦房"拼尽全力；当小洋楼、小汽车在乡村司空见惯时，追求的目标变得越来越不清晰，于是大把的闲散时间被用于喝酒、打牌、唱歌跳舞、四处闲逛，心里一片空虚，整天浑浑噩噩。物质享受的理性追求为人类社会发展提供了基本动力，当物欲得到满足后，生活便失去目标。二是人生价值迷茫。中国文人向来追求"修身齐家治国平天下"的宏大理想，更追求"为天地立心，为生民立命，为往圣继绝学，为万世开太平"的实践气度，这是人生价值的最高境界。在当今时代价值多元的社会背景下，一些农村青年脱离社会行为准则和社会伦理纲常，价值观被扭曲，是非善恶、美丑对错认知模糊，言行怪诞，公序良俗置于脑后。再加上多子多福、延续香火、光宗耀祖等传统观念也正发生着深刻变化，过去为子孙后代奋斗，为家族光耀门庭的价值追求正渐趋淡薄。三是内生动力缺失。在物质需求不断升级换代的背景下，一个接一个的追求目标，使农民不断产生奋斗激情，内生动力满满，创业活力四射。马斯洛把人的需求分为生理需求、安全需求、社交需求、尊重需求和自我实现五个层次。当下，农民前四个层次基本满足，需要迈过自我实现这个坎，而要超越自我，跨过这道坎是比较艰难的。农民和工人不同，工人工作相对多地依靠他律，几点上班下班，一天要完成多少工作量，都有明确的规章制度约束，不按章行事，当天就减收。农民则主要靠自律，没有谁规定每天几点下田，也没有谁要求每天的工作量，劳动报酬只有到收获时才能一次性显现。农业生产靠的就是农民内心的积极性、主动性。四是奋斗精神渐消。吃苦耐劳、开拓奋进是中华民族在世界民族之林始终立于不败之地的核心本质，不同时代创造出一个个惊世骇俗的典范。仅 20 世纪中叶之后就出现了大寨精神、红旗渠精神、塞罕坝精神、北大荒精神、小岗精神等，这些都是留给我们的宝贵遗产。而今在农村创造这种感天动地的精神已经鲜有所闻，"等、靠、要"的思潮泛起，尤其脱贫攻坚中的诸多优惠政策，使一些人唾手可得，安逸度日，完全失去对于艰苦奋斗精神的坚守和弘扬。

在中华民族五千年文明史上，我们是全面建成小康社会的第一代。但圆梦小康之后，如果躺在小康生活的温柔乡里不思进取，势必产生温水煮青蛙的效应。长此以往，很有可能生成下一个奋斗目标乡村振兴的"堰塞湖"。日本学者三浦展 2007 年研究发现，日本出现"向下流动的社会"问题，一些人对生活缺乏激情，对人生缺乏热情。这种现象值得我们警醒。人生路上，由俭入奢易，由奢入俭难；由勤入懒易，由懒入勤难。古训谆谆，启迪殷殷。

乡村振兴已经全面展开，到 2050 年，乡村振兴之日，便是党的第二个百年奋斗目标实现之时。历史潮流，浩浩荡荡，顺之者昌，逆之者亡。在"直挂云帆济沧海"的征途上，难免出现暗礁险滩，但更要谨防生成阻隔前进的"堰塞湖"。首先，应借鉴发达国家的先进经验，把农民教育提到重要位置。早在 1907 年，清政府派李殿璋参加奥地利万国农务学会，他考察奥国发现，全境不过中国三省之地，但务农学堂设有190所，各地另有众多的冬日学堂，且更有政府出资聘任大批经验丰富的土专家随时到田间地头为农民传授知识技能，称为游行教员。建议农业农村部成立农民教育局，省市县均设相应机构专司农民教育，每个乡镇都应该办一所开放性的农民学校，定期向社会公布讲课内容，通过政府购买服务的方式，免费为农民讲解农业生产、经营管理知识、现代科技发展知识、国家政策法规、家庭教育理念以及法律维权和卫生保健等与农民生产生活息息相关的知识，同时，经常开展丰富多彩的各类文化活动，以全面提高农民的综合素质，丰富他们的精神文化生活，让他们跟上时代，明方向，燃激情，添动力，有理想。其次，从顶层设计上明确农民在享受权利的同时担负相应的责任义务。权利与责任义务是一对孪生体，二者缺一，就会发生偏斜，有权利没有责任义务便不知珍惜权利；有责任义务没有权利则责任义务无法落实。如今越来越多的乡村事务需要农民组织起来由政府资助自我服务，如生态环境保护、乡村道路管护、公共卫生保洁、生活垃圾治理、社会诚信的遵守、公序良俗的践行、公共设施的维护，等等。基层组织应不断强化农民的家园意识，增强主人翁精神，大力倡导奋进拼搏、开拓创新精神，充分发挥他们的主体、主力作用。通过各种方式，组织、引导农民群众积极参与农村公共事务管理与服务。再者，大力发展农村二三产业，让农民能够充分利用闲散时间就近就地就业。从某种意义上说，一部经济社会发展史就是人与"四无劳动"的斗争史。即私有制时代的"无偿（或低偿）劳动"，计划经济大锅饭时代的"无效（或低效）劳动"，工业化时代的"无益（甚至有害）劳动"，信息时代、人工智能时代的"无处劳动"。在科技飞速发展，机器换人愈演愈烈的未来社会，无处劳动将成为社会的主要矛盾。当下的乡村就业难，主要问题在于乡村缺少发达的二三产业，大力发展农产品加工业和为农服务的服务业，以及乡村旅游、养生养老等产业是解决农民今天"无处劳动"的最佳途径。

（本文原载于《中国发展观察》2021 年 22 期）

"家"的挑战：
以家为核心的民情流变

家庭是社会的基础细胞，是人的"社会生命之源"，是中华文明"家国一体"大传统和"缘情制礼"小传统的基石，也是每个人解除疲劳、休憩身心的温馨港湾。在社会急剧转型过程中，家庭的结构、秩序、传承、谱系以及建构正在发生着深刻变化。费孝通在《生育制度》中指出，家庭的首要功能在于为社会培养合格的成员，实现"社会继替"功能，所谓"个人有生死，社会须持续"。家庭的全方位变化，对家庭发挥"培养合格成员"和"实现社会继替"两大功能提出严峻挑战。

一是结构之变：父系社会结构出现动摇。大约在四五万年前，古人进化为新人时，中国原始社会就进入了母系氏族社会。母系社会中，女性因拥有生育能力而获得神圣性，后代只知其母不知其父，母系氏族以母系血缘维系，并且由母系关系传递。随着社会生产力的发展，尤其在农业社会出现重体力劳动以后，男子在生产部门的优势突显，男女在氏族中的地位发生重大变化，母系社会逐渐过渡到父系社会，男子开始占据主导地位，家庭结构变成以男性为核心。大约在五六千年前，中国进入父系社会，男娶女嫁，妻子从夫居，子女改为从父系氏族的姓氏，妻子和子女成为丈夫家庭的成员，财产按照父系继承，世系随父系计算。自近代倡导男女平等以来，父系社会结构出现动摇，女性主导的家庭越来越多，家庭的财权更多由女性来掌管，丈夫的收入要"上交财政"给妻子，自己偷偷藏起来的叫"私房钱"，家庭的决策权很多由女性来主导，"妻管严"现象明显。子女有的随父姓，有的随母姓，如果是两胎，则很多是一个随父姓一个随母姓。单从子女姓氏上，无法判别出两个孩子是兄弟姐妹关系，这和传统社会从姓名上就能看出是亲兄弟甚至五服世系差别很大。新婚夫妇生育小孩后，更多的是由孩子姥姥姥爷带养，"妈妈生，姥姥养，姥爷天天菜市场，爷爷奶奶来观赏"，由此诞生出跟女方家庭来往更密切，关系也更亲密。近年来在江浙一带兴起"两头婚"，男女双方各置婚房，婚后两边交替居住，既无男娶女嫁，也非女招男入赘，男女双方两头皆是婚娶婚嫁，与双方原生家庭保持一定"黏性"。在"两头婚"家庭里，没有外公外婆的概念，小孩对爸爸妈妈的父母都叫爷爷奶奶。哪家老人有空就来帮忙带小孩。不收彩礼、不要嫁妆，生下的孩子分别继承双方的财产，两个家庭都可以传承姓氏的香火。这些现象使父系社会结构渐趋模糊，血缘姻亲关系从姓氏中已经无法知晓。在人口大流动且流速不断加快，流量不断加大的背景下，很难辨识的"五服"近亲，会否给社会继替埋下隐患，值得关注。

二是秩序之变：家庭主体核心正被颠倒。家庭是中国人基本的认同和行动单位，中国人以家庭为本位，而非以个人为本位。传统中国社会的本质是，中国家庭是自成一体的小天地，是个微型的邦国，社会单元是家庭而不是个人。家是基本生产和生活单元，户是基本的行政单元，古代中国乡村社会奉行的是以家户为本位的"家-户主义"，具有严密的内向性和强大的再生性，我国自古就有"国之本在家""积家而成国"之说。传统中国人的文化观念中不能没有祖宗，在宗法血缘观念浓厚的汉族社会，祖先崇拜是最普遍和最强烈的信仰。从形式上看，祖先崇拜主要表现为祭祀有功绩的远祖和血缘关系密切的近祖，做人不能忘本，不能忘根，不能忘记祖宗。乡土社会是礼治社会，礼治强调人有尊卑长幼亲疏之别，年龄因素是一个重要的衡量标准，长老的权威是父权制和家长制的延续，家族文化本身就体现了一种血缘等级制度，在社会变迁缓慢的农业社会，经验可以有效应付生活，年龄越大，经验越丰富，越受人尊敬，因而老人是家庭的核心。中国历来以孝治天下，子女赡养父母、对父母尽孝，天经地义。人的生命由祖先而来，老了以后由子女送终，在家庭的范畴内阐释清楚"从哪里来、到哪里去"的哲学问题。在社会快速变迁和急剧转型的过程中，经验已经不能有效应付生活，靠的是知识和技术，年轻人接受新事物的能力更强，因而更具优势，"后喻文化"取代"前喻文化"，老人权威衰落。尤其在独生子女大量出现后，孩子成了家庭的中心，一切围绕孩子转，孩子是家庭的"小皇帝"，老人被淡化，家庭秩序出现颠倒，"从哪里来"不再像过去那样受到关注。家庭小型化导致养老出现困难，养老的功能逐渐由家庭转移到社会，更多地依靠商业养老和社会养老，养老不靠孩子、也依靠不上孩子，花在孩子身上的钱远没有存起来自己养老靠谱。亲代、子代以生命延续生命的接力模式是各种人类文明家庭存在的基本理由，它包括"身之生命"的相续和"心之生命"的永生。西方家庭以接力模式为基本形式，中国家庭在此之外又多了一个"反馈模式"，即亲代抚育子代，子代又赡养亲代，西方家庭没有反馈义务，中西家庭是两种不同的社会继替模式。家庭主体核心的颠倒，使反馈义务逐渐淡出，中国几千年的尊老、敬老、养老传统面临新的挑战。父慈子孝是中国人的伦理取向，"慈"与"孝"都源于"爱"，但"孝"在"爱"之外还多一层"敬"和"尊"。"爱"是出于骨肉血脉的自然之情，"敬"和"尊"则是"爱"的境界升华。老人在家庭中的地位失落，带来的是人生精神上的垮塌，对生命追求的迷茫与困顿。"到哪里去"的问题前路茫茫。

三是传承之变：传宗接代观念日趋淡化。"上以嗣宗庙，下以继后世"，传统婚姻的缔结不是因为男女双方的两情相悦，而主要是传宗接代。注重纵向链条的完整性，要"代代延续"，自己只是家庭血缘纵向序列上的一个中介。如果没有后代甚至进一步细化为没有儿子，就觉得是人生最大的遗憾和失败，对不起祖宗。"不孝有三，无后为大"，在浓厚的传宗接代观念下，有些人家生十个八个，一直生到男孩为止。在很多时候，媳妇在婆家的地位，就与其生育子女的数目成正比，这其中尤其是生育男孩的数目"母以子为贵"，生育了男孩就有地位，生育女孩或者根本不生育，就低人一等，遭人白眼。生育后代这一继替过程在中国传统社会中被赋予了特殊的文化含义，所谓"有子万事足"，骂人最狠的莫过于断子绝孙之类的话，"断了香火"就是最大的不孝。经过几十年的计划生育，在教育程度提升、住房压力加大、经济社会转型等多重因素影响下，传宗接代的观念正在淡化，出现少生甚至不生。尽管生育政策近几年在不断宽松，2016年放开二孩、2021年放开三孩，但生育率仍然直线下降。国家统计局日前发布的数据显示，2021年全国人口出生率为7.52‰，创下了1978年以来的最低值，同期人口自然增长率仅为0.34‰。自2016年实施二孩政策以来，自然增长率由6.53‰降至0.34‰，人口出生率由2016年的13.57‰降至7.52‰，呈现断崖式下降状态。生育多个儿子的家庭现在不是被"羡慕"，而是被"同情"，儿子是"建设银行"，需要不停地投入。陈东升在《长寿时代》一书中指出，在长寿时代，孩子不是资产，而是负债，按照中国中等收入家庭支出计算，孩子从0到22岁需要花费大约300万元。不注重传宗接代，老了也不依靠子女，更加注重自身的生活质量和生活水平。"儿孙自有儿孙福，不生儿孙我享福"，个体正在由生育的客体变为生活的主体，以自我为中心，纵向的父子关系结构转变为横向的夫妻关系结构，让家庭纵向链条不断延续下去不再是神圣义务和人生职责，中国人几千年垂直纵向的代际关系正被平面横向的代际关系取代。而反馈机制和接力意识的弱化，二者互为作用，使"从哪里来到哪里去"的哲学命题在家庭范围内陷入困境。

四是谱系之变：光宗耀祖思想逐步消解。"光宗耀祖、出人头地"是传统中国人坚守的信念。上有祖宗，下有子孙，人们才觉得有责任感，有生命的动力和意义。费孝通指出，中国文化的活力在世代之间，一个人不觉得自己多么重要，要紧的是要光宗耀祖，是传宗接代，养育出色的孩子。中国自古以来就以氏族为基础，以家属为中心，慎终追远，对于宗庙、祠堂、祖坟的祭祀，向来都是头等大事。不论官民，中国人历来对于清明节都十分重视，这是追根思源，藉表孝忱的表现。通过祭祖加强生者间的联系，搭建与逝者交流的平台，能唤起族人的血系观念，强化宗族的内聚力。定期的祭祖活动，既是对祖先的敬畏，对祖先恩惠的感激和报答，也是氏族家族成员之间同祖意识的确认，人们意识到相互同宗同源,以向心力推进凝聚力。去世之后要去见祖宗,人生在世,不能辱没祖宗,必须做一番光宗耀祖、光耀门楣的事业才有颜面向祖宗汇报。在安土重迁的农业社会,生命的重心和人生价值定位在乡村熟人环境,"富贵不归故乡,犹如衣绣夜行",落叶归根、衣锦还乡是人们的梦想。在没有建立现代保障制度的农业社会,家庭、家族和宗族为成员提供必要的生存和发展保障,使成员获得安全感和归属感。当下,在走向原子化和个体化的社会转型过程中,宗族意识、族群观念越来越淡化,社会流动与现代化导致了家族的解体,生育数量的减少使得大家庭不复存在。一代独生子女的亲属称呼中少了兄弟姐妹,晚辈中自然没了侄子、侄女、外甥、外甥女,二代独生子女的亲属称呼中,又少了伯伯、叔叔、舅舅、舅妈……传统亲属称谓的缺失,使得独生子女出现"六亲不认"的尴尬。"七普"数据显示,我国家庭平均人口数从2000年的3.44人减少至2020年的2.6人,家庭人口平均数降到3以下,说明"单身社会"和"独居时代"已经来临。以姓氏为纽带的大家庭、大家族的族群意识和谱系格局正在瓦解。脱离家族、宗族的社会关系后,个体的神圣感、使命感和责任感降低,"一人吃饱,全家不饿""得过且过、胸无大志""躺平"成为一部分年轻人口中的流行词。回望历史,从乡村走出来能成就一番事业者,大都出自有着良好族训家规的世家大族、名门望族,浙江钱氏便是一例。族群意识的消解,那些流传千年的家训家风家教,也将后继乏人。

五是建构之变:恋爱婚姻行为正在异化。在中国古代宗法制度的影响下,在小农生产方式的渗透下,传统观念生育以"早生""生男""多生"为基本特征。在社会急剧转型过程中,传统恋爱婚姻行为出现异化,"要不要婚恋、什么时候婚恋、和谁婚恋"呈现出"结婚少了、结婚晚了、离婚多了"的特征。一是要不要恋爱结婚成了一些青年的选择题,而不是必答题。结婚对数和结婚率自2013年开始下滑,2013—2021年,我国结婚登记对数从1 347万对的历史高点持续下滑至763.6万对,2013—2019年,粗结婚率从9.9‰降至6.6‰,现在中国单身人口约2.6亿,其中9 200万人独自生活。据相关专家预测,到2030年,我国独

问道乡村文化……

居人口将进一步增加，预计达到 1.5 亿～2 亿，"只恋爱，不结婚"的独身浪潮正在蔓延；二是什么时候恋爱结婚，推迟婚恋成了青年的普遍选择。25～29 岁接替 20～24 岁人群成为新的结婚"主力军"，高年龄层段（40 岁以上）结婚登记占比大幅上升。2005—2019 年，20～24 岁结婚登记人数（含再婚）占比从 47.0％降至 19.7％，25～29 岁占比从 34.3％升至 34.6％，30～34 岁占比从 9.9％上升到 17.7％，35～39 岁占比从 4.9％升到 8.1％，40 岁以上结婚登记人数占比从 3.9％增至 19.9％，40 岁以上结婚人数占比增幅最大。中国平均结婚年龄在一线城市超过 30 岁，一些四五线城市或者农村地区平均结婚年龄在 25 岁左右，比法定的结婚年龄推后了 5～10 年，晚婚晚育成为趋势；三是和谁结婚，那种一情定终身的现象渐行渐远。离婚对数和离婚率长期持续攀升，1987—2021 年，我国离婚登记对数从 58 万对攀升至 213.9 万对，1987—2019 年粗离婚率从 0.5‰攀升至 3.4‰，传统社会观念保守，"宁毁十座庙，不拆一桩婚"，父母、亲戚、单位领导都反感离婚行为，会千方百计地促和，离婚会让夫妻双方面对巨大的社会压力，会觉得是人生的失败，特别是女性，以前即使是娘家都不太会包容离婚的女性。现在随着女性受教育程度和经济社会地位不断提高，社会和家庭对于离婚的包容度越来越高，导致离婚率不断走高。"婚都不想结，还生什么孩子""婚姻能过就过，不能过就离，绝不凑合"，年轻人的婚姻观在发生变化。

家庭公有制是人类社会的第一种所有制形式，家庭共同体是人类社会的最佳共同体，以家庭建立的共情场域是人类最佳共情场域。"家"带给人们无限温情，它始终以实体形式和隐喻形式藏身于现代性之中。"家"在未来会呈现什么样的走向，为哲学社会科学提出了新课题，为社会治理提出了新挑战，为政府出台政策提出了新要求，家的流变使"何以为家"成为一个值得高度关注的问题，具有重要的理论和现实价值。

（本文原载于《中国发展观察》2022 年 3 期）

城市化背景下的
乡村价值该如何定位

随着城市化进程的高速推进，人们被城市五光十色灯红酒绿的美景所陶醉，"暖风熏得游人醉，直把杭州作汴州"，一个轻视、漠视、忽视"生他养他"的乡村之风正在蔓延，一个以为工业可以取代农业、城市可以取代农村的错误观念正在膨胀。重新审视乡村的价值定位已成为当前解决"三农"问题的重要内容。

一、乡村是食物资源的供给者，也是几亿人生活和精神的家园

乡村，不仅是食物的源头，也是整个人类的源头。从猿人下地开始，人类的祖先在乡村种下的不仅仅是农作物，更是最初的情感，最深的记忆和生存的依托。所以，我们习惯于把厚重的土地称为母亲，把遥远的乡村视为家乡。

中国有将近9亿人生活在乡村，即使是那些早已实现城市化的国家，也有越来越多的人工作在城市，生活在乡村，德国有40%的人口生活在乡村，英国28.5%，美国22%、日本20%以上。这种城乡回流大多是近些年发生的，而且回流群体大多在25～40岁之间。世界上所有的贫民窟都在城市，而不是乡村；世界上最舒适的住宅都在乡村，而不在城市。

有着几千年农耕文化的中国人，对乡村更是有着一种特殊情感，"人恋故土虎恋山""谁不说俺家乡好""羁鸟恋旧林，池鱼思故渊"，不管走多远，离多久，总想着"落叶归根"，不管官多大，多富有，总想着"荣归故里""衣锦还乡"，哪怕"儿童相见不相识，笑问客从何处

来",也还是要回家看看。历史上的刘邦、朱元璋,就是当了皇帝,普天之下,都是王土,还不能免俗,还总眷恋着儿时生活的乡村。刘邦在他称帝后的第十二年,回到故乡沛县,住了二十多天,天天大宴乡邻,同时,意气风发地唱出了流传千古的"大风起兮云飞扬,威加海内兮归故乡";朱元璋做皇帝之后,曾想在家乡凤阳建立都城,后因遭到社会强烈反对才不得不下马。"衣锦不还乡,如锦衣夜游",这是融化在中华民族血脉中的传统文化。

故乡是每个中国人都急于挣脱,挣脱后又天天怀念的地方,一个人的一生其实就是对故乡的两个"真好"的感叹:年轻时,终于离开家了,真好!到老年,终于又回到家乡了,真好!这就是人生旅途中对家乡的情感纠结。乡情和爱情一样是中国人永恒的主题。这里有一个宏大的哲学命题摆在我们面前,今天的乡村是前线还是后方,农民进城是攻入了城市还是撤退到了城市,值得我们思考。今天中国的乡村是时代的前线,是灵魂的后方。说她是前线,因为"三农"是全社会聚焦的焦点;说他是后方,因为每个从那里走出来的人都会时时泛起挥之不去的怀念。今天,社会生态在退化,城市建得越来越漂亮,乡村变得越来越凋敝,但人们在城里想找口饭吃却越来越难了,尤其穷人更难,这使得他们的思乡之情更浓。

纵观人类历史,城市只是晃动在人类眼前的诱惑,乡村才是连接人类心灵的脐带。今天的中国,乡村不光是几亿人栖居繁衍的场所,更是我们精神寄托的家园。如果只知道从乡村索取食物,索取肉体的营养,不知道从乡村汲取传统,汲取精神的营养,人们所追求的现代文明将只是空中楼阁。

二、乡村是城市化廉价土地的供给者,也是生态环境的保育者

工业化和城市化的发展需要占用耕地,通过合法手段把一些耕地转换为建设用地,本无可厚非。但是,一些地方,在土地财政的诱惑下,只把乡村视为城市化廉价土地的提供者,疯狂圈地。农民的房屋不叫房屋,叫地上附着物,所以可以低价赔偿,强制拆除。土地价格自定,不

让农民参与。国外征地大都是政府到法院告农民，我们多是农民告政府。国外法院判决的依据就是合理价格，所谓合理价格就是只要不超出那个片区曾经出现过的最高价就是合理的，政府买不起，法院也决不偏袒。我们的电视上常出现这样的镜头，一望无际的肥沃土地，开进的不是插秧机也不是播种机，而是挖掘机和推土机；种下的不是水稻也不是玉米，而是水泥和高楼。1996 年中国耕地面积为 19.51 亿亩，而到 2007 年仅拥有 18.26 亿亩，10 年就减少了 1.25 亿亩。

水泥森林取代生态森林，人们在欣喜于这一变化带来的看得见的张张钞票，却忽视了由此流失的看不见的滚滚财富。事实上，乡村的生态保育功能与其自然再生产的特性密切相连。专家测算，一棵 50 年树龄的树，产生氧气的价值约 31 200 美元，吸收有毒气体、防止大气污染的价值约 62 500 美元，增加土壤肥力的价值约 31 200 美元，涵养水源的价值 37 500 美元，为鸟类及其他动物提供繁衍场所的价值 31 250 美元，产生蛋白质的价值 2 500 美元，除去花、果实和木材价值，总计创值约 196 150 美元。面积广大的农作物对生态环境的保育更是有着无可估量的价值。试验表明，每公顷水田每季可净化 7 500～12 000 立方米生活污水，生产的氧气更为可观。今天，那些整天生活在汽车尾气里的城里人，更加怀念古人笔下宁静优美的乡村："杨柳荫后檐，桃李罗堂前""绿树村边合，青山郭外斜""一水护田将绿绕，两山排闼送青来"。可惜的是，一双生态价值达 100 美元的筷子，在市场上 5 分钱就能买到，人们对树木和农作物生态价值的认识几近盲区。

如果只一味地把乡村视为城市化廉价土地的供给者，作为眼前的"摇钱树"，而不把其视为生态环境的保育者，不皈依到应有的"生态树"，那么，在将来的某一天，我们将会一无所有，地球上剩下的最后一滴水将是人类的眼泪。历史有着太多的教训，比如古希腊、古罗马、古印度和玛雅文明，这些历史上的文明古国，曾经都"在水一方"，水草丰美，农业发达，但随着城市化的发展，乡村让位给了城市，沃土让位给了沙漠，繁华让位给了萧条。好在当前，有越来越多的人开始意识到乡村对于生态保育的重要性，已开始采取一些有效措施。北京正鼓励农民冬天在农田种上小麦，以保育生态，研究发现，北京冬天的气候调节，小麦起很大作用，是绿草等植物不能代替的。当前，全社会都应警醒，乡村有着广袤无垠的土地，但那不仅仅只是用于廉价供给工业发展城市扩张的，它还承担着为全社会造福的生态保育功能。日本 GDP 每增加 1％，用地 2 500 公顷，而中国则需 2 万公顷，是日本的 8 倍，浪费之大，的确惊人。为何浪费？土地廉价是根本。

三、乡村是工业化廉价劳动力的供给者，也是几亿个分散的权利主体

中国有 5 亿多农村劳动力，而从事农业劳动的只占 38.1％。中国工业化能有如此之快的发展速度，在一定程度上是因为中国有着世界上最多、最廉价的劳动力。中国 2.5 亿农民工，干着最脏、最累、最危险的活，得到的只是一点微薄的工资。调查发现农民工工资只相当于城市职工的 37％。

劳动力的大量外流，带来的直接后果是乡村只留下一支" 386199"部队，逐步空心化、急剧老龄化、加速衰败化。

乡村为工业化提供了充足的劳动力，而这些劳动力不光是廉价的，每一个人都是一个具有合法公民权利的权利主体。他们的每项权利理应得到保障。但城市并没有把这么一群有血有肉的、活生生的人看成一个个权利主体。农民工进城后，在经济上工资收入水平低，同工不能同酬，社会保障缺失；在文化上受到种种歧视。据全国人大教科文卫委员会委员调查测算：我国农村和城市福利待遇人均相差 33 万元，大城市高达 50 万元以上，小城市也达十多万元。

2 亿多农民工就是 2 亿多个权利主体，只把乡村视为廉价劳动力的提供者，不把农民视为真正意义上的权利主体，不懂得尊重乡村、尊重农民，那么，乡村也不愿意滋养社会，农民也不愿意尊重社会。

四、乡村是内需市场的提供者，也是新兴产业的发展地

作为拉动经济发展的三驾马车，"消费"在"十二五"规划中首次被提到了老大的位置。所有人都注意到了，乡村有着巨大的内需市场。

于是，家电下乡、建材下乡、汽车下乡等纷至沓来，甚至证券也跃跃欲试准备下乡。

一些人只把乡村视为内需市场的供给者，只想着让农民掏出钱，没想到先让农民挣到钱。需求就是消费，消费就是花钱，花钱谁不会，农民没钱怎么花啊！事实上，今天的乡村是内需市场的提供者，更是新兴产业的发展地。没有当年村村点火、户户冒烟的乡镇企业勃兴，就没有今天的城市繁荣。新兴产业的发展是乡村文明内生性的物质基础，没有新兴产业的发展，农业文明、农村文明、农民文明都是一句空话。

乡村新兴产业亟待开发。比如乡村旅游产业。当前，随着现代城市病的加剧，城市居民回归自然、回归乡土的趋势日益强烈，乡村可以顺应这一消费心理，依托自身良好的自然生态资源，发展乡村旅游产业。可以借鉴意大利的"绿色假期"、法国的"农庄旅游"、美国的"农业旅游"、澳大利亚的"牧场旅游"、新加坡的"农业科技公园"，打造具有中国特色的乡村旅游品牌。比如传统手工业，可以充分挖掘乡村流传下来的编织、剪纸等传统工艺，加以改造，在浓郁乡村文化的底色中，融入现代理念，从而形成独特的乡村手工业。还比如太阳能、风能、秸秆、沼气等新兴能源，也蕴含着巨大市场，如能形成产业，潜力无限。乡村的特色农产品加工业更是一个前景广阔的巨大产业，其开发利用远远没有满足自身的需求和社会的需求。乡村新兴产业的发展带来就业容量的增大是十分可观的，美国农民只占总人口的百分之二三，而为农业服务的人口却占总人口的 17% 以上。

从西方工业发展的轨迹看，是便利的交通带来了现代工业发展，比如欧洲靠火车拉来了现代工业，美国靠高速公路和飞机拉来了现代工业。目前，中国也已具备了良好的交通条件，中国公路网总里程五年新增 63.9 万公里，高速公路已达 8.5 万公里。沿海港口五年建成深水泊位 661 个，民航定期航班机场达到 176 个。到 2015 年，农村公路总里程将达到 390 万公里，村村通使所有乡镇和 90% 的建制村将通班车。可以说，中国公路交通不管是大动脉还是延伸到农村的毛细血管都具备了发展现代工业的基础，而且，随着通信、网络的快速发展，许多乡村在获取信息上也基本实现了与城市同步。因此，进入 21 世纪的今天，乡村的发展不能用 20 世纪或 20 世纪之前的思维方式去谋划，应重新审视乡村的功能定位，抛弃乡村只能发展一产的惯性思维，找准乡村的产业优势，大力发展乡村新兴产业，为新农村建设和城镇化发展持续提供源源不断的物质基础，这也是缩小城乡差距的内生性物质基础。

五、乡村是传统文明的载体和源头，也是现代文明的根基和依托

现代是传统的儿子，是传统把我们从远古带到今天。唯有以传统文明做基石，现代文明才得以累积、发展，没有传统文明就没有现代文明，两者是继承和发展的关系，而不是对立关系，不是替代关系，不是非此即彼的关系。昨天相对于今天就是传统，今天相对于昨天就是现代，忘记昨天等于背叛，忘记传统也等于背叛。

人类的一切文明都是从猿人下地从事渔猎开始的。作为有着几千年历史的文明古国，中华文明的源头正是农耕文化，中华文明的摇篮正是古老的乡村，乡村是传统文明的载体和源头，乡村也是现代文明的根基和依托。例如，现代社会，在制度和规则层面有两大基本要件，一是产权关系及其与之配套的法律体系，二是诚信体系。这两大要件正是传统乡土文化最明显的特质。首先，传统乡土文化观念中有着清晰的产权关系及其规范要约。比如，每家每户耕作的土地不仅有面积、地块等标识，还有"鱼鳞图"，就连阳光、空气、水这些取之不尽的自然之物都有明确的产权。盖房子不能挡住别人的行路、采光、通风，灌溉农田要兼顾下游用水，臭粪池不能建在村子的上风头等，这都是融化在农民血液中的维护别人产权的乡规民约；其次，传统乡土文化有着别具一格的诚信体系。城市是移民性的生人社会，人与人之间的关系依靠契约，乡村社会是聚族而居的熟人社会，靠的是诚信。以诚信和道德作为相互利益关系的抵押品，看起来没有法律的威严，感觉虚无缥缈，实际上比实物抵押更具约束力。因为在这种熟人环境下一旦违约，不仅要被整个熟人社区集体抛弃，还将付出祸及子孙的沉重代价。这种约定俗成的乡规民约在宋代就已形成气候，北宋吕大临兄弟创建的"蓝田乡约"一直影

响到今天；此外，从生产发展的角度看，乡土文化也始终是先进生产力的担当者。我国农民早就从实践中摸索出了休耕、轮作、稻鱼共生等富有朴素的循环经济和生态经济思想的成功经验。即便是现代高科技的转基因技术，在古代也有其实现形式，比如金鱼就是由农民养殖的鲤鱼变异而来。《吕氏春秋》中关于"夫稼，为之者人也，生之者地也，养之者天也"的农业"天地人三才理论"，是人类最早的农业哲学思想。古代农书知其名的有500多种，今天能够看到的还有300多种，这些农书不光是农业文明的传承者，也是现代工业文明的启蒙者。中华文化之所以在五千年历史长河里经得起任何外来文化的冲击，任何不同的外来文化都会被它同化、包容，最终融入这个文化之中，就是因为有乡土社会这个稳固的、不可动摇的传统根基。

中国300多万个自然村落就是300多万个文化单元，博大精深的中华文化就是由这300多万个文化单元聚合而成。中华文化的包容性和同化力是其他任何民族文化都无法比拟的，谁想"吃掉"它都终将被它"吃掉"。中华民族得以五千年生生不息，靠的就是植根于300多万个自然村落的传统文化薪火相传。

传统兼业化的小农家庭与多样化的村社功能（如对人力、土地、资金等资源配置和社会矛盾调处）的有机结合，使乡村不仅具有能够化解内部多重风险的能力，而且还能化解来自外部（如市场、政治）的种种风险。这种农户理性和村社理性一旦被打破，基层治理便恶性循环。近年来的城市化让乡村衰败的根本原因，就是把最容易资本化的青壮劳动力引向城市，把最难于资本化的老弱妇幼残留在农村。城市化就是资本集聚的过程，但同时也是风险集中的过程，这种以资为本，而非以人为本的城市化，任由城市去"化"农村的城市化，埋下的隐患很难解决。

上海世博会瑞士国家馆取名为"自然乐园"，参观者乘缆车登上瑞士馆，脚下是布满绿茵和花丛的田园风光。它提醒我们，真正高品质的生活是需要城市与乡村的可持续互动，而不是抛弃乡村。然而，在城市化浪潮的席卷下，中国乡村正加速沦陷。其命运有四：

一是被城市吞没，成为真正的城区。在那些城郊地带，随着城市的

问道乡村文化……

快速推进，良田种上了工厂，老屋换成了楼房，整个基础设施都穿上了城市的外衣，农民也成为市民，再也不用面朝黄土背朝天了。表面上看，往日的农村跟现代的城市一模一样，但在内部管理上还是有着明显的区别，此城区非彼城区。比如虽然村委会转为居委会了，但由于原来的村庄普遍存在集体经济组织，或多或少拥有一些集体资产，变成城市社区以后，集体组织走向公司化，集体资产走向市场化。如果管理跟不上，或者那些"新市民"的生产生活方式不能完全融进去，势必造成"村庄的终结"与"农民的终结"合不上拍，这些被城市吸纳的村庄，就会生长成另外一个产物——"城中村"，这样的城市"胎记"，在北京、广州等一线城市不在少数。

二是被拆并成新的农村居民点，成为"新村"。一些地方通过科学规划，根据农民自愿的原则引导农民到新的社区集中居住，这是很有意义的做法。但有一些地方在"土地财政"的诱惑和"占补平衡"的规制下，采取行政干预的措施以宅基地换住房，以承包地换户口。比如2006年，山东推行"撤村改社区"计划，用四年时间改造村庄334个；2009年，河北启动了1 000个村的新民居建设；2010年，重庆打算通过"三件衣服换五件衣服"，10年实现1 000万人"农转非"。新的农村居民点，表面上看，房子更漂亮了，村容更整洁了，但是，却打破了世世代代聚族而居的熟人环境，打破了村落社会的组织结构，打破了传统的村落文化，打破了传统的生产生活方式，打破了熟人社会的秩序，打破了乡村的稳定和谐。这样的"新村"未必就是农民心目中追求的"新农村"。一些"被上楼"的居民面临着一系列问题，比如生活成本的问题、"闲人"的问题、角色转换的问题、后顾之忧的问题等。

三是成为"空心村"，直至消亡。有一些村庄土地贫瘠，生态脆弱，随着环境的恶化，越来越不适合人类居住；也有一些村庄远离经济增长中心，天涯藐藐，地角悠悠，交通不便，信息闭塞，即使不差资源，但难以化为资本。在这样的村庄里居住的年轻人多把家乡视为羁绊，只要有机会，就拼命逃离，要么考出去，要么打工出去，要么移民搬迁出去。村庄里渐渐地只剩下没有出路的留守老人，随着老人的去世，村庄就自然消亡。

四是被传承和保护下来，成为"村庄博物馆"。一些古代村落，因为科学规划和合理建造，远远超出了最基本的居住功能，渗透在每一个角落每一个屋檐的都是浓郁淳厚的耕读文化和"天人合一"的哲学精华。继承到现在，早已上升到一种美学价值。比如安徽的宏村、湖南的张谷英村、福建的永定土楼村、浙江的诸葛八卦村等。这些村庄已经作为历史文物被保存下来，大部分成为供游客参观的景点。不过，这种村庄在历史的演进中悄然发生着变化，最珍贵的人文内核正在被商品经济洗刷侵蚀。

纵观改革开放以来村庄的命运，大都不是掌握在村民手里，而是由国家的愿景和有些地方政府的冲动决定的。

国家的愿景是要在最短的时间内，使国家强大起来。毫无疑问，必须千方百计推进工业化和城市化。推进城市化的另一面就是推进非农化，就是减少村庄，事实证明，中国城市化率每增加 1 个百分点，GDP 差不多就增加 10 个百分点。但是，工业化和城市化的过程就是极大地消耗各种资源以达到资本积累的过程，需要巨大的社会成本。这个成本，在西方发达国家，是通过殖民地的扩张支付的。他们工业化和城市化过程中的矛盾和问题都转移到了殖民地消化。在美国，印第安人现在大约还有 40 多万，而在 300 多年前欧洲人没来之前，北美大约有 1 亿印第安人。欧洲人的到来，大规模地屠杀，大规模地开拓疆土，大规模地掠夺资源，他们工业化和现代化的实质就是殖民化。300 多年的殖民化，欧洲大陆共移出 1/4 的人口，资源环境空前宽松。同时，他们大量贩卖非洲黑奴，解决低端劳动力需求的矛盾。在这些国家，不存在我们所谓的"三农"问题，因为他们通过掠夺资源，输出剩余劳力和买入低端劳力，把工业化、城市化成本全部转嫁给了殖民地。通过殖民化实现工业化和现代化的模式只能是那个时代帝国主义的行为，包括中国在内的发展中国家，要实现工业化、城市化，不可能寻找殖民地转移矛盾，这个必要成本不得不向"三农"转移。我国改革开放前，城市需要向农村要粮；改革开放后，城市需要向农村要人；新世纪以来，城市需要向农村要地。这种情况下，中国必须保证一定的村庄保有量，才能不断吸取农村剩余，快速推进城市化、工业化。

有些地方政府的冲动就是在高速城市化氛围的裹挟下，千方百计推进非农化，让村庄尽快变为城市。这种冲动既有某些地方政府不切实际、好大喜功、急功近利的心态和对土地财政的狂热、对城市化的崇拜，也有盲目加快城市化进程的认识误区，还有因法律、体制等方面的不足导致权力失控和滥用。媒体上经常看到这样的镜头：文件一发，通知一贴，围墙一整，鞭炮一放，领导一剪彩，推土机一开，耕地就变成了工地，水稻就换成了水泥，高楼就取代了高粱。有的地方，庄稼仅剩十来天就能成熟，但都等不及，不放过，农民只得眼睁睁地看着饱满的稻穗被推土机成片碾压。在一些拆迁现场，限"十日之内""大干一个月"等宣传标语随处可见，甚至"迅速打赢拆迁歼灭战"这样的术语都已用上。某些地方政府越冲动，村庄就沦陷得越快。

城市化是文明社会的基本特征。当下中国，城市化还远远不够，还需要不断向前推进，但是，推进城市化不是建立在一刀切地消灭村庄的基础上，两者不是非此即彼的关系，城市和农村就像夫妻关系，有男有女，性别有分工，如果建得完全一样就变味了，人类的文明将无法延续。只要人类还需要粮食，就必须有一定的村庄保有量。应充分认识乡村的价值，没有乡村，就没有城市，城市的存在是以乡村为基础的，乡村是城市的源头活水。上海世博会以城市为主题，但在世博会上却开设了一个乡村馆，它以宁波滕头村的生动实践，告诉人们：城市让生活更美好，乡村让城市更向往。全社会都应该清醒地认识到，一些乡村的消亡是一个长期的渐进的过程，是市场经济、社会文明发展到一定阶段水到渠成的事情，人为的过激行为，带来的后患将很难克服。所以推进城市化的速度不是越快越好，推进的面积不是越大越好，而是要把握速度，把握节奏，慢不得，更急不得。

在发达国家，乡村越来越受到人们的青睐，它不仅仅是人们逃避车马喧闹的休闲地、节假旅游的消遣地、换换胃口调剂生活的宜居地，乡村的价值已经被定位在人类社会价值链的最高端。表面上看，扎堆的名人、热闹的演艺、快捷的传媒、时髦的论坛都汇聚在大城市，大城市似乎就是文化的中心。其实，真正的哲人和思想都产生于乡间市镇，那里没有大城市的喧嚣浮躁，绝少争名逐利的竞斗，人们的思维可以不受任何干扰地精骛八极、心游万仞，道之所悟，清净为本。英国的剑桥大学和牛津大学都是沉潜于乡间市镇上的哲人库、思想库，创建于 1209 年的剑桥大学和创建于 1168 年的牛津大学数百年来都产生出无数影响世界的思想和世界级名人。美国的哈佛大学和麻省理工学院都位于乡间小镇，却出了全球 700 多名诺贝尔奖得主中的 130 多位，普林斯顿大学也位于一座别具特色的乡村都市，爱因斯坦就是在那里度过了他生命中最重要的 22 年时光。人类在经过疯狂城市化后终于警醒地发现，乡村才是真正传承人类文化的载体，那些扎根乡村的精英才能真正创造出人类最高端的文化。

（本文原载于《中国发展观察》2012 年第 9 期）

重塑农业文明的现代尊严

农业文明、工业文明和城市文明是人类文明发展的轨迹，也是人类文明的三大基本载体。三大文明各自在不同历史阶段承载着不同的文明内涵，后一种文明都是在前一种文明基础上成长发育起来的升级版，但它们又在新的历史时段共生共荣、不可或缺，而不是非此即彼、你死我活的矛盾对立关系。然而在大力推进工业化、城市化的今天，有的地方受 GDP 崇拜和不正确的政绩观等因素影响，认为只有工业文明、城市文明才是现代文明的代表，才是人类文明的标志，农业文明则是与自给自足的自然经济相对应的最落后、最腐朽、最该抛弃的文明。在这种风潮的裹挟下，社会思想观念发生严重偏斜，一股谈"农"色变、厌农弃农之风深入人心，左右世情。曾几何时，被人们引以为豪的"鱼米之乡"，成了偏僻落后闭塞的代名词，在各级宣传推介活动中，再也无人提及，"鱼米之乡"已"破帽遮颜过闹市"，全面隐退。全国 40 多所农业院校带农的专业大都面临生源危机，农业中职和中学更是路断人稀。以河北省为例，20 世纪有农业中专和中学 75 所，到 2008 年已锐减到只有 7 所，全省 100 多万名在校职业中专学生中，学农的只有几千人。

面对这种情势，中央高瞻远瞩，提出"三化同步"的战略思维，这是对人类三大文明的继承发展和在新的历史条件下的具体实践，同时也是对城乡统筹、城乡一体化理念的深化、细化、具体化，不仅是一次重大的理念创新、理论创新，更是国家发展战略的一次重大调整，内涵丰富、定位清楚、指向明确。这一论断警醒社会，告诫世人：农业文明是与工业文明、城市文明并行不悖的一种文明形态，是人类文明的母体文明。只有农业文明才是人类赖以生存的基本文明，其他一切文明都是建立在农业文明基础之上的文明，没有农业文明的文明是残缺的文明，没有农业文明的社会是危险的社会，没有农业文明的发展是不可持续的发展。

转变发展方式是当前和今后一个相当长的历史时期中国面临的最艰巨、最严峻的课题。而要转变发展方式，首先必须摆正"三化"之间的关系，把"三化同步"的战略思想贯彻好落实好。要做到这一点，当前必须下大功夫克服全社会尤其是不少领导干部对"三农"的偏见与傲慢，还"三农"以地位，给"三农"以公正，重塑农业文明的现代尊严。而现代尊严的重塑，首先需要农业自身做出努力，即农业必须在发展演进过程中重新认识自身、重新解释自身、重新谋划自身。

一、重新认识自身

人贵有自知之明，"业"也同样贵在自明。在新的时代背景下，农业身处何处，价值几何，应予廓清。

一是基础性。农耕文明是人类文明的起点。伴随着农业文明的薪火相传，人类得以从远古走到今天。农业文明是根，今天的工业文明也好城市文明也好，都是在农业文明这个根系上发出的文明之芽，在农业文明这根藤蔓上结出的文明之果。毫无疑问，农业文明既是所有文明的基础，更是所有文明的灵魂。"合抱之木生于毫末，九层之台起于累土"，没有农业文明这个基础，工业文明、城市文明都是空中楼阁。世界上四大文明古国包括其他民族都曾有过一段短暂的文明，在历史上都曾辉煌过，但是其他的都中断了，只有中华民族五千年文明史没有中断，根本原因就是有着生生不息的农业文明作柱础和载体。

由于对农业基础地位的忽视和放弃，古今中外有过不少惨痛的教训。英国在成为"世界工厂"以后，开始轻视农业，一厢情愿地实行"英国工业、其他国家农业"的国际分工，在食品供应方面严重依赖于世界市场，在第二次世界大战期间，由于德国潜艇击毁英国远洋商船，粮食进口运输受阻，国内粮食供应链出现断裂，一次交通事故就差点酿成毁灭性的灾难。事件发生后，英国政府立刻加强对农业的干预，采取了许多重视农业的措施，逐渐扭转了农业衰退的局面。法国路易十四到路易十六时期，轻视农业，对农业不采取保护措施，导致社会混乱，最终引发法国大革命。2012年4月23日，法国《世界报》发表了长篇文章《农业的报复》，提醒整个社会，任何国家，任何时候都不能忘记农业的基础地位，否则就会付出沉重的代价。"历史赞美把人们引向死亡的战场，却不屑于讲述人们赖以生存的麦田。历史清楚地知道皇帝私生子的名字，却不愿意告诉人们麦子是从哪里来的。这正是人类的愚蠢之处。"这是法国著名科学家法布尔的一段名言，这种愚蠢再也不能延续下去，哪怕农业创造的GDP在一国的比例中微乎其微，也轻视不得，漠视不得，更忽视不得。粮食是"1"，其他财富都是后面的"0"，没有前面那个"1"，一切都将归"0"。在衣食俱安的今天，人们已经被眼前的景象所陶醉，一些人在大动干戈挖基蛀础，这是需要十分警惕的。中国目前人均粮食800斤*左右，而秦汉时期，人均就达985斤。人均800斤只相当于唐天宝年间的水平，且当时只有人吃粮，动物、机器都不吃粮。

二是准公共性。世界上没有哪一种产品能像农产品一样，每个人每天都必不可少，连人类养殖的动物也加入了这个需求队伍。农产品的社会属性遍及所有人及人们养殖的动物。显而易见，它具有极强的准公共性。而农业的生产对象又是活的生命体，它们无法像工业品那样可以任人摆布，它们遵循自然规律的生命周期无法打破，因而在激烈的市场竞争中，农业要改变自身弱质产业的位置，走出自身弱势地位的困境，十分不易。

世界上没有哪一个国家不对农业进行补贴，越是发达国家补贴就越高。2011年美国农民人均获得政府的投入相当于2.5万元人民币，约是中国的30倍，美国的农业收入来自政府直接补贴的比例高达47%。这种不计成本的补贴目的就在于确保农产品的公共需求，它是社会最敏感的神经。世界上什么人都有，就是没有不需要吃饭的人。

---

* 斤为非法定计量单位，1斤＝500克。

农业在市场经济的大背景下，必须认清自身承担着无可替代的公共责任，一面参与市场竞争，一面还需要不惜代价地完成社会责任。同时，还应清醒地看到自身弱质、弱势的天然位置，明了自身弱质、弱势的根源所在。

基于此，农业在与工业文明、城市文明并驾齐驱共同担负起推进人类文明前进的历史使命进程中，必须调动一切可以调动的力量，采取一切可以采取的措施，唤起全社会的高度关注，赢得全社会的普遍支持，获取全社会的广泛帮助，让公共性真正姓"公"，从而改变从"重中之重"到"轻中之轻"的巨大落差。

三是引领性。中央已经把农业摆在了引领的位置。中国历朝历代都高度重视农业，最早的重农思想比法国重农学派要早 2 000 多年。先秦就提出"农事害乃饥之本"，西汉则指出"富民者以农桑为本"，唐代已明确"农者天下为本"。但是，都只是停留在强调农业的基础性位置上。新中国成立以后，也同样高度重视农业。进入 21 世纪，中央开始把农业的基础地位提升到了引领高度。2003 年，胡锦涛同志提出要把"三农"工作作为全党工作的重中之重、吴邦国同志提出要把"三农"工作作为全国工作的重中之重、温家宝同志提出要把"三农"工作作为政府全部工作的重中之重。"重中之重"，一个在汉语词汇里已达极点的程度表述，足以说明农业的位置。2011 年中央进一步提出"三化同步"，继而在党的十八大上又提出工业化、信息化、城市化、农业现代化"四化同步"，强调工业化、城市化和农业现代化必须同时发展、同步发展、同样发展。

中外大量实践证明，用现代化的技术和手段改造提升传统农业，农业在一个地方经济社会发展中完全可以起到引领的作用。例如，凡是农产品加工业比较发达的地方，那里的经济社会发展就比较繁荣，二产、三产就比较发达，农民的非农就业率就高；凡是农业现代科技、现代设施、现代管理深入推广的地方，那里的农业产出率就高，综合效益就好；凡是农民专业合作组织数量多体量大的地方，那里的农民组织化程度就高，合作意识就强，民主氛围就浓；凡是农业社会化服务体系比较健全的地方，那里的社会化分工就细，专业化程度就高，劳动生产率就高，市场化程度就高。许多实例表明，一个地方的农业一旦站到引领的位置上，那里的城市化推进就快，农民收入就高，城乡差距就小，社会和谐度就高。荷兰是世界著名低地国家，人均耕地面积仅一亩多，农业条件相对较差，但其花卉产业却成为引领全国的主导产业。20世纪90年代以来，每年以花卉为主的农产品净出口值一直保持在130多亿美元左右，约占世界农产品贸易市场份额的10%，居世界第3位。整个花卉业提供了57 000个全日工作岗位，同时还为供应公司制造了15 000个全日工作岗位。我国的山东寿光，自20世纪80年代以来，选准蔬菜作为带动农民增收的主导产业常抓不懈，目前年产蔬菜400万吨，拥有全国最大的农产品物流园，产品除销往全国各地外，还出口至日、韩等数十个国家和地区，成为国家级"出口食品农产品质量安全示范区"，是著名的"中国蔬菜之乡"。2011年，实现财政总收入69.2亿元，其中地方财政收入41.6亿元，农民人均纯收入保守估算达1万多元。这样的例子在全国各地比比皆是，玉米之于吉林、棉花之于新疆、双汇之于河南，都已成为引领当地的主导产业。

在现实生活中，一些人对农业的"引领性"认识不足，很大程度上源自厌农情绪的发酵，在一些人的观念中，并不认为农业现代化是现代化的重要组成部分，而是觉得离农越远离现代化就越近，只有去掉"农"字，才能显出现代性。招商引资，认为只有那些与农不沾边的项目才算工业，以农产品为原料的加工业似乎不算工业；发展三产，认为只有那些为城市为工业服务的服务业才算服务业，为农业、农村、农民服务的服务业似乎就不算服务业。社会必须走出这一误区，重新审视现代农业的内涵及其与二三产业的关系。

二、重新解释自身

在工业化、城市化背景下，今日之农业早已不是昔日之农业，其战略地位更高，与经济社会的关联度更强，多功能性更加凸显。

首先，粮食已经成为发达国家的战略武器。基辛格于20世纪70年代就曾预言：谁控制了石油，谁就控制了所有国家；谁控制了货币，谁就控制了世界；谁控制了粮食，谁就控制了世界上所有的人。把粮食作为战略性武器，历史上早有先例。春秋末年，吴越争霸期间，越王勾践把种子煮熟了，贡给吴国。吴国种上越国的假种子后，第二年颗粒无收。军粮供给无望。在那个兵马未动粮草先行的冷兵器时代，战争未起败局已定。在人要吃粮食、动物要吃粮食、机器也要吃粮食的今天，粮食已不是一种普通的商品，它已成为一种最具杀伤力的武器。

二战以后，西方国家正是根据基辛格的"粮食武器论"，制定了"粮食武器化"战略，在多个方面做了充分准备。世界 220 多个国家和地区，粮食能够自给的不足一半，大部分发展中国家都需要从国外进口粮食。美国作为农业大国，是世界上最大的粮食出口国，有着百年历史的世界 ABCD 四大粮商前三大都在美国，最先进的以转基因技术为代表的生物技术也在美国。目前，世界粮食贸易量的 80％被四大粮商控制，他们凭借雄厚的资本和百年经验，已经完成对上游原料、期货，中游生产加工及品牌，下游渠道供应的绝对控制权。发展中国家谁不听话，就不给饭吃，以此巩固世界霸权地位。现在，美国农业部已分别在北京、上海、广州、成都、沈阳等地设立多个农业贸易处。孟山都、杜邦等一些经营农产品的跨国公司也在加紧步伐攻城略地，抢占中国农产品市场。如果我们还不警醒，依然奉行亲工业远农业，亲市民远农民，亲城市远农村的思路，中国人当"粮奴"的时间可能为期不远。作为最原始、最传统的农产品，一旦被"武器化"，它将成为最先进的现代武器，攻无不克。没有哪种武器比粮食更具杀伤力。有专家预言，在 21世纪第二个十年，农业将成为国际竞争的最终竞技场。不难看出，人类社会的竞争，最终又回到了农业这个维持基本生存的原点。

其次，中国农业的现状不容乐观。我国现有 18.2 亿亩耕地，要满足目前全社会对农产品的消费，需要 35 亿亩农作物播种面积，而我们加上复种面积只有 25 亿亩，每年需要进口相当于 10 亿亩土地生产的农产品，中国粮食九连增，中国粮食进口也是九连增。世行测算，中国的粮食自给率应保持在 95％以上，而 2011 年已跌破 90％，进口量占

10.8%。目前的现实是，两大资源约束使中国粮食总产短期内很难有大的增长。一是耕地趋紧。随着城市化的扩张，耕地正加速减少。改革开放以来，全国耕地锐减 3 亿亩，差不多一年减少 1 000 万亩。近年来，虽然有占补平衡政策，但实际耕地还在减少是不争的事实。如此下去，18 亿亩红线岌岌可危；二是水资源奇缺。我国是世界上 13 个贫水国之一，人均淡水资源仅为世界平均水平的 27%，与此同时，我国农业用水的有效利用率仅为 40% 左右，远低于欧洲发达国家 70%～80% 的水平。另外，水资源和耕地的时空分布也是呈严重错位状态：有水的地方往往地少，有地的地方往往水少，长江以南水资源占 81%，但耕地只占 36%。而且，从宋代开始，中国就是南粮北运，近十几年却来个大反转，北粮南运。全国吃粮靠缺水的北方供给，南方水多不种粮，广东粮食自给率不足 30%，福建、浙江不足 40%。目前，全国每年的农业用水量约占全社会总用水量的 60%～70%，华北平原每年的农业用水约占地下水开采量的 70%。超采地下水，导致地下水位迅速下降，华北平原已成为世界上最大的地下水"漏斗区"。生产 1 斤小麦需要 1 000 斤水，生产 1 斤水稻需要 1 500 斤水，这是刚性的自然需求。

在财富的创造已经由"土地时代""设施时代"跃进到"科技时代"的今天，正像舒尔茨在《改造传统农业》一书的开篇所言：一个像其祖辈那样耕作的人，无论土地多么肥沃或如何辛勤劳动，也无法生产出大量食物。从科技方面看，我国 2011 年农业科技进步对农业增长的贡献率只有 53.5%，发达国家都在 70%～80%，农业耕种收综合机械化水平 2011 年我国为 54.5%，发达国家几乎达到百分之百。今天的中国，过去种粮的也变成吃粮的了，过去吃粮的又变成吃肉的了。人们的食物结构也由过去的 8∶1∶1 变成今天的 4∶3∶3，而肉蛋奶都需要粮食转化。

中国是一个农业大国，但还远远不是农业强国。中科院发布的《中国现代化报告 2012：农业现代化研究》指出，农业劳动生产率，美国是中国的 90 多倍，日本和法国是中国的 100 多倍，巴西都比中国高。中国农业大概落后于英国 150 年、落后于美国 108 年，落后于日本、法国都在百年以上。

最后，现代农业具有多种功能。农业不仅能够保障粮食供给，提供多种农副产品，促进农民就业增收，而且还具有推进工业化进程、缓解能源危机、推动以生物质产业为主导的产业革命、保护生态环境、传承历史文化等多种功能。一是日益强化的食物保障功能。解决好吃饭问题始终是农业最重要、最基本的任务。随着人口增加和生活改善，对食物数量的需求持续增长，对品种的要求不断增多，对质量的追求日益提高，既要吃饱又要吃好，更要吃出营养和健康，农业的食物保障功能日益强化。二是前景广阔的原料供给功能。从目前来看，世界粮食总量供给人吃的还不到一半，大部分用于了动物饲料和工业原料，尤其是能源。汽车加满一箱燃料乙醇，需要200千克玉米才能生产出来，差不多是一个人一年的口粮。今天的生产生活用具，小到牙具、板凳，大到汽车、飞机零部件，都可以用粮食生产。三是不断拓展的就业收入功能。在新的发展阶段，农业产业链条正从一产向二三产业延伸，就业空间大大拓展，农民收入大大增加；科技、资本、土地等要素投入的集约化，使农业收入增长方式转变、可持续性增强；农业产业体系逐步健全，农业就业渠道不断拓展；城乡、工农之间交融联动发展，为农业就业和收入增长增添新的动力。四是修复环境的生态保育功能。农业是自然再生产和经济再生产相互交织的产业，这是农业区别于其他产业的本质特征。而二三产业对环境破坏显而易见，只有作为第一产业的农业才具有对被破坏的环境予以修复和对尚未破坏的环境予以保育的独特功能。五是正在崛起的旅游休闲功能。随着人们消费水平的提高、消费观念的改变，导致需求层次逐渐升级，促进农业旅游休闲功能凸显；随着城市化的负面影响加剧，城市居民普遍追求"返璞归真""体验自然"，推动农业旅游休闲功能凸显；随着现代农业的迅猛发展，使得社会生产效率快速提高，人们的闲暇时间大量增多，支撑农业旅游休闲观光功能凸显。六是承先启后的文化传承功能。中华民族有着灿烂辉煌的文明史，源远流长的农业文化是其重要基础和内核。包括作物文化的传承、农业技术的传承、经营模式的传承、农业哲学的传承、农业制度的传承、重农思

问道乡村文化……

109

想的传承、村落家族文化的传承、民俗文化的传承、田园文学的传承、中医药文化的传承。现代农业对于高科技等的传承更胜于传统农业。

三、重新谋划自身

农虽旧业，其命维新，彰显农业文明的现代尊严，农业自身既要立足于基础地位，又要站在"引领"的高度上重新谋划自身。只有"苟日新，日日新，又日新"，才能脱胎换骨，在创新中领先，与工业文明、城市文明并辔而行，三驾马车各司其职，各领风骚，共同拉动经济社会的发展。

一要不断吸纳工业文明的理念。传统农业只在一产上做文章，现代农业早已打破了一产的桎梏，实现了"接二连三"的华丽转身。现代农业是一个一二三产联动，上中下游一体，产供销加互促的完整产业体系，在一产的基础上融入了二产三产，建构一条包含一二三产的完整产业链。也就是说，既要用现代技术、现代管理、现代设备改造提升传统农业，又要发展以农产品为原料的加工业，更要发展为农业服务的服务业，构建成新的产业体系。比如很多地方利用农业农村的资源，发展旅游、休闲、观光、体验农业，像东莞的"绝色世界"、杨凌的农科园、深圳的光明农场等。当前我国尤其需要着力开发农产品精深加工和农业服务业。以农产品为原料的加工业前景广阔，农业的高附加值都蕴含在后续的精深加工之中，且不说供应人们食用的产品需要精深加工，而以粮食为原料的工业产品开发更是没有止境，美国已经研发出用玉米可生产 2 000 多种产品的新技术。为农业服务的服务业发展前景更是惊人，美国农民只占总人口的3％左右，而为农业服务的服务业却占总人口的17％左右。可见我国在这两大产业中蕴藏的潜力巨大。

二要理清"三农"之间的关系。农民是农业的主体，农村是农业的载体。也就是说，谁来建设现代农业？必须是农民；在哪儿建？只能在农村。农业要按照现代产业体系谋划自身，必须解决好两个问题：一是培育现代农民，二是建设现代农村。农业现代化与现代农业含义是大不一样的。二者都体现了现代性，但一个"化"字使其内涵更丰富，意义更深广，农业现代化不光要实现现代农业的经济目标，还要实现农业自身在经济社会发展过程中必须承担的社会目标、政治目标、文化目标和生态目标。简言之，就是农业现代化不光要建成现代农业，还要实现它的主体的现代化和载体的现代化，即要实现农民的现代化和农村的现代化。首先，要培育现代农民，这是农业现代化的主体力量。目前全国农村有 5 亿多劳动力，平均受教育时间只有 7 年多，还有 1 亿多初中生不能上高中就直接走向社会。九年义务教育难以满足农业现代化的需要，现代农民没有高中以上的水平很难适应。同时，全国调查只有 7% 的农民工有回乡种地的想法，百分之九十几都不想回去，因此，培养出一支稳定的高素质农民队伍，才是中国未来农业发展的根本出路。当务之急，应引导农民在职业的选择上做出理性判断，一是让农民不当农民，从一产走入二产三产，从田间走向车间，从田头走向码头，从乡村走进城市，如果他们能在城里拥有稳定职业、稳定收入，那是最理想的选择；二是让农民当好农民，不能在城市立足的，就回来种好地，把务农作为终生的职业追求，当个职业化的农民，这应是当前很多农民的现实选择。且不论其他条件限制，一套住房少则几十万，多则几百万，他们何时能挣到一套房钱；三是让农民兼当农民，一些地少且有一技之长的农民可以在家一边种地一边搞副业，或者在家乡就近打工。其次要建设现代农村，这是农业现代化的载体平台。中央已经为社会主义新农村绘就了"生产发展、生活宽裕、乡风文明、村容整洁、管理民主"五句话的总体蓝图，农业现代化必须在这样的载体平台上才能建成。农村应向社区化、城镇化发展，农村的基础设施、公共服务、社会管理等许多方面都应学习城市的现代理念，建设具有现代意识的新农村。但推进农村现代化不等于农村城市化，不是像有些人想象的，把农村都变成和城市一样。城市和农村就像夫妻关系，有男有女，性别有分工，如果建得完全一样就变味了。农村和城市各自有各自的功能，农村只不过是学习借鉴城市的先进管理方式、配套公共服务和良好基础设施。现代化的农村也还是农村，农村的生态、生产、生活都有自己的特点。一旦失去"乡土味"，农业现代化就没了载体。

总之，没有农民的现代化和农村的现代化就没有农业的现代化。

三要千方百计拉长产业链，努力构建从生产起点到消费终端的产业链条。正如马克思提出的那样，农业一定要变成有价值的代换，农业发展不仅仅停留在高产、高效，重要的还要高值。这就要求尽可能多地延长农业产业链。一个完整的产业链通常包括制造、产品设计、原材料采购、订单规划、商品运输、产品零售等诸多环节。其中制造环节附加值最低。中国作为"世界工厂"主要从事的是产业链最低端的制造业，生产8亿条裤子才能换回一架空客A380飞机。农业产业链条也同样包含这些环节。要获得更高的农业效益，除了生产种植，更要获取设计、包装、加工、仓储、运输、销售等后续产业链条中的高附加值，这样才能把"黄豆做成肉价"。山西省五寨县是一个传统农业大县，该县围绕马铃薯种植，在延长产业链上做文章，通过龙头企业带动，年加工马铃薯量达10万吨，并催生了县域内良种应用、植保、农机、服务、运输等相关产业的发展，使五寨变"大粮仓"为"大厨房"。上海崇明岛前卫村，只有五千亩地，以生态农业为核心，综合打造种植业、养殖业、农产品加工业、新能源及乡村旅游等产业，构建起完整的产业链条，村民人均年收入达到16万元之巨。

由于GDP、财政收入至上等因素的影响，中央"重中之重"的战略部署只在一些人的头脑里和实际工作中"略占"一点点位置。"战略"成"略占"，何谈有尊严！农业被搞得灰头土脸，其源盖出于此。农业文明现代尊严的重塑，固然需要农业在开拓创新中提升自身，但更需要的是全社会方方面面尤其是各级领导干部的关注、关心和关爱。

（本文原载于《中国发展观察》2012年第12期）

传统农耕文化遭遇断崖式沉没
"为往圣继绝学"成当务之急

　　宋代思想家张载"四为"说，被历代称为"窃天火，烹己肉，照人间"的历史担当，是中华民族精神的绝句、思想的坐标。"为天地立心"，即为人间社会树立起价值标杆；"为生民立命"，即为百姓找到生存与发展的道路；"为往圣继绝学"，即继承发扬过往圣人所创造的面临失传的学问；"为万世开太平"，即为子孙后代开辟祥和太平的盛世。"四为"之中，唯"为往圣继绝学"在历代学人中独树一帜，少有提及。

　　人类文明的演进主要通过人文科学的社会治理和自然科学的科技研发两条途径实现，即"道"与"器"的互动。中国人历来重"道"轻"器"，长达1 300多年的科举制度，为"器"而设者寥寥，而在"继绝学"中，不光要继"道"之绝，也要继"器"之绝。所谓"往圣"者，为"道"者是"往圣"，为"器"者同样是"往圣"，只有"道""器"并举，才能使文明薪火相传，不致中断。

　　在这个科技飞速发展、分新秒异的时代，大数据、云计算、互联网、人工智能的普及运用，使中华民族传统的农耕文化正面临香火断续的危机，耧犁水车镰刀锄、石磨碾盘杈耙锹等一大批在人动时代和畜动时代的几千年里，发挥巨大作用的农具，以及制造、使用这些农具的技艺，正被新科技全面代替，且正在散落消逝；春种夏耘秋收冬藏，一整套按四时节令行事的传统农事操作规范几近失传。"顺天时、量地利、应人心"的农业哲学思想在许多方面被现代高科技颠覆（如反季蔬菜等）。传统农耕文化正遭遇断崖式塌陷，灭顶式沉没，已经到了需要抢救性发掘、创造性继承、创新性发展的最危急关头。18世纪之前，中华民族一直是人类文明的引领者，靠的就是农耕文化的世代延续。与非洲农村的"原始型落后"不同，中国农村是相对于城市的"文明型落后"，中国的"乡村振兴"，实质是"乡村复兴"。复兴老祖宗创造的辉煌，是我们实现乡村振兴的信心之所在，力量之源泉。

研究表明，眼下我们可以看到名字的古代农业著作600多部，可以读到原著的也多达300多部。这是一笔其他任何国家和民族都无可比拟的宝贵财富。在文化传承仅限于世代实践传习和文图记载的时代，"为往圣继绝学"只能如此。今天，不论是财富积累还是科技手段都达到了一个前所未有的高度，"继绝学"的方式方法、能力路径都应超越前人。

应以实物继之。县乡两级应建立博物馆，把与农业生产和农民生活有关的特色农具及生活器具集中存放、收藏、展示。在漫长的农耕文化发展过程中，各地都有适应本地生产生活的特色传统器物，将之搜集整理集中，让子孙后代可以直观睹物，不需像无数后人极尽想象诸葛亮如何创制木牛流马、宋代人如何设计1800多个零件的织机那样揣摩猜度，其科学价值、历史价值、艺术价值可以最直接地显现。美国3亿多人口，仅有200多年历史，但却建有3万多座博物馆。中国14亿人口，煌煌五千年文明史，但却只有6000多座博物馆，即使县乡两级都建一个博物馆也仅不足4万座，这与五千年文明古国名实不副，与14亿人口的大国也极不相称。因此，不仅应推行官建，还应鼓励、提倡、支持有条件的富村及有能力的企业或个人围绕农耕文化兴建博物馆，以多种渠道和方式抢救即将湮灭的历史遗存。

应以传习继之。国家已经制定了国家、省、市、县四级非遗保护体系。非遗项目计有5大类134项，但多涉及少数民族，且零散、细碎、孤立，缺乏综合性、整体性、逻辑性的大思维。在中华民族的宏大叙事中，应突破民族、区域、行业、时空等界限，发掘对56个民族大家庭成员普遍产生影响，覆盖全域，对社会广泛适用的非遗予以整体性保护。涵盖耕地农业、草原农业和捕捞农业三大领域的中华农业文明，应是首选对象。将其整体打包，纳入非遗保护，在县乡选择一定数量的传承人，对传统农具的制作、传统农技的掌握以及诸多农耕文化要件予以传习，应是非遗保护的发展方向。这是中华民族的根脉，传承人就是守护神，唯其守护，才能活化；唯其传承，才能生生不息。今天，熟悉传统农耕文化的人大都在 60 岁以上，他们一旦作古，再无可续。

应以图文继之。几百部古代农业著作是古人以图文形式留给我们的农耕文化遗产。今天应采取最先进的现代科技手段把传统农具的制作、传统农技的操作等博大精深的农耕非遗文化制成现代版的《农政全书》、现代版的《齐民要术》、现代版的《天工开物》等，让音像图文并茂，立体动感生辉，工艺流程、精湛技法、绝妙演示，令人一睹即明。

应以申遗继之。人类历史上不少地方都曾燃起过古代文明的火炬，但都相继熄灭，唯有中华文明长盛不衰。这一世界史上独特现象生成的关键在于物质基础。多元交汇，精耕细作的中国古代农业一直是世界最高水平，一系列发明创造不仅领先于世界，而且对东亚和西欧农业的发展产生过深刻影响。中国古代农业强大的生命力是中华民族、中华文化得以持续发展的深厚根基。中国已有 39 项非遗进入世界名录，但作为综合性强、覆盖面广、影响力深、历史久远、一脉相承、不曾中断的中华农耕文化理应申报世界非遗。这是保护传统文化，弘扬民族文化，增强文化自信的关键举措和重要途径，也是对世界的奉献，对历史的负责，对子孙的交代。

在人人都急着赶路的今天，在社会价值把人的一生浓缩成上学时的分数和工作后的钱数这两个数的当下，在追求时尚、追求物欲、追求高新科技的如今，"为往圣继绝学"，没有强大的政策支持、没有浓厚的社会氛围、没有一支耐得住寂寞的人才队伍，绝非易事。设计强力制度、造浓社会舆论、着力培养专才应是当务之急。

（本文原载于《中国发展观察》2018 年第 24 期）

新农村建设需要活化传统精华

　　"一去二三里，烟村四五家。楼台六七座，八九十枝花""小桥、流水、人家，青瓦、白墙、鸡鸭"，这是古人眼中的乡村美景。今人眼中的乡村美景，还要加上现代化的公共设施和公共服务，在一些人眼里，这可能就是理想中的新农村了。但金玉其外，还应秀慧其中，当下新农村建设不是盖上新房修好路，就算是现代化的新农村了，她应该具备"三美"，即生态环境美、社会和谐美、人的心灵美，各美其美，美美与共，乡村才能实现现代化的"大同"，进而推进城乡大同。硬件再美，社会离散，人心不暖，也只是徒有其表。当下亟须抓好"五个重塑"。

　　一是重塑乡情乡谊。现代社会人情关系越来越冷漠，不管是友情、亲情还是爱情，都越来越淡薄，这是一个令人忧虑的现象。人情是社会结构的黏合剂，人要是没有感情，社会就会一盘散沙。中国改革开放以来的巨大变化有很多，但是最有价值的、或者说影响最深刻的变化，就是跳出了发展关系的陷阱，摆正了人与人、人与物、人与自然的关系。在阶级斗争为纲的年代，人际关系非常紧张，现在人们才知道要以人为本，人与人之间和谐合作才能做成事。特别是今天人们的生活已经由过去生存竞争变成了利益合作，在这种背景下人们更应亲密相处。在生存条件非常恶劣的年代，物资极度匮乏，那种生存竞争是可以理解的，但到了今天物质丰腴的时代，就进入了利益合作时代，再用那种方式去竞争会两败俱伤，只有通过合作，才能利益共享。用老百姓的话说是水涨船高，大家都得利。因此，在以合作为主旋律的社会背景下，重塑人的乡情乡谊非常重要。人是感情动物，人要是没有感情就跟禽兽差不多了。对一个社会来说，没有感情的社会是危险的社会，是可怕的社会，是离散的社会。现在研究机器人都向感情方向发展，机器人的研发分三个阶段，第一个阶段是有自主意识，人让它做什么就做什么，程序是设定好的，下一步的研发就是要让它有自主意识，不是你指令它干什么就干什么，有自主意识，可以有自己的判断。第二步就是有感情意识，让机器人有感情。第三步是学习意识，有了学习意识，通过大数据、云计算，海量的数据过目不忘且瞬间能算出结果。人是无法控制的，好在人有个最基本的能力——断电。我国机器人研发的目标是尽快要参加高考，水平要达到一本，这基本上就有了自主意识，下一步不光阿尔法狗会下围棋，2020年还要达到能考取北大清华的水平。今天面对这样一个形势，乡村社会的乡情乡谊必须重塑，否则在社会化分工越来越细，每个人所从事工作的价值比重越来越小的情势下，社会结构的离散将危及每个人的生存与发展。乡村社会是一个熟人社会，和城市不一样。乡村社会世世代代聚族而居，祖传下来的熟人关系，熟人社会的游戏规则，就是通过感情连接起来的，近现代以来大学西方，想什么都靠契约，契约虽好，但是中国社会和西方不一样，西方是移民社会，大家来自东西南北，陌生人社会需要契约，中国熟人社会长期积累的诚信体系，可以解决许多问题，如果我们不把这个优质资源用好的话，一味地学西方，父母到孩子家吃个饭，吃完饭还要算账，要付多少钱，那就没有一点人情味了。当然熟人社会也有他的不足，打官司没有依据，签订合同就有依据了，我们一些商业活动可以借鉴，但人与人相处的时候，友情不是金钱能代替的，必须把这个弄清楚。现在社会发生扭曲，有个顺口溜：男人女人化，女人小孩化，小孩宠物化，宠物贵族化，贵族没文化，文化商业化，最后还是钱在起作用，人一辈子基本被浓缩为两个数，上学时看你的分数考得怎样，长大后看你挣的钱有多少。一生被浓缩成这两个数是很可悲的，如果我们学习数学就为了数钱，学习语文就为了认字，那人类文明就倒退了。现在社会用作家蒋子龙的话说是精变的时代，"精变"就是人心变得十分活泛，守不住传统的东西了，初心被改了。因此，"精变"时代应该是气沉丹田，守住初心，不要因为那些不好的诱惑就随波逐流。千万不要在"精变"时代把自己变没了，把人与人之间的感情变没了。时下最吸引人们眼球的两个核心论点就是：一个小目标和一个大错误。"小目标"就是1个亿，700多万大学毕业生如果都设定这样的小目标，那还得了？缩小100倍，100万的目标也不得了啊。一个"大错误"就是马云说的，他这一生最大的错误就是创办了阿里巴巴，全国人都犯这样的大错误中国就牛死了。这是"牛"人的话，普通人还是应该学一学曾国藩的名言：未来不迎，当下不杂，过往不恋。未来怎样我不去多想，过去的事情我也不再留恋，只是一心一意做好当下的事情。这就是要用我们现在提倡的工匠精神一步一个脚印地走好属于自己的路。这样才能在"精变"时代守住传统、守住初心、守住人情。但重塑乡情乡谊应把握好关键，拿捏住分寸，即在情感交往中不要用商业的那一套去对待，在商业活动中也尽量避免情感的干扰。

二是重塑家园红利。所谓家园红利就是一个熟人社会长期积淀的福利，你在一个地方长期生活，经过世世代代的积累，这种福利随时可以支取，不要任何条件，不需支付任何代价。比如资源配置，比如应急事务的处置，邻里互助，矛盾的调解等。资源配置，借钱就是资源配置，在陌生人社会跟谁借钱？银行贷款不光成本很大，还要耗费很多时间，但是在熟人社会，什么都不需要，不需要借条，也不需要考察，更不需要抵押，想都不要想，就可以把钱或物借去一用，这就是红利。还有像应急事务的处理，失火，全村人都去救火，不讲报酬不计代价，都是自觉自愿自发的。农村晒粮食，中午正吃饭时突然赶上大雨，全村人丢下饭碗就去抢收，这只能是乡村熟人社会里才有的事，这就是家园红利。有个例子很典型，有位妇女一个人带着两个孩子，公公婆婆还有病，生活极端困难，不小心骑自行车把一位老人碰倒了，送医院，妇女自责，一定要付医药费，老人家里人知道她家困难，就不要她付医药费，互相争执不下，全村人都来说，"不用付医药费，有空去多看看老人就行了"这在陌生人社会是要上法庭打官司争取赔偿的，但在熟人社会里却倒过来礼让，这就是家园红利。因为这种长期积累的社会关系使得很多矛盾更容易化解。再如邻里互助，大人不在家，孩子没吃饭，邻居马上就端饭过来，这种互助在城市陌生人社会里很难发生，住了多年的对门邻居互不讲话司空见惯。家园红利有很强的向心力、很强的归属感，为什么说故土难离，就是家园红利的向心力、归属感、凝聚力在起作用。今天社会变形了，形成了一个互伤链，你在我鸭蛋里加苏丹红，我在你牛奶里加三聚氰胺，大家互相伤害，在伤害的过程中都挣到钱了，大家都很高兴，但是社会道德沦丧，良心没了。今天的社会危机就在于：敬畏感缺失，羞耻感淡薄，价值观混乱，潜规则盛行，在这样的背景下，家园红利在急剧下跌。农村新社区建设，必须摒弃城市陌生人社会的恶习，重新培植家园红利。不然社会将逐渐分裂，凝聚力、吸引力、归属感，都没有了，谁还会爱那片社区？谁还会积极参与建设那片社区？今天就要有意识地对社区成员进行责任义务的教育。爱国首先要爱家，不爱家，谈不上爱国，热爱家乡的人才会去建设家乡。如果人人都爱故乡，那么国家就是天堂。今天新社区建设要提高社区的向心力、凝聚力、归属感，自然生成的家园红利就会帮你解决许许多多的问题，我们如果是光靠法律处理乡村矛盾，解决乡村问题，一个村设一个法庭，天天开庭，你都解决不完。许多农村的事都是靠内部的机制来处理的。乡规民约从宋代就形成了，蓝田乡约非常有名，就是解决这些问题的典范。历朝历代皇权不下县，下了县，政府的包袱越背越重，化解不了，农村的许多事只能靠它自身、自我消化。今天我们要好好发育社会组织，让百姓自己管理自己的事务，靠家园红利的累积化解矛盾，增进互信，提高社会的融合度，增强社区的归属感。家园红利可以让社区成员不致因外部更优越的条件诱惑而抛弃社区。

　　三是重塑原乡世家。很少有人知道中国还有一个节日，六月六是晒谱节，这天要晒家谱，把残缺的进行补录，字迹不清楚的用笔再描描。原乡世家是指那些原乡大姓、名门望族。在西方，贵族谱系能够比较完整地延续下来。西方社会改朝换代，不光不会赶尽杀绝前朝遗老，原来的贵族待遇也不会改变，国家照样供给，因此，谱系很完整。名门望族

问道乡村文化……

世家大姓是一个地方的群体形象，很多名人都是从世家大姓出来的，因为他有优秀传世的家风家教家训。这些世家大族不仅影响他本族的人，对当地社会四方乡邻都产生非常大的影响，都以他为标杆，是当地人的骄傲。世家望族不是简单生成的，俗话说，三代才能出一个贵族，世家望族家风的养成，家训的锤炼，家教的素养，都是靠多少代的积累。过去我们把贵族精神理解错了，首先把它的对立项找错了，定为平民百姓，实际上贵族精神的对立项是流氓痞子。贵族精神不专属于贵族阶层，百姓通过自身的修养，照样可以具有贵族精神，成为"精神贵族"。它的基本特点可概括为"三自一担当"。三自，首先是自尊，贵族阶层的人非常自尊，任何情况下都要保持尊严；二是自明，时刻清醒自己的角色，不断学习、不断进取，用现在的话说就是与时俱进，不断丰富自己的精神世界，这样才能跟上时代；三是自由，精神上非常自由，天马行空、灵魂自由。一担当，是担当社会责任。举个数字，英国参加两次世界大战 600 多万人，死亡率 20%。伊顿公学是贵族子弟学校，出来都是军官，战争中的死亡率在 40% 以上。按说军官可以不上前线，但他们把贵族的荣誉看得比生命都重要，他们的社会担当责任感很强。我们通常理解贵族精神是吃喝玩乐，花花公子，实则恰恰相反，真正具有贵族精神的人并不追求奢华、炫耀名牌，很多人都理解错了。有人说贵族精神有三大支柱，一是文化教养，二是社会担当，三是精神自由。我概括为"三自一担当"。就一个国家一个民族而言，家庭的集合就是家族，家族的集合就是民族，民族的集合就是国家，这是一个环环紧扣的生态链。构成一部完整的民族史或者国家史，必须有四大部分组成，国有史，国家要有史；方有志，地方上要有志，省志、市志、县志、乡志、村志，中国最有名的村志是安徽池州杏花村志，这是唯一被选入《四库全书》的村志；族有谱，家族要有家谱，这是一个国家一个民族反映历史的重要一环；家有信，即家庭成员之间或与亲戚朋友的书信来往。法布尔有段名言："历史赞美把人们引向死亡的战场，却不屑于讲述人们赖以生存的麦田，历史清楚地知道皇帝私生子的名字，却不告诉我们麦子是从哪里来的，这正是人类的愚蠢之处。"家书的往来是最能反映社会底层生活和社会的真实面貌，都是生活的细节。原乡世家没有放到应有的位置，主要是因为近现代以来反封建反宗法反过了头，对其精华也反掉了，好的家书家训家教再传多少年都是治家做人的精品，正能量要继续发扬光大，不能只看到其负面因素，把孩子和洗澡水都一起倒掉。

四是重塑耕读传家传统。古代皇权不下县，县以下依靠乡绅治理。乡绅在中国社会是一个特殊阶层，非官非民，介于二者之间。宋代开始礼下庶人，缙绅阶层的称谓从那时开始，明代知识分子入仕途很难，一部分人就选择不当官回到家乡，发挥自己的才能，寻找实现自我价值的路径，还有许多退休归隐的官员也回到家乡定居，他们共同组成了这个群体。士绅阶层在明代被正式确认，明世宗时期明确这一阶层。这个阶层虽然是处于非官非民的尴尬境地，但是作用是相当大的，对于乡村基础教育的构建，乡村道德价值的导向，传统文化的传承，社会治安的管理，包括资源配置、社会矛盾的调处、乡规民约的完善等，特别是在战乱年代或者是郡县势力弱的地区，这些人起到稳定器的作用，社会秩序主要由这个阶层来维持，没有他们社会就乱了。费孝通在《乡土中国》中有一段话是：从基层看，中国社会是乡土性的，乡贤文化就是维系着庞大的中国社会正常运转几千年的一个基层力量。但是近现代，特别是城乡二元制度实施以来，农村精英都是单向道地流向城市，干部退休在城里，经商的人也在城市里，精英全都留在城里。今天应该把单向道的精英流失这种格局加以改变，采取一些措施，鼓励退休干部包括工人、经商的人到农村去建设家乡，掀起一场"新下乡运动"。中电集团总工程师到山西去做第一书记，厅级领导当村主任，在当地的影响非同一般。有的人从走出乡村的那一刻，就成为当地的标杆，若要回到乡村去，标杆的价值更大，方方面面都会起到导向性的作用，今天我们应该利用他们的价值标杆引导乡村文明建设和经济社会发展，这是一个潜力巨大的尚待开发的资源。

五是重塑乡村价值。五十多年的城乡二元制度把农村搞得灰头土脸，整个社会一提农村就不屑一顾，全社会都认为农业文明是最落后、

问道乡村文化……

121

最腐朽、最该被抛弃的文明，现在应该是工业文明、城市文明时代。然而，没有农业文明，工业文明就是空中楼阁，没有农业文明，城市文明也起不来。城乡关系就像夫妻关系，各有分工各有职责，缺谁都不行。如今社会对农的歧视导致人们厌农弃农，现在有个说法，"70后不愿种地，80后不会种地，90后不提种地"，"三农"问题在这样的背景下解决起来越来越难。今天必须重振农业文明的雄风，全社会都要认识到，农业文明、工业文明、城市文明都是人类文明的一种形态，这三个文明必须并驾齐驱，缺一不可。今天要重新审视乡村的价值，一是乡村是人类生存的基本依托。我们吃的东西都是从乡村来的，人的第一需求是吃，过去是吃饱吃好，现在还要吃得营养、吃出健康，今天农业的食物保障功能比以往任何时候都重要。二是乡村是中华文化的源头，人类文明的源头都在乡村。我们不能光想从乡村获取物质上的需求，文化上的营养也要注意从源头上去汲取，不懂得乡村文化的传承，是一件十分悲哀的事情。农业文明的文化积累是相当丰富的，农作物文化，农业技术文化，社会管理制度，土地税收，风土人情风俗习惯，包括人类文明的黄金定律"天时地利人和"，这是世界公认的中国劳动人民创造的农业哲学思想，是放之四海而皆准的真理，称之为人类文明的黄金定律毫不夸张。这都是农民从实践中总结出来的，是世界独一无二的。三是乡村是中国人的情感寄托。城里人三代之前都是来自农村，在农村生活过的人都留下一份感情，下乡知青返城后会组团回农村去看，都是对乡愁的追寻。四是乡村是生态环境的保育者，特别是今天城市病越来越重，人们才醒悟过来，原来乡村最适宜人们生活。逆城市化已经成为一个潮流，欧盟在农村居住的人已占58%，居住在乡村，工作在城市，这是世界性的潮流。中国2015年乡村游22亿人次，而2014年只有12亿人次，一年暴涨10亿人次，专家预测到2020年可能达到60亿人次，这是一个庞大的市场。乡村游之所以这样发展有六大动力，即收入的提高、生活方式的改变、闲暇时间的增多、交通通信的改变、城市病的剧增、盛世乡愁的呼唤。要看到乡村的价值，一定要明白绿水青山就是金山银山，保护好乡村环境，保护好乡村的生态。全社会要重新看待乡村，把乡村的价值宣传透，让全社会明白，没有了乡村，人类文明就无法延续下去，是农业文明、工业文明、城市文明共同构成了人类文明的载体，缺一不可。

（本文是根据作者在中国社区发展协会年会上的演讲整理而成，
原载于《中国发展观察》2016 年第 21 期）

重建生态道德

　　天育物有时，地生财有限，道法自然，天人合一，这是古人朴素的生态道德观。《尚书·舜典》记载，上古时代舜就设置了一个管理山林川泽草木的官职叫虞，做这个官位的人叫伯益。到夏朝时，就有了"春三月，山林不登斧斤，以成草木之长；夏三月，川泽不入网罟，以成鱼鳖之长"的道德倡导。一个社会的文明靠的是两大要件支撑：法律和道德。法律是他律，道德是自律。道德存于内心，指导行为，它体现的是伦理关系，是价值判断，道德的生成来自修养、信念和规范。

　　人类社会已经经历了三大文明形态，一是上百万年的原始文明，二是上万年的农业文明，三是三百年的工业文明。今天正在向第四文明形态过渡，即生态文明。所谓生态，就是自然界一切生物的生存状态，以及它们之间和与环境之间相互依存的关系。生态文明是生态学与哲学的有机融合，是一种适应时代要求的价值判断和是非标准。它以人与自然和谐共生为宗旨，以资源环境承载为基础，以遵循自然规律、克服粗放型发展方式和不合理消费方式为准则，以构建一个健康的产业结构、生产方式、生活方式和培植可持续发展能力为着力点，打造一个资源节约型、环境友好型社会。

　　生态文明逆生于生态的不文明。自从工业文明发轫以来，人类被迅猛发展的科技冲昏了头脑，改造自然、人定胜天、驾驭规律等超越自然法则的理念层出不穷、高潮迭起。人是自然的主宰，是工业文明的核心理念。在这种观念的引导下，人类自我膨胀，贪欲泛滥，资源消耗毫无节制，环境污染毫无顾忌，地球已经不堪重负，人类也灾难迭起。圣雄甘地对此早有警示：地球提供给我们的物质财富足以满足每个人的需求，但无法满足每个人的贪欲。正所谓"竭泽而渔，岂不获得？而明年无鱼；焚薮而田，岂不获得？而明年无兽"。

中国改革开放以来，取得的巨大成就数不胜数，但最重要的成就就是走出了人与人、人与物和人与自然关系的陷阱，从见人就批到以人为本，从人定胜天到与自然和谐相处，逐渐清醒地认识到，人不是自然的主宰，只是自然的一员，规律只能认识，不能违背。由此，出台了古今中外最严厉的生态环境保护制度，责任终身追究，筑起一道壁垒森严的屏障。

制度是写在纸上的硬措施，道德则是刻在心中的软约束。生态文明社会所要倡导的生态道德是一种全新的道德观和道德范式，它不仅要求人对人的社会行为，而且要求人对自然环境的行为都要受到伦理评价，接受自我良心的审判。尊重生命和自然界是生态伦理学的命令性原则，不损害生命和自然界是生态伦理学的禁止性原则。在生态文明时代，生态道德水平高低是衡量一个国家、一个民族文明程度的重要标志，也是衡量一个人综合素质的重要尺度。在"人是自然的主宰"这一工业文明理念仍然占据重要位置的背景下，仅靠法律和制度的硬约束，缺乏"发乎情止乎礼"的道德修养，是很难建成生态文明社会的。因此，培养善德善行的生态美德，激发社会成员对自然的热爱、尊重和感恩是当务之急。长期以来，社会倡导和奉行的道德哲学就是人类中心主义，今天务必要超越这种传统价值观，树立在热爱自然、尊重生命、优化环境、健康发展的基础上，保障人类的发展和幸福的新理念。

所谓热爱自然就是要经常投身自然、拥抱自然、融入自然，尤其在城镇化高潮中，"宅男""宅女"不问五谷、乡村孩子城里借读现象愈演愈烈的现实情况下，培养人们对大自然的感情十分必要。

日本在城市建了几千个市民农园就是为了让市民有机会多接触自然。唯有接触才能了解，唯有了解才能热爱，唯有热爱才有感情，才能认识把握其规律，从而不做或少做违背规律的荒唐事。所谓尊重生命，就是面对每时每刻地球上都有许多物种灭绝的现实，每个人都必须树立保护物种多样性的强烈意识，尤其那些非国保类动物不食的"吃货"，更应扪心自问。所谓优化环境，既要对现实环境实施严格保护，又要对已被破坏的环境予以修复，给自然休养生息留下足够的时间和空间，使生态环境逐步得以恢复。所谓健康发展，即未来发展过程中，不论上任何项目，搞任何建设，都必须以生态文明为前提，这是不可逾越的红线。

生态道德建设不仅是一项复杂的系统工程，而且需要潜移默化、润物无声地深入人心，变成每个社会成员的自觉行动。它能否转化为社会成员的风俗习惯和道德实践，除了看我们设计的标准规范能否反映人与自然伦理关系的本质，能否体现事物发展的规律性、必然性，还要看道德的教化能在多大范围、何种程度上为社会成员所接受、信奉和遵循。生态道德的重建必须在教化的深度和广度上长期坚持，持之以恒地进学校、进课堂、进村户、进一切能够进入的媒体，形成浓厚的社会氛围。只有坚持不懈地努力，才能让每个社会成员入脑入心，变成自我约束的道德意识，指导自己的行为。习近平总书记"绿水青山就是金山银山"的"两山"理论，已经家喻户晓，妇孺能诵，但要真正变成人人都能自觉践行的道德约束，仍需假以时日。

到 2020 年脱贫攻坚结束，我们可以骄傲地向世界宣布，在中华民族五千年文明史上，我们是摆脱贫困的第一代！但还应清醒认识到，生态文明建设刻不容缓，如果等到地球上剩下的最后一滴水就是人类眼泪的时候，我们就没有眼泪了！

乡村振兴与乡村文化建设

就乡村振兴而言，中国的乡村和非洲的乡村不同，中国的乡村属于文明型落后，而非洲的乡村是原始型落后，他们从来就没有发达过。中国在 18 世纪以前一直是人类文明的引领者，全世界没有哪个国家、哪个民族几千年来一直引领人类，只有中国。我们的老祖宗在农业文明时代创造了人类的辉煌，现在我国可以看到名字的农业著作有 600 多部、可以读到的原著有 300 多部，我们创造了许多诸如农耕技术、农耕制度和乡村社会治理等方方面面农耕文明中的精华。我国的二十四节气已经被联合国列入非物质文化遗产，国外有专家称，这是人类的第五大发明，西方人一年只过春夏秋冬四季，我们的祖先在长期的生活实践中总结出来的二十四节气是非常伟大的。还有全世界公认的由中国农民创造的农业哲学思想"天时、地利、人和"，算是最高境界了。不仅农业，方方面面不符合这六个字都很难做成，所以其被认为是放之四海而皆准的人类文明的黄金定律。这些辉煌的文化成果是非常多的，可以说是人类历史上没有哪个国家哪个民族能比的。今天我们的乡村振兴，有这样的文明积淀、有深厚的实践基础，只要制度设计对路，乡村振兴就不难实现。

当前，我们的乡村文化面临的背景特征有以下四个方面：

一是物欲横流下的文化衰落。社会上有些人看来，人的一生基本被浓缩成两个数，上学时的"分数"和工作后的"钱数"。人的一生不看文化修养，而是被简单的价值观浓缩成两个数，这是很悲哀的事情。前几年有一个流行的顺口溜，叫"男人女人化，女人小孩化，小孩宠物化，宠物土豪化，土豪没文化，文化商业化"。文化可以做成产业，但不是什么都可以商业化的，文化一旦做成交易，那就失去了文化本身的意义。我们现实生活中追求物质而忽略文化的现象非常普遍，有一个说法是"大学里只见大楼，不见大师；社会上只见富豪，不见文豪；学术界只见高塔，不见象牙"，虽然有点偏激，但说明我们过分追求物质而忽略文化修养已十分严重。文化是一个长期积淀的过程，不是一朝一夕就能养成的。在这样的背景下，金钱一旦"说话"，真理就会"趴下"，文化更会"趴下"。若是钱能买到一切，那社会就会走向衰败。所以，今天我们必须创造这样一个环境和氛围：让有钱人读书，让读书人有钱。一方面有钱人会追求精神意义方面的东西，另一方面让知识改变命运创造财富，这应永远是真理。创造这样的社会氛围，我们的社会才会文明和健康地持续发展。

二是粗线条历史的遗憾。我们所看到的历史都是粗线条的，比如《二十四史》《二十五史》等记录的都是一场战争接着另一场战争，这个王朝推翻那个王朝，都是改朝换代，对于关乎人们生活的微观世界很少记录。法国著名科学家法布尔有句名言，"历史赞美把人们引向死亡的战场，却不屑于讲述使人们赖以生存的农田；历史清楚知道皇帝私生子的名字，却不能告诉我们麦子是从哪里来的。这就是人类的愚蠢之处"，就是说关乎人们的微观生活历史上很少记录，这是人类历史的悲哀，今天我们不能让这样的愚蠢再继续下去。大历史记录的是那些战争等大事件，小历史要由我们把它做起来，微观世界、真实世界、关乎人类切身利益的世界，让这种文化传承下去，就应该是我们的主题。我们的许多文明都失传了，比如百年老店，中国有960多万平方公里，我们的百年老店很少，一些老店在改革开放后才得以恢复。而日本的百年老店有十多万家，千年老店有20余家，千年老店是从北宋时期开始祖祖辈辈相传一直延续至今。200年以上的老店全世界有5 000多家，而日本就有3 000多家。世界上几大经济巨头，美国以高科技制胜，中国以总量制胜，而日本是以能工巧匠制胜，第四位的德国以标准制胜，德国有十几万的工业标准是世界标准。再比如，诸葛亮的木牛流马以及宋代的织布机，宋代的织布机有 1 800 多个零件，相当精细，而这些文化都已失传，这就是历史的遗憾。这些都需要记录下来，传承文明。粗线条的历史由大历史学家、上层社会结构描述，作为下层社会结构要做好的就是把微观历史记录下来。

三是逆乡土性的乡村教育。2001 年开始教育体制改革，全国逐步推行撤点并校，从 2000 年到 2010 年的十年间，全国共撤掉了 22.94 万所农村小学，削减了 52.1%。农村初中减少 1.06 万所，减幅超过 1∶4，中国农村平均每天消失 63 所小学、30 个教学点、3 所初中。原先我国有 60 多万所农村学校，现在只有 27 万所。农村孩子面临新的上学难问题，要读书的孩子有上亿这么大一个群体，这些孩子现在分三类：留守儿童、流动儿童和流浪儿童。留守儿童在家由爷爷奶奶陪着；流动儿童跟随打工父母到城里读书；流浪儿童就是没人管的。留守儿童这么多，农村没有学校，他们就没办法上学。流动儿童一直跟随父母流动、高频率换校，怎么能学习好？《农村寄宿制学校学生发展报告》（2016）显示，农村小学生平均单程上学距离为 5.4 公里，而农村初中生平均单程上学距离为 17.5 公里，很多农村学生每天上学往返要用去 4 到 5 个小时，如果一天跑几趟，这个孩子怎么能学习好。2018 年初网络热议的"冰花男孩"，跋涉 9 里山路上学，满头都是冰花，这类现象还很多。孩子是国家的未来，也是农村的未来，更是乡村振兴的未来，这个群体受到这样的教育，未来很令人担忧，不改变，现代化就会变成一句空话。农村教育非常值得重新思考，我的建议，必须保证一个村一所学校。福建省永泰县有 78 所农村学校，有 19 所学校多少年就只有一个孩子上学，但是县里一直坚持一个孩子也要办下去。这是政府应尽的责任义务，如果做不好，就是政府的失职。义务教育就两个特征，一是免费，二是就近。在美国如果孩子不能就近上学，当地政府就会被立即告上法庭。每个村的学校，不光是学校，不光是教育，更是一个文化中心，没有这个文化中心，这个村的文化就培养不起来。美国不到 10 万人就有一所大学，3 亿多人口有 3 500 多所大学，我们 14 亿人才 2 900 多所大学，按照美国的标准，我们还得办 1 万多所大学，才赶上美国现在的大学办学水平。教育落后了还谈什么文化，还谈什么经济？所谓逆乡土性就是，小孩大多数都到城镇去读书了，本来义务教育不要钱，但是到乡镇借读每年要多花 8 000 到 1 万元，到城里借读每年多花 1 万到 2 万元，还不加陪读耽误的工钱，硬开支就是这么多。最要害的是这些孩子脱离了乡土，对乡土一无所知，这样，未来的农村依靠他们变成"一懂两爱"的干部基本不可能，逆乡土性的农村孩子的教育是一个很令人担忧的事。习近平总书记为什么对农村那么有感情那么了解，他在农村当知青生活 7 年，深入乡土社会，有深切的体会。孩子脱离了乡土社会，到镇上到城里去借读，没了乡土生活的氛围，学的都是与乡土没关系的知识，这是非常令人担忧的。所谓乡土文化，我定义为以乡为基点的活动范围和以土为基础的生存依托，从这两"基"中孕育出来的文化，就叫乡土文化。从乡土走出去的人不论生意做得多大，即使跑到全世界，但是活动的基点都是从这里出发，并且时时放不下对这片土地的牵挂，有些晚年还要回到这里。土地是乡村人生存的基本依托，没这点"土"想发展什么产业都发展不起来，所以这两点是基本核心。如果孩子们一直生活在逆乡土性的氛围之中，加上城市灯红酒绿的诱惑，谁都不愿意再回农村去，那么再想让他们参与乡村振兴建设就无从谈起。

四是后喻文化的时代冲击。美国人类学家玛格丽特·米德的著名理论，将人类文化的传承分为前喻文化、并喻文化和后喻文化。所谓前喻文化就是，在农业文明时代，文化的传承是靠祖祖辈辈的经验积累，然后向后代传承。到了工业文明时代，就是并喻时代，即同时代的经验互相传递，不需要经验积累。后喻文化，就是今天到了信息时代，特别是智能时代，文化的传承就变成后代向先代传承，年轻人的接受能力强和反应速度快，新知识马上就能接受和掌握，向先代传递，特别是在农业上，这个特点非常明显。今天我们的乡村振兴正好进入后喻文化时代，所以这个冲击是不小的，在这样的背景下培养一批新时代年轻人来从事乡村振兴工作，组建"一懂两爱"的干部队伍，还想用老一辈的经验积累是远远不能实现的。

在这样的大背景下振兴乡村，建设乡村文化，应该从这几个方面入手。

第一是兴教育。把乡村教育复兴起来，否则未来人才就是个问题。留守儿童也好，流动儿童也好，流浪儿童也好，他们急需的就是现代教育支撑，没有良好的教育就没有良好的素质，没有良好的素质就不能从事现代化的工作，没有现代化的工作就没有现代化的收入，由此就会进入恶性循环。2005年法国城市周边发生的年轻人焚烧汽车事件，起因就是进城的年轻人没有得到良好的教育，没有好的技能，就业受到阻碍，收入受到阻碍，他们对社会不满，集体向社会报复，我们应该严防这类现象。

第二是续文脉。文化的血脉要很好地传承，涉及几个方面。一个是我们乡村中世世代代累积的世家大族名门望族的家训、家风、家教，那是乡村中文化的精华。包括中纪委门户网站等很多网站前几年都在宣传世家大族好的家训、家风、家教，农村中许多名人贤达大多是从这些家族中走出来的，这些传统文化的血脉要好好地继承。再一个是培养农村精英，农村精英的培训是我们目前面临的一个重要工作，因为乡村的治理和城市不一样。国家的权力要想达到每个家庭每个人，不是那么容易实施的。为什么过去皇权不下县，由地方治理，就是在这个衔接上找一个缓冲。我们传统社会上的自治就是培育一批乡贤，国家与家庭之间有一个缓冲带，由乡贤来做好衔接，让国家意志能达到家家户户，所以乡贤这个中间环节是非常重要的。今天我们不光是文化的问题，社会治理也需要这个环节，这是历代治理成功的实践，绝大多数农村需要在这方面做好，培养一些有智慧的人共同参与村里的管理与经营。三个臭皮匠顶个诸葛亮，人多主意多智慧多，对乡村的发展有好处。特别是今天的人工智能发达，关于人工智能问题，2017年9月25日我在《北京日报》有一个整版的文章，叫《人工智能引出诸多可期可虑的社会课题》，是从未来学、社会学和发展学的角度看这个问题。人工智能发展到今天，我们许多事情都不用干了，人工智能就能代替，专家研究，到2030年世界上有35％的工作岗位将被机器人代替。那以后人还干什么呢，我的一个观点是，资产阶级革命产生了无产阶级，人工智能革命产生了无用阶级，那么到了人类智能革命，将产生无趣阶级。无用阶级就是没事可干，无趣阶级就是干什么都没有意义，因为人机连为一体，人脑想什么，机器马上能下载，人之所以为人，是因为人能思考，人都不需要思考了，那还有什么意义呢，所以叫无趣阶级，这就是我们面临的新科技。但是我们不能认为有了机器人，就可以偷懒不学习了，现在的理论研究，把人的能力分三个层面，基础能力、思维能力和品质能力。基础能力就是基本能力，玩手机用电脑都是基础能力，大家都差不多，是必备的；品质能力是金字塔的塔尖，只有少数人才能达到；人与人之间的差别在哪呢，就是思维能力，锻炼你的思维，思维超人一等，才能做出辉煌的事迹。以后人类更需要学习，只有超常的思维才能胜人一筹，未来人与人的差别就在思维能力。

第三是集器物。集器物就是借助我们的中国农村博物馆说事，我们文化的传承不外乎三个方面，一个就是实物传承，一个是文字传承，一个就是人的传承，这三条路径。文字传承就是史书传承，实物传承就是博物馆、展览馆和纪念馆等。其功能就是为历史记录今天，为后代留下当代。美国有 3 万多个博物馆，不到 1 万人就有一个，我们才大概6 000 多个，这方面跟美国比差距很大。特别是前面法布尔的名言，提醒我们，微观世界，与我们生活息息相关的那些东西，就是底层社会结构的文化传承，把它做起来，这些对于社会发展进步起的作用最大，一个技术没有传承中断了，又需要多少代人才能把它再研究出来，这方面需要努力做好。博物馆是很好的实物记录，什么东西都可以在那里呈现。有些可以延伸一下做得更好，比如村志馆，设一个馆专门放村志，那是最具体、最细微的记录；比如大学生村官馆，在这个时代，我们的大学生村官了不起，现在全国有二三十万大学生村官，有的做得非常好；比如广州建立了农民工博物馆；这些馆都应该作为独立内容把它做出来，不少地方还有一些专业的馆，沿着这个思路把他们做大做强做全面，是非常有价值的，不亚于《二十四史》，甚至更伟大。

第四是修志书。村应该做好村志，我们历史上最有名的村志就是安徽池州杏花村的村志，它是中国唯一一部收入《四库全书》的村志，是当地一个文人花了十几年时间修成的。志书太重要了，一个国家一个民族完整的历史应包括四大方面：国有史、方有志、族有谱、家有书。史书和方志都是宏观的，族谱和家书是微观的，反映的东西是最真实、最具体、最细节的，这些东西最能反映历史。我们应该弥补这个不足，应该把村志当成一个重要的文化工程来做好。方志在历史文化记录中太重要了，村、乡、县、市、省都应该有志。

第五是承技艺。传承各种技艺，包括一些手工艺、民间的文学艺术、杂技艺术等，应该由专门的人员学习、沿袭和传承。我在芬兰考察时了解到，国家规定小学生在毕业的时候都必须掌握一门本民族的非物质文化遗产。吹笛子也好，拉二胡也好，或者打毛线衣或者做一顿饭，民族的食物文化也是非物质文化，要把这些掌握了，就是对技艺的传承。挪威把全国的古村落的古房子拆了下来，在首都的郊区批了一片地方，重新组建保护起来，国家花这么大的功夫把全国的古房子都收集起来，这是最好的保护。承技艺是对传统经验积累的继承，如果我们老祖先忙活几千年积累下来的东西让我们中断了，那就太可惜了。

第六是革旧弊。深化改革，也是文化的一个重要内容。什么叫文化，什么叫文明，什么叫制度。我认为文化的含义是四个字，人化化人。人化是按照自己的意志改造世界，形成一种样式一种标准；化人是让人按照这个样式这个标准适应，比如城市，大家带着不同的文化，在一起共同生活，大家必须遵守共同的标准，必须形成统一的样式，这就是化人。两者统一就是文化。文明则是全人类文化中提炼出来的所有人都应该共同遵守的规则。制度是文化的一种，文化是写在人们头脑中的规则，而制度是挂在墙上的规则。比如不能穿拖鞋穿背心上班，这就是文化，大家默认刻在心里的；比如必须穿西服打领带上班是制度，是规定，这就是区别。文化建设在制度问题上有很多不适用的东西，比如产权制度、经营制度、农业生产支持保护制度、城乡融合制度、乡村治理制度、乡土文化的发展制度等，需要不断深化改革，适应我们的经济社会发展。文化的内涵非常广泛，只要载有人类活动信息的事都是文化，一块石头放在那里没人动就没有文化，把它挪一个地方，这里面就含有了文化信息，为什么搬它，用什么东西搬它，什么时候搬的，搬后会发生什么变化等，这就载有了文化信息，这就是文化含有的特征。

乡村振兴，复兴乡土文化是重要方面。乡村振兴若没有文化做支撑，那就很难振兴，物质再发达、再丰富，也只是一个躯壳，没有内涵，缺乏灵魂。

（本文根据作者在 2018 年中国农村博物馆年会上的发言整理，

原载于《中国发展观察》2018 年第 3、4 期）

用好文化的"兴观群怨"功能
助力乡村振兴

　　文化是指除了物质生活之外的精神生活。先秦时代学习诗经就是纯粹的文化活动,孔子对《诗经》的社会功能概括为"兴观群怨"。子曰:"小子何莫学夫《诗》""《诗》,可以兴,可以观,可以群,可以怨。"这深刻阐明了文化的四大社会功能。全面推进乡村振兴,文化建设是其灵魂工程,在乡村振兴的实践中,应充分挖掘和发挥好文化的"兴观群怨"功能。

一、"兴"而提升精气神

　　"兴"的本意是"起兴",是指可以引发联想,激发思绪。在乡村文化建设中,"兴"的社会功能重点体现在两个方面:一是点燃激情,激发内生动力。乡村振兴需要不断提升精气神,如果没有饱满的精气神,萎靡不振,不思进取,则什么事情都难干成。红军两万五千里长征,爬过飞鸟难越的雪山,走过沼泽遍布的草地,靠的就是一股超越常人的精气神。通过典型事例宣传,弘扬塞罕坝精神、北大荒精神、红旗渠精神,点燃艰苦创业的激情。只有在实施乡村建设过程中不断激发广大农民的斗志,才能鼓足干劲,开拓进取,取得辉煌成就;二是造浓社会氛围。乡村振兴需要全社会的共同努力,只有充分认识到乡村振兴的必要性和重要性,才能形成全社会的合力。战争年代,农村包围城市;建设年代,农业支援工业;改革年代,农民服务市民。乡村为城市做出过巨大的贡献,今天我们已经结束了以农养政、以农养城、以农养工的时代，进入城市和工业反哺农村农业的时代。没有农业农村现代化，就没有整个国民经济现代化，就没有中华民族的伟大复兴。在现代化进程中，如何处理好工农关系、城乡关系，决定着现代化的成败。在享受高度现代化城市生活时，要更加关注低度现代化的农村，让全社会认识到城乡之间的客观差距，在俯视还是平视、还债还是恩赐、主动还是被动等方面的问题上重构思维方式，调整发展顺序，坚持农业农村优先发展。只有在全社会找到情感的共鸣，有了浓厚氛围的基础上，各行各业才能勠力同心为乡村振兴献计出力，共谋发展。

二、"观"而通晓政得失

"观"的本意是"观察"，"观风俗之盛衰"，是指进行广泛深入的调查研究，通晓社会发展变化规律，了解人民所思所愿所盼，正所谓"知屋漏者在宇下，知政失者在草野"。"观"在乡村振兴中的功能主要体现为，深入田间炕头，通过走访座谈，交流互动，了解农民的真实需求。乡村振兴是一个前无古人的伟大事业，没有现成的经验和模式可以套用借鉴，因而需要做深入的调查研究。我国农村地域性差异大，各地经济、社会发展水平不一，做好"三农"工作必须因地制宜，一切从实际出发。只有不断加强农村调查研究，始终坚持问政于民、问需于民、问计于民，才能从根本上保证制定正确的决策，在工作中尽可能防止和减少失误。有一些离开家门进校门、出了校门进机关门的"三门"干部，对农村农业农民缺乏足够的了解，坐在办公室里拍脑袋决策，就会导致工作决策脱离现实。个别地方开展强拆农民房子的合村并居运动；一些地方不让农民养猪，提出建设无猪县；有些村庄房子全用一套图纸，整齐划一，像座军营，这些都引起农民的不满。对此，只有常用听民声察民情观察社会，才能知政之得失、人心向背，才能在深入实际调查研究，获得感性认识的基础上透过现象抓住本质，找到事物的内在规律，提出切实可行的政策建议。需要强调的是，"观者"需要配备四镜："平光镜"防止风沙尘雾遮住眼睛；"放大镜"防止细节的疏漏失察；"望远镜"拓宽视野、展望未来；"显微镜"入木三分、洞察幽微。四镜并用，观物才真。

三、"群"而增强组织化

"群"的本意是"合群"，让人有认同感、归属感，能够达到交流思想，统一认识，促进合作的效果。漫长农业社会孕育的小农意识形成了"私"的观念，"各人自扫门前雪，哪管他人瓦上霜"，农民善分不善合，导致分散小农难以融入现代化产业体系中。"群"在乡村振兴中的功能主要体现为：一是凝聚人心。文化应该成为一个精神共同体的凝聚点，能够反映共同体的情感，"乐在宗庙之中，君臣上下同听之，则莫不和敬；在族长乡里之中，长幼同听之，则莫不和顺；在闺门之内，父子兄弟同听之，则莫不和亲"，深刻地说明了只有凝聚人心才能做到齐心协力、团结一致。乡村振兴，政府是引领者，企业是助力者，农民既是受益者，也是参与者、创造者，决不能让农民当旁观者。只有充分彰显农民的主体地位，充分发挥好农民的自主性、能动性和创造性，不断提高他们的凝聚力、向心力，乡村振兴才能获得源源不断的动力。二是推进合作。农民需要"抱团取暖"，组织化有助于提升农民参与乡村振兴的能力。可以通过各类文体活动协会、农民专业合作社等方式把农民组织起来，提高组织化程度。尤其在经济活动中，可以对外维权，形成合力，有效降低进入市场的成本，增强在市场竞争中的谈判能力。对内监管，有效监督协会成员的生产经营行为，遵守职业道德，提高产品的质量，树立品牌意识。应借鉴乡村传统社会组织形式，在党组织的指导下发育包括各类地缘性和业缘性组织，利用农村精英、红白理事会、村民议事会等，发挥好乡村内生性组织资源的作用，提高农民自我管理、自我服务和自我监督的能力，提升集体意识，培育现代农民的公共精神，从而增强组织力、凝聚力、向心力和归属感，最终实现共同富裕的大目标。

四、"怨"而净化软环境

"怨"的本意是排遣不满，通过针砭时弊，表达诉求，改善社会风气，影响社会环境。在乡村振兴的实践中，要畅通渠道，为农民表达诉求，倾吐心声创造机会，提供条件，发挥好"怨"的社会功能。社会矛盾和社会问题重在疏不在堵，对于广大农民痛恨歪风邪气之怨，反对官僚主义形式主义之怨，针砭铺张浪费之怨等怨声，要不怕怨，放开怨，鼓励怨。"硕鼠硕鼠，无食我黍"是古代的怨，"一支烟一两油，一顿饭一头牛，屁股底下一座楼"是今天的怨，中央八项规定就把人民群众的这个怨气彻底消除了。要以宽容的心态、宽松的氛围和宽厚的制度，对待农民的合理诉求，不断创新方式方法，及时解决群众反映强烈的突出问题，与时俱进地利用现代科技手段，实现信访工作科技化、信息化、数字化。要引导农民用合法理性的方式表达诉求，避免出现一窝蜂地"赶大会，上大路，堵大门，找大官"等非制度化甚至非法的利益诉求表达行为。针对农村地区仍然存在着滥办酒席、沉迷赌博、不讲卫生、占道经营等一些不良风气和陈规陋习，要采用戏曲、相声、小品等农民喜闻乐见的多种文化表现形式，扬善弃恶，褒美贬丑，树正气，立新风。一方面通过鞭挞歪风邪气帮助农民排解怨气，发泄不满；另一方面，通过弘扬正能量，激发他们参加有益于身心健康的文体活动，从而启迪思维、陶冶情操，提高文化品位、精神境界和综合素质。乡风文明了，陈规陋习自然就没有了生存土壤。

孔子的"兴观群怨"思想系统地阐述了文化的感悟功用、认识功用、教育功用和批判功用，这是文化功能的方法论，也是一种独特的思维方式，影响深远。在乡村振兴实践中，应做好"兴观群怨"这篇大文章，让文化成为乡村振兴的强力助推器。

（本文原载于《中国发展观察》2021 年 19、20 期）

保护与活化古村古镇
是乡村振兴的第一要务

　　中华民族有着五千年文明史，18世纪之前，中华民族一直是人类文明的引领者，靠的就是农业文明。博大精深的乡村历史遗存是农业文明的载体，古村古镇则是历史遗存的集中体现。有些村镇生成久远、传承厚重，是中华民族的根脉，是中华文化的源头，是老祖宗留下的宝贵遗产，是不可再生的珍稀资源，是增强中华民族文化自信的传家宝，也是弘扬中华优秀传统文化的宝贵财富，更是人类共同的精神家园。它们承载的历史沧桑、社会信息、经济兴衰、文化内涵、艺术凝聚、审美情趣、思想情感、时代特征等具有不可估量的价值，是今天无论给多少投入、下多大功夫都无法再造的。因此，贯彻党的十九大精神，实施乡村振兴战略，做好古村古镇保护与活化当是第一要务。乡村要振兴，守住优秀传统，就是守住了中华文化的精魂。传统丢失、精魂迷散，上不能承祖宗，下无以启子孙，乡村建得再美，也徒有躯壳。让"金玉其中，败絮其外"的古村镇焕发青春，无论是从政治、经济、社会、文化等哪个角度审视，都应是乡村振兴起步阶段的重头戏、主抓手、首选项。

　　21世纪以来，党中央、国务院高度重视古村古镇保护与活化工作。2003年，我国建立了历史文化名镇、名村保护名录，至2018年已公布七批。2015年，住房城乡建设部、国家文物局公布第一批中国历史文化街区名录。虽然我国古村古镇保护与活化开展已经二十多年了，但仍然有诸多在实施乡村振兴战略中亟待解决的问题与困难。

　　一是重开发不重保护。一些地方领导认为保护会妨碍当地经济发展，还要投入大量资金，对保护积极性主动性不够。一些地方在普查中少报瞒报，以减少地方的保护经费开支和任务压力。一些地方为加快开发，模仿大中城市的风格，不顾历史文化名镇名村街区的原有风貌、空间格局和尺度，或平塘填沟，或展街宽巷，或推倒重来，筑洋房、建广场，盲目追求"焕然一新"的面貌，造成无法挽回的损失。

二是保文物不保环境。古镇、古村大多是因水成街、因山成景，但目前一些古镇、古村落所根植的水环境污染严重。所依托的背景山体上出现电力、通信等铁塔，有的山体甚至被开采，致使整体协调性遭到破坏，这些都在很大程度上损害了其固有的特色价值。一些古镇、古村落市政管线布设随意，较为凌乱，消防设施没有按标准布置，破坏了古镇、古村落历史文化氛围。

三是有需求缺乏供给。传统村落、古民居、古建筑的保护、维修、整治是一项涉及面广、专业性强、标准要求高的工作。各地普遍反映历史文化遗产保护队伍人员整体素质不高，专业基础知识薄弱，专业技术管理水平过低。主要是缺乏传统能工巧匠，缺乏从事文物维修设计、养护的专业技术人员，缺乏保护管理维护人员。而目前国内又没有这些方面的专业院校培养急需人才，致使保护与管理力不从心。

四是财政难包揽而社会难进入。历史遗产保护与活化是一项投入大、周期长的系统工程，需要大量资金。目前资金投入仍以政府为主导。列入国家和省项目，资金有一定的保障；而未入选的古镇、古村落、古民居等资金则没有着落，亟须社会资本进入，但目前社会资本进入难度很大。如安徽黟县 2015 年挂牌出让 8 栋古民居，推进中困难重重。一是产权不明晰。古民居年代久远，居住者复杂，产权纠纷多。二是征收难度大。古民居涉及一个家族几代人，涉及户主多，有的达到几十户，且散居多国，难以召集，难以达成一致。三是价值评估难。目前，古民居评估机构少，具有资质的评估机构更少；由于缺乏完整科学的技术体系，评估价值都带有很强的主观性，经常会忽视古民居所具有的历史文化艺术等价值的特殊性，导致古民居的潜在价值被低估。四是易破坏。由于无法科学、合理量化古民居各类信息功能，加上购买者对古民居认知水平不高，保护意识不强，古民居没有得到活化，有的甚至在利用中遭受破坏。

五是重有形而轻无形。目前，普遍对物质文化遗产尤其是建筑遗产保护较为重视，而对非物质文化遗产保护重视不够，导致一些古镇、古村落中的传统民俗文化逐渐衰退，而现代商业气息过于浓厚，与历史文化环境不相匹配。

对于有价值的乡村历史遗存，按照全面保护、整体保护，创造性转化、创新性发展，依法保护、可持续利用原则，我们建议：

（1）加大申报和设立力度。积极推进各级历史文化名镇名村的申报设立，督促指导各地申报中国历史文化名镇名村街区。进一步加强对文化生态保护区的研究和发掘，以此在保护文化生态中保护活化乡村有价值的历史遗存。

（2）加强保护规划的刚性约束。以空间规划为平台，建立多规衔接机制，注重全面保护、整体保护，加强保护规划的审批工作。克服过去重城轻乡、有城无乡的保护观念，建立历史文化保护城乡融合机制。编制历史文化街区保护规划、历史建筑保护图则，强化刚性传导与控制。加强保护规划宣传工作，提高社会知晓度。

（3）创新保护方式。探索创新历史建筑分级保护机制，推进省级历史建筑挂牌保护试点。大力推进历史文化资源保护数据库建设，实现历史文化资源分布、传统格局、空间尺度等历史信息的数字化集中采集管理，便于快捷地搜索查询。通过建立古建筑的数据拷贝，可为损毁古建筑的复原与修缮提供翔实完整的资料与模型，为有关部门对古建筑的保护与活化、利用、管理提供高效便捷的技术支撑。

（4）做好保护项目实施工作。充分发挥国家和省级等项目资金的带动作用，鼓励市、县（市、区）设立保护与活化项目。鼓励技术创新，改善基础设施条件，增强抗灾能力，提升公共服务水平。促进古民居的日常保养、保护加固、现状整修、重点修复等工作，提升居民生活的安全保障。

（5）加强整体保护与活化滋养。对历史文化名镇村街区实行整体保

问道乡村文化……

141

护，保持传统格局、历史风貌和空间尺度。做好生态环境保护，防止生态破坏、水土流失和水资源污染。逐步整治、拆除不符合历史风貌要求的建筑，加强对文物保护单位和历史建筑的保护。注重其文化内涵，加强活态保护，尊重原住居民生活形态和传统习惯，保障原住居民的参与。让历史遗存真正融入现代人的生活，滋养现代人的心性，才能具有活力，从而生成旺盛的生命力。

（6）强化人才技术保障。鼓励和支持有条件的高等院校、中等职业学校开设古建筑维护、修缮、管理相关专业，培养专业技术和管理人才。主管部门应大力组织开展古建筑特色工种技术工人培训，促进传统工艺和建造技法的传承推广。引进古村古镇保护管理专业、规划、古建、工程、管理等人才，探索常态化的专家指导机制。各省应深化与故宫博物院合作，组建院士工作站，大力推广古建筑防腐、防虫、防火、防漏、防雷、防盗、防潮、防裂等"八防"技术。

（7）完善监管机制。建立全域覆盖、城乡一体的保护机制。探索设立志愿督察员制度。建立历史文化名城名镇名村和历史建筑保护新模式，形成省市县乡村联动的创新机制。建立完善市级层面的部门定期会商机制，充分发挥专家顾问团队作用，定期分析研究保护过程中的情况和问题，制定针对性的措施。严格落实属地管理责任。

（8）建立政府、民间团体和社会公众共同参与的保护体系。变政府"主导保护"为全社会"共同保护"，采取政府引导、市场运作、社会参与的方式，加大对古村古镇保护与活化的资金投入，各省应设立省级古村古镇保护基金，支持市、县（市、区）政府设立保护利用专项资金。大力培育古民居价值评估机构，探索建立古民居产权流转市场。支持采取认保、认养、认租、认购等方式，引导社会资本以租赁、承包、联营等形式参与保护与活化利用。

（9）建立乡村农耕文化博物馆。自改革开放以来，传统农耕生产生活方式正在渐行渐远，抢救性地收集、存留和展示传统农耕文化遗物，建立农耕文化博物馆日益迫切。锄、犁、耙、水车、纺车、风箱、斗、蓑衣、陶器、雕塑、灯等旧时农业生产生活器具，展示农耕时代的生产生活起居，发挥传承、教育和旅游作用。

（10）推进非物质文化遗产传承进学校进课堂。对非物质文化遗产资源进行重点扶持和保护，借鉴芬兰的做法，把掌握一项非物质文化遗产作为中小学生必修课，推进非物质文化遗产传承进课堂，培养中小学生热爱非物质文化遗产的兴趣，保护传承传统技艺，弘扬地方特色文化。

乡村振兴，复兴传统文明是振兴的精髓。应将保护与活化乡村历史遗存纳入各级乡村振兴总体规划，并作为第一要务着力下好这盘先手棋，"为往圣继绝学"，这是中华民族的 DNA。

（本文原载于《中国发展观察》2019 年第 2 期）

"乡愁"十脉

　　"让城市融入大自然，让居民望得见山，看得见水，记得住乡愁。"中央城镇化工作会议以诗化的语言为社会提出一个宏大的哲学命题。乡愁是什么，乡愁是游子对故乡记忆的眷恋和思念，愁之所生者多元，有"独在异乡为异客，每逢佳节倍思亲"的游子之愁；有"偶闲也作登楼望，万户千灯不是家"的民工之愁；有"日暮乡关何处是，烟波江上使人愁"的文人之愁，有"若为化得身千亿，散向峰头望故乡"的士大夫之愁，不论哪种愁，其源盖出于异乡的孤独、思乡的愁苦、归乡的尴尬和盼望旧景重现的期冀。"乡愁"其实是"城愁"，是从乡间走到城市里的那个群体在"愁乡"，他们不光"愁乡"，且因找不到融入感也"愁城"，陷入"回不去的乡村、进不去的城"的困境。"乡愁"因"城愁"而生，"愁城"因"愁乡"而起，"乡愁"的完整意义应当是"城乡之愁"，概而言之，"愁"出十脉。

　　一愁被城市一元文化包裹。身居水泥森林之中，拥挤的空间、阻塞的交通、污浊的空气、充耳的噪声，不胜其烦，不胜其扰，不胜其愁。城市人口的集聚，来自天南海北，每个人都承载着自己家乡各具特色的文化走到这里，而这个陌生人社会需要的却是用一元文化的模式来"化人"，让所有在这个环境中生活的人必须去掉家乡味，用这个被格式化的标准改造自身，适者才能生存。这种单一的文化对于从熟人社会走来的群体而言，是呆板的、单调的、生硬的、冰冷的，失去了乡村文化的多元、自由、和睦、温情的特性。"家家包铁栏，户户装猫眼。电话聊千户，不与邻家言"，是城市人现实生活的写照。这种由乡而城的两种文化冲撞，自然产生"暝色入高楼，有人楼上愁"的况味。

二愁"小桥流水人家"的故乡风貌何以得见。"谁不说俺家乡好""月是故乡明，人是故乡亲"这是中华民族融化在血液中的传统文化。故乡不论贫穷或富有，落后或发达，是自己可以骂一千遍也不许别人骂一句的地方，家乡的颜色、家乡的声音、家乡的味道、家乡的情调、家乡的一草一木、一山一水都镌刻在每个人大脑的"硬盘"上，不管身居何处，常会触景生情，常于梦中浮现，这是有着几千年农耕文化的中国人有别于其他民族的一种特殊情感，下至黎民百姓，上到达官贵人，不论官多大、多富有，大体如是。刘邦虽然贵为天子，但也未能免俗，在当了十二年皇帝之后，回到故乡沛县住了20多天，天天大宴乡邻，并意气风发地唱出了"大风起兮云飞扬，威加海内兮归故乡"的千古名句。每个从故乡走出去的中华儿女，尤其身居闹市者，思乡念家自是情理之中，他们思念"绿树村边合，青山郭外斜"的美景，思念"明月松间照，清泉石上流"的宁静，思念"倚杖柴门外，临风听暮蝉"的闲适，思念"采菊东篱下，悠然见南山"的淡然，那些住胶囊公寓，蜗居的大学毕业生和农民工尤其愁肠百结，乡情倍增。电视里和各种媒体报道中"灭村运动"如火如荼，赶农民上楼的呼声一浪高过一浪，"农村脱农"的谋划一地比一地现代，似乎农村无农才算过瘾，那些人哪里知道农业文明是与工业文明、城市文明并行不悖的一种文明形态，是人类文明的三大基本载体之一，农村一旦脱农，任何文明都将灭亡。"灭村运动"喊声震天，异乡游子心惊肉跳当属自然。

三愁承载几千年文明的物质文化遗产的消逝。在意大利、希腊等欧盟诸国，几千年的历史遗存、文物古迹，保存完好者屡见不鲜，而在中国想找到明清时代的这类完整建筑已属凤毛麟角，更不要说宋元、唐汉、先秦了。据第三次全国文物普查称，近30年来有4万多处不可移动文物消失，其中半数以上是毁于拆迁。中国的村庄2000年时约有360万个，到2010年的十年间，减少到270万个，平均每天差不多要减少300个，全国31个省份上报传统村落11 567个，首批入选的仅有648个，其余不能入选的如靠地方保护，其命运难测。传统古村落的保护尚且如此，那些零星分布于数以百万计的村落中的古旧建筑、石雕、木雕、文物古迹乃至衣着服饰更是可想而知，它们正遭受建设性的破坏、开发性的毁灭、商业旅游性的改造。有着几千年文化艺术积累的民族传统建筑得不到保护，却不惜巨资建造"求高、求大、求怪、求奢华气派"的荒诞建筑。祖先为我们留下的极其珍贵的物质文化遗产，本该很好地继承保护，这才是有价值的文明产物。但在一些人的头脑里，一切都该推倒重来建新的，这样才能展示自己的才华和业绩。我们有些干部如果到英国牛津剑桥去看看，可能会认为那里没有现代气息，那么多古旧建筑太丢脸，该拆掉重建。在这种荒谬逻辑指导下的中国物质文化遗产的命运，怎不令人发愁！

四愁非物质文化遗产的承继断了香火。全世界都十分重视保护非物质文化遗产，而中国对物质文化遗产保护尚且如此，对非物质文化遗产的保护更是乏力。但却舍得花巨资大建没有多少文化含量的"非文化物质遗产"。中华文化的历久不衰、薪火相传，大多仰仗于流布乡村的非物质文化。大到世界上独一无二、放之四海而皆准的农业哲学思想"天时地利人和"；中到农业税收制度、土地制度、农户管理的村社制度，农业生产中的稻鱼共生、猪沼鱼、草灌乔、立体、循环、生态等经济模式，动物的杂交、鲤鱼通过转基因分离出金鱼等技术；小到民风、民俗、方言、礼仪、节日、节令、时序、民族、杂技、地方戏、中医药、传统乐曲、传统手工艺等，乡村中蕴藏着的非物质文化遗产是一个巨大的科学技术和文学艺术宝库，如今在"快文化""洋生活""超时空"的现代生活方式引导下，这个宝库不要说开发利用，大多无人延续，其消失的速度十分惊人。日本之所以在不长的时间里能以科技立国，赶上发达国家的技术水平，与他十分重视非物质文化遗产传承的理念密切相关。当今世界，美国以高新技术胜，中国以数量居首胜，日本则以历代传承的精巧工匠胜。一项技艺只要社会需要，哪怕不赚钱，几十代人一脉传承，百年老店，甚至千年老店遍布全国，这是非物质文化遗产传承最具体的体现。历史上流传至今的百年老店已是屈指可数，而且不少还在迅速消亡，这是民族的悲哀。2亿多农民工涌入城镇寻找生计，剩下的"386199"部队自顾不暇,谁来承接祖先几千年来留给我们的非物质文化香火。纵观人类历史,城市只是晃动在人类眼前的诱惑,乡村才是链接人类心灵的脐带。如果只知道从乡村索取食物,索取肉体的营养,不知道从乡村汲取传统,汲取精神的营养,人们所追求的现代文明将只是空中楼阁。

五愁"近乡情更怯,不敢问来人"的窘迫。怕"物是人非事事休",会"欲语泪先流"。作为"少小离家老大回"的游子,面对急剧变化的时代大潮,不知故乡近况如何。"朱雀桥边野草花,乌衣巷口夕阳斜。"沧海桑田,物换星移,那儿时玩伴还在吗?他们生活得怎样?过去那种勤劳不勤奋、勤俭不节约、艰苦不奋斗的状况有多大改观?有走遍天涯海角,带"半身"城里人的洋气,说着地方普通话的当代"阿Q"吗?有被改造成"杀马特"的流行青年吗?有会经营、善管理、懂技术的新型高素质农民吗?有富压一方的"新土豪"吗?那村头的老槐树还在吗?那是全村人集会的场所。那村中的祠堂还在吗?那是村里人祭拜祖先的去处。那婚丧嫁娶的复杂礼仪,热闹场景还像当年吗?太多的回味,太多的问号,太多的牵挂。这也许是一个为了追求天堂般美好理想而颠沛流离半生的游子之愁。对于人类而言,最容易创造的神话就是天堂,不知道该怎样度过一生的普通人往往经不住发明者的诱惑,跟着追梦,结果丢下了有毛病的故乡,也没能住进没毛病的天堂。人间的许多悲剧往往就发生在为了建造一个个完美天堂而抛弃了自己的故乡。不爱故乡的人寻找天堂,热爱故乡的人建设故乡,人人都爱故乡,国家就是天堂。

六愁亲善和睦的乡邻关系是否依旧。"开轩面场圃,把酒话桑麻"的相见,亲情依依;"待到重阳日,还来就菊花"的邀约,温情脉脉。问题在于那张旧船票还能否登上今天的客船。传统兼业化的小农家庭与多样化的村社功能有机组合,使乡村自治权力结构下产生一种"自治红利",使乡村成为邻里相望的伦理共同体,这是一种巨大的"家园红利",是中华民族一笔独具特色的取之不尽用之不竭的无形资产。"家园红利"的向心力、归属感使人们不致因外部的福利更优厚而轻易选择离

问道乡村文化……

147

开。目前这种任由城市去"化"农村的城市化，打破了根深蒂固的农户理性和村社理性，打破了沿袭几千年的道德纲常。亲睦和谐的诚信体系和熟人社会的道德纲常是维系基层社会治理的基石，义为人纲，生为物纲，民为政纲是基本原则。处于转型中的中国正面临重建新规范的艰难挑战。人口大流动、物欲大泛滥、文化大冲撞，导致乡村礼法失范，敬畏感缺失，羞耻感淡薄，价值观混乱，潜规则盛行。报载，广西女童被多名中老年人性侵，其父得知真相报警，10 人被判刑，其后女童及其家人遭到全村人的敌视，认为都是她把那么多人送进牢里。中国传统农村社会是一个"礼治"的社会，这里已看不到合乎礼治的行为规范，长辈性侵晚辈，即使在封建社会也是罪大恶极，十恶不赦，一定会受到族规家法的严惩，而在今天的这个村庄里，竟然出现了这套荒唐无耻的价值标准。令人不安的是，这套荒诞不经的价值观，岂止这一个村庄！

七愁谁在误读城镇化。城镇化的本意应是不论你在哪里生活，都能享受到与城市一样的公共设施和公共服务。城镇化不是赶农民上楼。农民的生产生活方式与城里人不同，他们远离集市，不像城里人下楼即可买到想买的东西。他们需要在房前屋后利用空闲时间种瓜种菜，养点家禽家畜，以供自用，他们需要有存放农具的场所、晾晒农产品的场地，不像城里人夹个皮包下楼坐车上班，生产工具充其量只需一台电脑。赶他们上楼，生活条件是改善了，可生活成本却大大提高了，本来就不富裕的农民承受不起猛增的巨大生活成本，用他们的话说：早晨起来一泡尿，马桶一按，一角钱就没了。本来可以用于解决自给自足的大量空闲时间也白白流失，上楼的农民闲暇时间找不到用武之地，无所事事，倍感空虚。他们热切盼望在改善生活条件的同时，尽快改善生产条件，尤其粮食主产区的农田水利等基础设施和公共服务，是关涉国家粮食安全的根本问题。城镇化不是消灭村庄。乡村既是食物资源的供给者，也是几亿人生活和精神的家园；既是城镇化廉价土地的供给者，也是生态环境的保育者；既是内需市场的提供者，也是新兴产业的发展地；既是传统文明的载体和源头，也是现代文明的根基和依托。乡村与城镇的关系就像一对夫妻，各自承担着不同的功能，谁也不能取代谁。城镇化不是把农民都迁到大中城市。发展小城镇是解决农民就地就近城镇化的最佳途径，中国 14 亿人如果都涌到大中城市，其后果将难以想象。即使在发达国家、小城镇也是主体，美国 3 万人以下的小城镇多达 34 000 多个，10 万人以下的小城镇占城市总数的 99%，10 万到 20 万人的城市 131 个，3 万到 10 万人的有 878 个。德国 10 万人以下的小城镇承载着 60% 以上的人口。由于城市病的泛滥，在欧洲及南美洲逆城市化的人口回流农村已成趋势。德国有 40% 多的人口居住在农村和城市近郊，整个欧盟的最新数据统计显示，居住在农村的人口高达 58%，只有 42% 的人口居住在城市。中国的城镇化何去何从，需要有一个清醒的认识。

八愁"田园组团"和"建筑组团"交叉展开的现代城市理念何日在中国落地生根。这是解决"乡愁"的一剂良药。"逆城市化"现象的发生为未来城市建设提出了一个崭新的课题，城市建设中如何把农业作为城市生态的有机组成部分，以有效提升城市环境生态质量是发达国家正在探索实践的新思路。巴黎市提出，要通过城市文明与农耕文明的交替迭现，满足市民越来越浓的回归自然的田园兴趣，方法就是把"建筑组团"和"田园组团"错杂排列。伦敦的城市农场和社区果园遍布学校公园，农作物一直种到市民的院落和阳台。日本的市民农园已超过 3 000 家，仅东京就有几百家。新加坡在城市发展中保留一半的面积作为农业用地，这些农业用地与城市建成区绿地相互渗透，形成了极富特色的城市优美风光。"都市中的田园"和"田园中的都市"相映成趣，使人们在现代文明中体验着传统文明，在传统文明中享受着现代文明，让两个文明不仅没有"割裂"，而且在互相交融、相互依存中共生共荣，同步发展。这种两个组团交叉展开的城市发展新理念，不仅可以稀释久居城市的游子的乡愁，同时还可具有科普教化功能，让城里长大的孩子和广大市民有机会参观体验参与农业生产，使他们知道动植物的生长过程，了解生命的来之不易，从而懂得珍惜生命，不做或少做那些违背规律的荒唐事。

　　九愁谁来建构"草灌乔"的城市文化生态。这是缓释"乡愁"的添加剂。一个良性的城市文化生态应该是精英文化、大众文化和草根文化"草灌乔"结合的多元体系。现在各大中城市都在投巨资建造豪华甚至超豪华的歌剧院，在发展"精英文化"上费尽苦心，而对于大众文化、平民文化、草根文化的发展却摆不上议程，投资甚少。在一些人头脑里，似乎高档次的、世界一流的歌剧院才是主流文化，才是自己政绩和才能的代表。在这种理念的指导下，使本来就投入不足的城市文化建设只向精英层偏斜，而适合大众口味、平民口味、草根口味的文化建设很少有人关注。尤其是那些背井离乡进城打工的农民，高档歌剧院看不起，也不愿看，适合自己的大众化文化又极其贫乏，工余时间，无所寄托。无事则生非，打牌、赌博、酗酒、混迹色情场所者屡见不鲜。矫正理念，少一些只供富豪达官享受的"阳春白雪"文化，多一些适合底层社会自娱自乐的"下里巴人"文化，如图书阅览、书法绘画、乡村歌舞、杂技戏曲等，让大众文化、草根文化成为城市文化主体主导主流，是一个城市活力和城市精气神的体现，也是城市文化丰富多彩的象征，它可以让占人口绝大多数的中下层社会找到精神栖居之所。

　　十愁本真时间意识何日回归。德国哲学家海德格尔曾把时间分为两类：一类叫本真时间意识，一类叫流俗时间意识。所谓本真时间意识具有三维结构，即过去、现在和将来，三者是一个相互渗透、相互勾连、相互缠绕又相互重叠的统一体，三者的关系恰如一座演出剧目的舞台。"现在"是舞台中央正在上演的一场，"过去"是已经演过的上一场，"未来"是即将出演的下一场。有了上一场的背景铺垫，才有了这一场的精彩呈现，进而发展出下一场的趋向结果。具有本真时间意识的人们常常回首来路，端详眼下，眺望将来，遵循事物的规律，用"历史的耐心"从从容容地走好每一步。流俗时间意识则割断了过去、现在和未来三者之间的联系，心目中只有"现在"，不愿回忆"过去"，无暇思考"未来"，一切聚焦现在。以"活在当下"为生活目标，且对当下来不及感受、来不及感动、更来不及感悟，生活的轴心就是紧盯眼前、急于求成、急功近利、及时行乐，"今日有酒今朝醉"。"只要垒起金山银山，哪管日后洪水滔天"是流俗时间意识者的座右铭。在流俗时间意识里，"过去"被删除，人们失去回忆，乡愁便没了生处；"未来"被无视，人们失去畅想，乡愁便没了盼头。从这个意义上说，流俗时间意识让乡愁消解、让生活凝固、让人们的期盼和向往死亡。"今人还照古时月，今月曾经照古人。古人今人皆作古，古月依旧照来人。"今古一脉，光阴不会以人们意识的有无而消逝。今天，时间被压缩成"前不见古人，后不见来者"的一座现代孤岛，人们无忆可追、无念可想、无思可恋、无梦可盼，思维枯竭，想象中断，怎不令思想者"念天地之悠悠，独怆然而涕下"！如何让社会回归理性，让本真时间意识重新引领人们的世界观、人生观、价值观，自然是当下思想者的"愁"中之"愁"。

故乡是每个中国人都急于挣脱，挣脱后又天天怀念的地方。这就是人生旅途中对家乡的情感纠结。乡情和爱情一样是中国人永恒的主题。这里有一个宏大的哲学命题摆在我们面前，今天的乡村是前线还是后方，农民进城是攻入了城市还是撤退到了城市，值得我们思考。今天中国的乡村是时代的前线，是灵魂的后方。说他是前线，因为"三农"是全社会聚焦的焦点；说他是后方，因为每个从那里走出来的人都会时时泛起挥之不去的怀念。今天，社会生态在退化，城市建得越来越漂亮，乡村变得越来越凋敝，但人们在城里想找口饭吃却越来越难了，尤其穷人更难，他们的乡愁自然会更浓。

城镇化是文明社会的基本特征。当下中国，城镇化还远远不够，还需要不断向前推进，但是，推进城镇化不是建立在一刀切地消灭村庄的基础上。只要人类还需要粮食，就必须有一定的村庄保有量。应充分认识乡村的价值，没有乡村，就没有城市，城市的存在是以乡村为基础的，乡村是城市的源头活水。上海世博会以城市为主题，但在世博会上却开设了一个乡村馆，它以宁波滕头村的生动实践告诉人们：城市让生活更美好，乡村让城市更向往。"浮云游子意，落日故园情"，一个人的一生其实就是对故乡的两个"真好"的感叹：年轻时，终于离开家了，真好！到老年，终于又回到家乡了，真好！"乡愁"贯穿于人生这段从"离"到"归"的全过程，但如果"归"后已找不到往日的记忆，"乡愁"将变成无尽的延续。"乡愁"是中华文化之根之源,中央提出城镇化的发展要让居民"记得住乡愁",这是顺应世情人心的卓见,这是对承继传统文化的呼唤,这是对中华民族须保根护源的告诫。

我们无法阻挡乡村的变化,但我们必须留住乡村的文化。

（本文原载于《农民日报》2014 年 3 月 25 日）

"公器"倾斜　难以为"重"

　　2003 年中央做出把"三农"工作作为全党工作的重中之重的重大战略决策，几年来出台了很多强有力的支农惠农政策，但目前的落实情况和重农氛围还不尽如人意。导致这种局面的原因固然很多，这其中一个重要原因就是作为社会"公器"的媒体还存在着深刻的亲城市、远农村的现象。"重中之重"的重大"战略"在一些媒体那儿成了"略占"一点点位置，而绝大多数媒体连"略占"的位置都没有给出。"三农"工作事关国计民生，全党共赴，全国共赴，"战略"成"略占"，何重之有？

　　首先，媒体资源配置不公。目前，全国有上千家各级各类电视台，为"三农"开设专栏的只占 1%，368 家注册的省级各类电视媒介只有十五六个开设了为"三农"服务专栏，开办率只占 4%，八九亿农民拥有的专业电视台只有半个，即中央七频道。全国 9 000 多家期刊，只有 187 种是为"三农"服务的；2 000 多种报纸，只有 80 多家是为"三农"服务的专业报纸，其中近几年因"讳农"而改名的有 30 多家，余下的 50 多家有 20 家是农垦机关报或生产建设兵团的机关报，真正为农的只有 30 家左右，就是这 30 家也是惨淡经营，一年的广告收入抵不上一家都市晚报的广告收入。

　　其次，媒体关注重心倾斜。一些媒体不能够平等地对待分布于不同社会维度上的群体，特别是作为强势媒体的电视、广播、报纸，有一部分表现出注意力、着眼点向四个方面严重偏斜：一是向掌握资本的群体倾斜，有关数据显示，房地产广告通常是都市类报纸的主要收入来源，房地产商养活着他们；二是向掌握管理权的群体倾斜，管理层主导着媒体的话语权；三是向掌握知识的群体倾斜，各类讲坛，群英荟萃；四是向掌握时尚的群体倾斜，时尚流行成为主打节目。占我国社会成员绝大多数的农民成为媒体报道中的"缺席者""失语者"，成为信息资讯的"穷人"。媒体关注对象的倾斜造成农民获取信息的渠道不畅、能力低下，信息不对称成为他们自身发展的严重障碍。

最后，媒体导向失范。一些媒体唯商业利益"是瞻"，不同程度地存在低俗、媚俗、庸俗现象。虚假、有偿的报道泛滥，一些脱离现实的消费时尚常常以商业炒作的方式向受众狂轰滥炸，时尚、流行、财富成了一些媒体追捧关注的主流。奢侈消费理念在这种强刺激下不合时宜地大行其道，而对与广大百姓生产生活密切相关需要传播引导的东西不感兴趣，弱势群体的所虑所思所愿所盼和基本诉求更是被忽略。

中国正在急速向信息社会转型，作为左右社会舆论的媒体，其导向对转型期社会的稳定和谐尤其具有重要意义。它能够在很大程度上促进国家的善治，化冲突为更高层次的平衡。马克思早就指出，舆论在社会中是一种"普遍的、隐蔽的和强制的力量"。可见，媒体的作用如影随形，无处不在，对社会的影响力、左右力是任何力量不可比拟的。媒体的特性决定了它不一定是实现社会和谐、发展、进步的决定力量，但一定是不可或缺的推进力量。特别是在媒体已由新闻时代、分析时代进入洞察时代的今天，这种推进力量尤为巨大。

纵观人类历史，19世纪以来人类信息技术的迅猛发展，有力地推动着人类文明的进步，使人类社会日益成为一个互相影响、互相依存的信息社会。1844年人类发明了电报，实现信息传递的第一次革命。1875年人类发明了电话。1956年，人类成功铺设海底电缆。1960年人类发射了第一颗通信卫星。1977年人类建立了光纤通信体系。这几年又建立起发达的网络系统。现在信息技术的发展已经将人类带到了一个全新的时代，信息越来越成为现代社会集体和个体决策的依据和前提。

现代政府都是根据信息来决策，并根据信息来实施决策。特别是中国，政治系统庞大而复杂，政府层级多，这样使地方政府拥有很大的权力空间。中央政府虽然拥有很多内部的信息流通渠道，但有的地方政府有时会有选择地公布于己有利的信息，不利或无益的信息则不向社会公开，造成一些信息的阻塞和不实不全，使得一些政策贯彻落实受阻，"上有政策，下有对策"、"跑部进京，跑省进厅"，始终是中国治理问题上一个难解的"结"。

　　作为生活在市场经济环境下的个体，信息与每个人的利益同样休戚相关。信息已变得比物资、能源更为重要，信息对权力和财富的作用日趋明显。人们接触信息的广度、频度以及理解力的差异，获取信息的能力和手段的差异，是造成新的贫富分化的重要根源，进一步导致社会政治的不平等。每个人都要根据信息来作出判断，没有足够的信息获取，就不可能作出正确的理性选择。

　　在这样的历史背景下，保障信息资源客观、公正、合理地流动，是现代政府决策的客观要求，也是促进社会和谐良性发展的必要条件。媒体应当按照以人为本理念的要求，校正方位、调整视角，客观公正地体现利益主体间的平衡，不能只向所谓"主流人群"倾斜，甚至为了一些经济利益而与某些利益集团"绑"在一起，而应当以服务于社会主体成员为己任，适当向弱势群体倾斜。经济学有一个"终端为王"理论，即任何产品必须以最大化的终端消费群体为对象，才能长胜不衰。媒体产品最大的终端消费群体当然是工人农民，而不是媒体一厢情愿频送秋波的所谓"主流人群"。

　　报纸、广播、电视等是现代国家治理体系中的重要资源。要矫正作为社会公器的媒体重构理念，以人为本，向农民群体合理配置资源，有赖于媒体生态环境的改善，但关键是政府应发挥主导作用。

　　第一，政府应利用自己的管理权，对媒体进行干预，规定其应做什么，不应做什么。党和政府应充分行使宪法赋予的权力，大力组织和引导新闻、出版、广播、电视、广告、网络等各种媒体资源，体现公平，坚决扭转舆论不公的现状。比如，在"三农"问题上，现在农村很少像

问道乡村文化……

155

过去那样经常开会，广播、电视也覆盖有限，有的虽然覆盖到了但没有相应的节目，起不到宣传政策的功能。政府应利用手中的管理权力，规定各非专业性电视、电台、报纸都要开辟为"三农"服务栏目，建立健全上情下达、下情上达的互动渠道、网络。一方面，大力宣传中央的各项支农惠农政策，使中央的好政策通过媒体随时公之于社会，让基层民众能迅速、及时、全面、准确地了解和把握；另一方面，可以通过媒体，为基层民众反映诉求搭建一个平台，让基层民意反映上来，使政府得以整合民意后作出正确决策。同时，对一些典型经验，基层可以通过媒体实现横向交流。只有这样，才能突显媒体的桥梁作用，构筑起公平正义的媒体体系，并在此基础上推动和谐社会的构建。

第二，对为"三农"服务的专业报刊、专业电台、电视台给予扶持。新闻管理部门应在传媒资源上有意识地向农民群体倾斜，实行"信息扶贫"。如由政府投资办一些为农民、农民工服务的带公益性的报、电台、电视频道等，免费或低价提供信息服务，使他们充分享有与其他社会成员一样的媒介接近权、知情权和话语权。再如对为农服务的专业报刊，其职责和任务具有社会公益性。政府应考虑给予必要的财政和政策扶持，可给予一些优惠政策，比如广告免税政策，也可以从中央新农村建设经费中，单列出一项费用予以扶持。对于这些报刊队伍建设，可以由财政出资招募人员进行充实等。

第三，大力推动农村信息现代化建设，鼓励媒体开展信息支农公益活动。近几年，有线电视、互联网开始向农村延伸，农民获取信息的手段、方式有所改善。但是，全国还有 5 000 多个行政村不通电，有几万个行政村不通电话，全国 1.4 亿网民中，农民只占 1%。农村信息化滞后，使农民远离城市生活，远离世界，跟不上时代的步伐。我国在新农村建设中，应把农村信息化工程作为重点项目，加速推进信息资源的共享和利用，缩小农村与城市间的数字鸿沟，为农民提供平等发展的机会。作为媒体，既要利用好信息载体市场性的一面，又要充分发挥好其公益性的一面，大力开展支农公益活动，为那些看不起报、买不起书、看不到电视、上不了网的农民送上精神食粮，这应该是媒体和新闻工作者义不容辞的责任。

可见，重农，必得先从舆论做起！落实"重中之重"，媒体必须担负起应有的责任！

（本文撰写于 2007 年）

把脉"三农"须整合六种声音

中国"三农"问题之复杂，堪称世界之最。中国为"三农"诊脉开方者，可谓阵容庞大，常常各示锦囊，各展妙计，但在各种意见纷呈中，毫不夸张地说，属于"盲人摸象"者不少。要为中国"三农"把准脉、开对方，必须倾听多种声音，整合各种观点。它既要与中央的大政方针吻合，又要与地方的实际结合，更要与民情民意契合，是历史的必然，规律的体现，民意的集中。

一、农民的声音

没有谁比农民更了解农民，没有谁比农民更关心农民，没有谁比农民对自己更负责任。把脉"三农"，农民的声音是根本，是基础，但要把农民的声音收集、归纳、整合、提炼升华却是一件十分不易的难事：一是零碎。随着市场经济的发展，农村改革的深化，原先作为一个整体的农民阶层内部正在发生分化，从职业上看，传统意义上的农民已经分化为农业劳动者、农民工、雇工、农村知识分子、个体工商户、私营企业主、乡村企业管理者、农村管理者等；从收入水平看，农村已经出现了较为明显的收入分配差距，农户出现了富豪型、富裕型、小康型、温饱型、贫困型等不同层次。"横看成岭侧成峰，远近高低各不同"，不同的文化程度、生活际遇等决定了对于同一问题、同一事物农民反应有先有后，有快有慢，有强有弱，零零碎碎，千差万别。二是具体。与农民座谈，他们大都提出一些属于鸡毛蒜皮的具体问题，关注的焦点可能只是当家塘、门前道，村口的路灯、屋后的林子，想到哪儿说到哪儿，没有理性的归纳，逻辑的分类。三是现实。农民关心的是眼下的生活、在意的是切身的利益，对于美好蓝图、宏大目标往往看得很淡，不太关注。今年庄稼的收成、外出打工的待遇、眼下家庭的收支最是他们热衷谈论的话题。四是情绪化。农民由于文化层次、生活方式、生存环境等方面的局限，激烈的情绪化表述往往是常用的方式，他们很难做到冷静的理性叙事，辩证地分析问题。

"三农"问题，农民的声音是主体，但往往难成主流，难做主题，极端重要又常常变得无关紧要，原因在于：一是分布上散。几亿人的庞大群体，散居于300多万个自然村落，两亿多农民工，遍及全国大中小城市，散布于制造业、建筑业、服务业等门类繁多的各个行业，不少人常往返于城乡之间，声音分散且在最底层，散乱的时空分布使他们的声音难以形成强大的"共鸣"。二是组织上松。新中国成立以来，特别是改革开放以来，我国逐步形成了多种社会阶层，具有不同的利益诉求，由此形成了工会、工商联、商会、妇联和各种产业协会等代表各自阶层利益的组织。但占全国人口大多数的农民却没有这样一个组织。2007年7月1日《农民专业合作社法》正式实施，但至今各地合作组织多数仍以松散型的专业协会模式运作，紧密型的合作社、股份合作社为数不多。以有着5 000多万农村人口的安徽为例，目前协会型组织共3 900个，占到合作组织总数的85%。没有组织的农民自然没有代言人和话语权。三是诉求力弱。各级人大代表、政协委员中，农民代表微乎其微，且越向上农民代表比例越小。全国人大代表，农村是96万人产生一名，城市是24万人产生一名，城市代表是农村代表的四倍。1亿多农民工全国人大代表中仅有3名，一人代表着几千万人。农民的声音难达国家决策层面，在社会利益竞争与制衡中缺少争取利益的砝码，往往沉在下层、微弱无力。

农民的声音在表象中蕴藏着本质，在分散中积聚着力量，在现实中预示着长远，在具体中包含着抽象。把脉"三农"，农民的声音始终应是主流、是主题、是基调、是根本。抓"三农"工作，首先应在听明白农民的真实声音上下一番苦功夫、实功夫、真功夫：一是要深入民间。

走村串户，到田间地头、场边炕头，与农民真心交友，和群众真诚交流。那种"空中飞人"或"蜻蜓点水"式的调查是不可能获取真实信息的。二是要听懂民声。熟知农家生活、深谙乡土文化、掌握群众语言，家长里短之间洞悉情势变幻，万户千村之中探寻民心所向。三是要代表民意，"知政失者在草野，知屋漏者在宇下"，站在农民的立场汇聚民意始终是从事农村工作、做好"三农"决策的第一准则。

当下流行的网络调查，是官方、民间所有调查机构普遍采用的调查方式，这种"快餐式"民意测评存在很大弊端。客观地说，网民只能代表一部分相对强势的人群，而不能代表公众，更不能代表农民，因为农民上网的不多。有评论认为，"一个由七八十万的网络参与量得来的数据，也许还比不上一个样本一万的民意调查更具科学性和民意代表性。""网上得来终觉浅，绝知此事要躬行"，走近农民，深入农村，听得越多越好，越全越好。在有些事情上，我们说农民不听话，那是因为我们没有先听农民的话，只有我们先听农民的话，农民才会听我们的话。

二、政府工作人员的声音

政府工作人员属于社会精英且掌控行政力、主导话语权。政府工作人员的声音一般具有以下特点：一是高屋建瓴。以"一览众山小"的眼界观察经济社会，把握局势特点。二是统揽全局。能够把外部世界的变化与本地发展结合起来研究问题，在纷繁复杂的矛盾中找准关键，抓住主题。三是敏感性强。未雨绸缪，超前谋划的职业责任使他们一般都具有决策的前瞻性和政治的敏感性。

总体而言，政府工作人员的声音大都比较理性，但不乏非理性因素；比较准确，但并非一定正确；重点突出，但未必完全切合实际。其声音背后可能隐藏着另外一些目的，在听取一些基层工作人员高谈阔论时，要真正弄清其动机和目的。一防造形象工程。高喊做某事，并非真需要，只是为了所谓的面子和政绩大造舆论。原国家建设部部长批评说，全国竟然有183个城市提出要建"现代化国际大都市"，要知道就连首都北京也没敢这样提，目前出台的规划只定位于"现代化国际城市"。如按这种声音行事，按这个框架建设，只能建成一片废墟。明清之际的思想家王夫之研究发现，历代官员出于热情或其他动机，常常大力推行自以为能让百姓受益的某种种养业，结果百姓反受其害，这就是与"黄宗羲定律"齐名的"王夫之定律"。二防短期行为。一些政府工作人员为一时之利或因眼界局限，搞工程、上项目，还没完工已经被淘汰，建了扒、扒了建的现象在中国十分普遍，改革开放以来快速崛起的几百亿平方米的建筑物，平均寿命只有 30 年左右，仅相当于应该保有寿命的一半。这种鼠目寸光的教训实在太多太多。美国纽约市政规划还是一百多年前做的，至今仍按图建设，总体框架并不落后。当年有位领导到珠三角考察留下的印象是"走过一村又一村，村村像城镇。走过一镇又一镇，镇镇像农村"。缺乏长远眼光的建设与发展留下的隐患有时可能比从头开始花费的代价还要大得多。三防形式主义。如各地在统筹城乡、推进新农村建设中，都普遍遵循的一个原则是"量力而行"。诚然，新农村建设不可能一蹴而就，量力而行无可厚非。但一些地方借量力而行之名，行"量力缓行""量力不行"之实，以会议贯彻会议、以文件落实文件，以穷为由，把"力""量"没了，只是开会发文空喊一阵子，或造几个典型了事。四防权力与资本的合谋。近年来，随着各级政府对"三农"的投入和支持不断增加，市场和资本的力量加速向农村渗透，致使个别地方基层政府权力寻租的内驱力明显增加。同时，由于村民自治制度建设还停留在低水平上，民主决策、民主管理和民主监督尚未真正落实，在土地征用、土地流转和集体资产运作等方面，基层干部权力寻租有蔓延趋势，借新农村建设名义大搞"圈地运动""资产盘活"等，不断翻新花样，与一些不法商人勾结，共同谋利。

因此，到基层调研，听取各种汇报，不仅要听其言，还要观其行，更要察其果，弄清其"声音"背后的"声音"。

三、专家学者的声音

"三农"问题，举国关注；"三农"论著，汗牛充栋；"三农"专家，鸿儒云集。自 20 世纪初晏阳初、梁漱溟等知识精英开展乡村建设运动以来，越来越多的专家学者把目光聚焦"三农"。作为专家学者，一是专业知识丰厚。"术业有专攻"，专家学者长期从事某项研究，具有较为广博的专业知识储备。二是见地深刻。专家学者具有深厚的学术背景，观察事物、看待问题更为理性、深刻，更加透彻。三是相对超脱。专家学者居象牙塔、处"三农"外，研究"三农"，与农业农村工作无直接利益关联，有一种"局外人"的超然。四是敢于直言。专家多以学理相辩，推理言事，直话直说，尽酣畅而快。

专家学者的声音，具有深刻的理性和创新的思维，但偏颇也显而易见：一是以偏概全。一些专家学者看问题多关注点、少照顾面，多盯着局部、少通盘谋划。如近两年，农村土地流转问题成为学术界普遍关注的热点焦点。有人以局部地区、个别典型为逻辑起点，发微探幽、旁征博引、力主加快，带动舆论界摇旗呐喊、擂鼓助阵，将本来好好的一幅行云流水般的田园风光图，搅和得"山雨欲来"。其实，土地流转从家庭承包经营制度开始实施，一直都在进行，在政策上没有任何障碍。土地流转是一个经济常态现象，它只能按市场规律产生需求与供给，也只能随着地方经济社会发展加快或放缓，热炒的背后存在着明显的误区。二是教条主义。这是一些专家学者和部分官员的通病。以理论为教条、视书本为圣经，将理论与实践相分离、主观与客观相脱离，具体有四种表现。第一种，新教条化，不用发展的、辩证的眼光看待马克思主义，拒绝具体情况具体分析，否认实践是检验真理的唯一标准，只生吞马克思主义著作中的只言片语，并当作包医百病的灵丹妙药和千篇一律的经典公式，到处生搬硬套。第二种，西方教条化。迷信崇拜西方理论，盲目套用定理模型，不顾国情、全盘西化。第三种，新教条主义。即市场万能论，认定政府对市场管得越少越好、不管最好，全然不知市场背后法制的约束和民主的力量。第四种，老教条主义。即经验主义，研究问题、判断形势不是从事物的本来面目和发展趋势出发，更多的是靠感觉、拍脑袋、凭经验。三是理想色彩浓。一些专家学者久居象牙塔、常作壁上观，不做调查研究、身陷学院书斋，道理上只讲"该不该"、不管"行不行"，操作上只求可能性、不问现实性。比如，一些专家根据诸多经典理论，从宏观的、理论的和逻辑的角度推理，得出"富裕农民就要减少农民""当前必须加速推进城市化进程"的结论。这些结论都对，但是减少农民需要把握速度，城镇化进程有其自身的客观规律。从世界各国城镇化发展速度看，进入加速发展阶段后全世界平均每年城市化率增长的百分点为 0.336。我国从 1978 年起开始进入城镇化加速发展阶段，改革开放几十年，我们的城镇化率从 1978 年的 17.9% 提高到 2008 年的 45.7%，平均每年增长 0.93 个百分点，增长速度已十分惊人。进入城市化加速阶段后，城市化率提高 20 个百分点，我们只用了 22 年时间，而美国用了 80 多年，英国则用了 120 多年。我们的城市化已经是快速了，再快将后患多多。更何况城市化首先应是人的城市化，我们有 1 亿多农民进了城，还没有享受到同等市民待遇，城市就已经难以承受了。四是缺乏独立性。有的学者缺乏独立性、缺乏自己的独立见解。有的学者经济上接受他人资助，导致经济上没有独立性，进而影响其学术上的独立性。善于"说明"的很多，敢于"明说"的太少。

对于专家学者的声音，应坚持百花齐放、百家争鸣，坚持知无不言、言无不尽、言者无罪、闻者足戒。应鼓励专家学者结合中国国情、立足现实，独立思考，不断发出有创新精神的声音。

四、媒体的声音

大众传媒在经济社会发展中扮演着"瞭望者"的角色。身为社会公器的各类媒体，一是信息传播快捷高效。在常规状态下，能够实现"上下通达"，覆盖全社会；在突发性"公共事件"中，能够做到反应灵敏、触角深广。及时、充分地传布信息。二是引领舆论把握导向。通过信息的选择和编排体现"用事实说话"的力量，科学合理地传递党和国家的大政方针，形成主流的话语体系，支撑和谐的舆论环境。三是社会监督广泛充分。关注社会走势，洞察社会百态，扬善弃恶，褒美贬丑，解剖各种矛盾，分析利益冲突，触角所及，无远不到。

自 2003 年中央提出要把"三农"工作作为全党工作的重中之重以

来，全国新闻媒体不断加大对"三农"的宣传力度，但与理应承担的"重中之重"责任还相去甚远：一是轻农。以都市生活为主的内容充斥版面和荧屏，源自农村社会的信息在媒介现实中所占比例甚微。二是逐利。随着大众传媒产业属性的凸显，部分媒体忽视社会责任，竞相追逐商业效益。三是炒作。一些媒体惟商业利益"是瞻"，不同程度地存在低俗、媚俗、庸俗现象。更有新闻工作者将农民的极个别不良行为进行恣意渲染，置于街谈巷议的消遣，为眼球经济弃职业道德。四是误读。有些媒体从业者对"三农"问题及农村现状了解不深，研究不透，理解偏颇，缺乏全局眼光和求实精神。

当前，媒体已由"新闻时代""分析时代"进入"洞察时代"，其影响力尤为巨大。时下街巷有议：现在世界上只有两种人能转动地球，一种是各国领导人，另一种就是媒体节目主持人。媒体的特性决定了它不一定是解决"三农"问题的决定力量，但却一定是不可或缺的推进力量。倾听媒体声音，应注意把握由于"轻农""逐利"带来的声音不强问题，由于"炒作""误读"带来的"失真"问题。

五、非政府组织（NGO）的声音

我国几十年的农村改革总体上是沿着"保护私权""限制公权"两个方向展开。拥有"公共权力"的组织功能渐弱，民间组织的自域空间正在增强。各类非政府组织的生成勃兴，在"三农"领域发挥着特有的作用：一是民意的汇集。改革开放以来，农民的自我意识、主体意识、民主意识、法律意识和权利意识明显增强。同时，随着农民群体的不断裂变、分化、组合，不同的群体都有不同的价值取向，利益诉求也日益多元。非政府组织为不同地域、阶层、行业的农民联合合作、表达诉求提供了有效资源，创造了多种平台，为农民组织起来、扩大话语权提供了条件。二是行业的代言。在农业各个产业中发展非政府组织一直是世界各国农民应对市场化挑战、克服农业弱质性的共同选择。近年来，我国一些地方以协会、合作社等专业合作组织为主体实施行业管理，不仅弥补了农业经营管理体制的制度缺损，而且把分散的个体组织起来，使从事农业的千家万户在各种竞争平台上，发出了自己的真实声音，提高了自己的市场地位。三是矛盾的缓冲。非政府组织在农民与其他社会群体、市场主体和政府组织之间建立了利益协调与表达机制，避免了各类社会群体产生直接、尖锐的矛盾冲突，为经济社会运行预设了"减震器"、注入了"润滑剂"。

非政府组织的声音既源自农民，又高于农民，是千千万万原子化农民的声音经过归纳、整合，得出的综合性、系统化表达。但非政府组织的声音，同样具有局限性：一是弱质性。长期的计划体制造就了庞大的"全能政府"，对农村经济社会事务无所不包、无所不揽。在国家强控制模式之下，中国乡土社会非政府组织的力量非常薄弱。迄今为止，农村组织的总体状况仍然是："官办组织"僵化不活，自治组织异化存活，民间组织存而不活，自发组织难以存活。对于非政府组织而言，来自观念、体制、制度、管理等方面的束缚太多，生长空间非常狭小，位卑言微。二是倾向性。在非政府组织中，不论是行会、商会，还是协会、合作社，都是部分农民以业缘、地缘等为纽带自发结成的利益共同体，其声音只是源自某一方面、某一群体农民的诉求表达，代表性有限、全面性不足。单纯考虑、采纳单个非政府组织的意见，往往会触及与之相关群体的切身利益，引发参照诉求、产生连锁反应。三是官办性。多数农村非政府组织内生于原有体制，绝大多数是在政府的直接或间接推动下组建的，从一开始就与政府及其相关部门有着千丝万缕的联系。一些地方在非政府组织发展中，强调政府主导，实际上是由政府部门出面组织，并控制人事权、决策权。许多用行政手段"捏合"起来的农民合作经济组织，说的是"官话"、办的是"公事"，无法表达成员意愿，难以代表群众利益。

国家逐步缩小共域范围，扩大民间自域空间，实行政府组织与非政府组织的分工与合作，以民间力量来"补官治之不足"，应该说是几千年来中国乡村社会治理经验和教训的结晶。倾听 NGO 声音，在充分利用其有效整合行业意愿，洞悉行业走势等优势的同时，应注意克服其狭隘性、倾向性、功利性等弊端。

六、海外的声音

从清末的变法到民国的探索，从新中国成立初期的"人民公社化运动"到当前的新一轮改革，中国的"三农"问题不仅吸引了无数中华学人，同样也吸引了大量海外学人。应该说，海外学者对中国"三农"问题的研究成果构成了"汉学""中国学"的主体脉络，自20世纪初至今绵延不绝，如黄宗智的《华北的小农经济与社会变迁》、杜赞奇的《文化、权力与国家：1900—1942的华北农村》，均是海外中国农村研究的代表。改革开放以来，国外对中国"三农"问题的研究更成为显学，在中国学界政界都产生较大反响。海外的声音有着独特的韵律：一是比较的方法。海外研究者易从"局外人"的立场和世界的格局出发，看待中国"三农"问题，往往将中国"三农"问题置于不同的参照系中分析比较，为科学定位和评价农村社会演进、农业产业发展提供了新的坐标体系。二是多元的视角。西方的经济学、社会学、历史学和政治学等学科的学者们从不同的角度出发，运用各自理论模型和思维框架，对中国"三农"展开研究。三是较少的制约。海外研究者不受约束、相对超脱，不循固有框架、不落繁文缛节，分析问题一针见血、一语中的，政策建议另辟蹊径、直击关键，为中国"三农"研究开辟了新的空间。

海外的声音具有先天优势，但也有一些突出的弊端：一是水土不服。一些海外研究者与研究机构没有真正把握中国国情，不十分了解中国现实，循诊开方单纯依赖西方经验，抓药除病套用国外模型，其结果往往南橘北枳、背离初衷。1990年德国赛德尔基金会把山东省青州市南张楼村设为中德合作试验区，自信满满地推行享誉世界的"巴伐利亚经验"，力求通过教育、土地整理以及基础设施建设等方面的投资，将这里建设成宁静温和、安守乡土、自给自足的"田园牧歌"式的新型农村。十几年后的今天，德国人无奈地发现，农民外出打工后回村创办了80多家企业，农业生产已逐渐成为副业，寄予厚望的田园生活已近消散，德国经验不可避免地与中国农村的现实发生了激烈碰撞，原定目标已经难以实现。二是政治偏见。部分西方学者固守于斗争哲学，依然戴着有色眼镜看待中国，一会散布中国"衰败"论，一会又散布中国"威胁"论，宣扬的是落后消极面。

中国"三农"问题始终是国际社会关注的焦点，对于来自海外的声音我们应始终保持以下三种态度：一是清醒的头脑，不为人言所惑、不为干扰所惧、不为困顿所忧，保持冷静、坚定立场；二是开放的胸襟，具备世界眼光和国际思维，既不妄自尊大，也不妄自菲薄，取其精华、弃其糟粕、师他国长技、纳良谏如流；三是大国的气度，进退有度、挥洒自如，以圆融通达的心态，观五洲风云，察四海冷暖。

不同的声音代表不同的群体，各有千秋、各存长短，都是"三农"乐章中不可或缺的重要元素。我们既要能听懂、乐于倾听，能够辨析弦外余音，了解真实意图；又要能沟通、善于互动，通过平等对话，交流思想，求同释疑；更要能整合、勤于思索，把握各种声音同频共振的结合点，探寻协力共进的平衡点。只有这样才能汇聚各种声音，为"三农"工作定准基调，演奏出符合实际、美妙和谐的华彩乐章。

（本文原载于《中国发展观察》2009 年第 9 期）

扑面而来的 "AI 时代"

近几年，从无人机植保到 "傻瓜式" 种地，各种发生在农业领域的技术革命频频见诸媒体。当人们乐享智慧农业的幸福时，根本没有觉察到这是 "山雨欲来风满楼" 的前奏。2016 年，一声划时代的 "狗" 叫，惊得世人目瞪口呆，彻底打破了人类主宰世界的美梦。2016 年被称为人工智能元年，从此 "狗眼看人低" 的那句老话被应验，横空出世的 "阿尔法狗" 雄视天下，傲视人类。从梦中惊醒的人们突然发现，一个新的物种诞生了，人类不再可能唯我独大，这个新物种把我们带进了 AI（人工智能）时代。

人类从 IT（信息技术）时代进入 DT（大数据云计算）时代只用了十几年时间，然而当我们还在讨论大数据、云计算的浪潮时，AI（人工智能）时代已经扑面而来。下一步，我们还将进入 HI（人类智能）时代（人工智能与人类智能不同点在于，人类智能时代，人脑与电脑可以实现互相切换下载）。"阿尔法狗"（AlphaGo）战胜了世界顶尖围棋选手李世石，随后它的升级版 Master 又连续战胜了 60 位围棋高手，引起了世界轰动。聂卫平在赛前接受凤凰台采访时曾笃定地说这次 "人工智能不可能在围棋领域战胜人类！绝对不可能"！但结果出乎很多人的预料。如果说 IT 时代是信息爆炸的时代，DT 时代是知识爆炸的时代，那么 AI 时代就是智能爆炸的时代。百度总裁李彦宏就认为互联网只是一道 "开胃菜"，真正的 "主菜" 是人工智能，人工智能不是互联网的一部分，不是互联网第三个阶段，而是堪比工业革命的新的技术革命，而且会持续很长时间。他保守预测，未来 20～50 年都将会是人工智能的快速发展时期。

人工智能征服世界指日可待。2011 年美国畅销书作家雷·库兹韦尔出版了一本书叫《奇点临近》，书中预测人工智能完全征服人类的时间节点在 2045 年。目前，AI 已经渗透到人类生活的各个领域，像防火、讨债、扶贫、医疗，农业的病虫测报、天气预报、无人机植保、播种等难题都能解决。尤其在计算、检索、记录、下棋、记忆方面，AI 已经大大超越人类。在可以预见的未来，AI 时代将彻底颠覆人类的思想观念、思维方式、生活信条等。

一、人工智能与人类相比具有六大优势

一是经验丰富。人类只有自己的经验积累和从其他人及书籍中学习到的一些经验。而机器则可以储存人类的所有经验，在这一点上人类的记忆力无法比拟。AlphaGo 战胜围棋大师就是典型的例子。19×19 的围棋棋盘上的套路虽然无法穷尽，但人工智能可以掌握人类历史上所有下过的棋路，并可以在此基础上进行自我对弈，"左右互搏"。一年后的今天，AlphaGo2.0 版已经可以让给 1.0 版 4 颗棋子而获胜。人工智能在经验积累上可以跨越时空，在纵横两个层面掌握人类积累的经验。在纵向上，掌握古往今来全人类的历史经验。比如在医疗领域，硅谷已经研发出超出人类顶尖水平的看病机器人，因为它已经掌握了人类所有的病例，通过综合归纳就可以判定患者病情。最近已经有这样的实验，机器和非常有经验的 X 光片医生比识别准确率，在癌症诊断上机器已经超过了最有经验的医生。原因很简单，一个 X 光医生一生当中最多看上万张图片，但是机器可以一次看几百万张图片。在学术研究方面，第一步都要阅历史文献。人类查阅文献，类似的有几百篇文章，一天读一篇得读一年。人工智能可以就某一课题搜集全世界的历史资料、研究成果，然后归纳分类，这些繁杂的事它只在瞬间便可完成。不久前，加拿大就做了这样一个实验，这是一个关于医学问题的研究，他们让机器读了大概 40 万篇文献历史。然后，机器就自己总结出了历史上所有已经解决了的问题，是用什么方法解决的，今天还有哪些问题要解决，有哪

些可能的方法能解决这样的问题。过去由人类完成的科研这种高度创新的活动，机器很轻松地就完成了。再比如，现在有文学地图、诗词地图，搜索苏东坡，人工智能就可以查到他一生分别在什么时间、什么地点写过什么诗词。在横向上，人工智能可以模仿人的风格进行艺术创作。比如它可以模拟琴棋书画、诗词歌赋、小说散文、学术研究等方方面面的人类经验。把名家的曲子输入进去，人工智能马上可以创作出新的编曲，艺术水准跟名家不相上下；把一个人的书法、绘画作品输入进去，机器也同样可以模仿出以假乱真的作品。人工智能还可以具备写诗作词、小说散文这些创作技能。有这样一首诗："孤奈凌节护，根枝木落无。寒花影里月，独照一灯枯。"这首题为《画松》的诗其实非人所作，而是由人工智能创作出来的。人工智能不仅可以学会句式结构，还可以掌握不同风格。也就是说，如果把鲁迅的著作给机器人"喂"一遍，它写出来的故事，一定是鲁迅风格的。从理论上看，在所有能够被规则化、系统化的领域，人工智能都有可能取代人类，甚至在一些人类以前认为无法规则化的领域，AI 都能大展身手，人类已经很难说还有什么领域是人工智能的禁区。

二是反应敏捷。人工智能计算的数字都是天文数字，反应的速度超乎人类想象，而且更新迭代的速度特别快。今天的一部普通智能手机都比 20 世纪 80 年代的超级计算机计算速度要快不知多少倍。我国的天河超级计算机，现在每秒的运算速度是 3.4 亿亿次。而中科大潘建伟团队光量子计算机又比现在的超级计算机不知快了多少倍。光量子计算机一经投放市场，现在的所有计算机都将成为垃圾。人类需要很长时间做出来的东西，机器很快完成了。这带来的最大好处就是科学家以前穷尽一生都难以做到的事情，交给人工智能瞬间就能解决。以研制抗癌药为例，过去制药，生物科学家预测一种化学结构可能有效，便逐个试错。这和爱迪生发明电灯泡相似，效率很低。现在则把大量已成功开发的药的结构输入机器，机器通过海量的学习，反复的试错，药品研发速度便可提升很多倍。科学家以往采取试错法和排除法分析数以万计的天然或合成化合物，耗时费力，有的需要几年甚至十几年、几十年，而现在在

AI的帮助下，筛选百万种化合物的工作量只需要一天就能完成。想当初，科学家第一次进行人类基因组定序的时候花费了 15 年、30 亿美元，但现在只要花上几周、几百美元就能完成一个人的基因定序，原因就在于机器的反应速度越来越快。

三是默会技能。人类绝大多数技能都只能意会，难以言传，比如开汽车、骑自行车、绘画、书法、写书、料理等，都只有从实际训练中掌握。没有人是看说明书学会骑自行车的，都是骑到车上摔几跤学会。这种默会技能，机器人可以用机器语言去学习理解并掌握。英国的一家公司已经发明了"厨房＋厨师"机器人，冰箱、灶台、烤炉等各种厨房设备都合并到机器人中，不管是做面包还是做法餐、中餐，都可以交给机器人完成。这个机器人明年即将投放市场，售价 10 万元，价钱虽然很贵，但随着人工智能技术的不断发展，它的价格会越来越低，成为大众消费品。包括我们现在的很多人工智能都体现了机器的默会学习能力，给某个人工智能机器编程的人可以完全不懂这件事，只要有这个行业的数据，剩下的交给机器自己去学习。比如写 AlphaGo 的软件工程师完全不懂下围棋，但只要有围棋数据，机器就可以自己学习。

四是群体学习能力。一台机器学会一种知识，马上可以通过网络不走样地传递给其他机器，无数机器人照单全收。Google 做了一个实验，他们让机械手学习去抓不同形状的东西，有圆的、方的、长的、短的，也不教机械手，机械手一开始抓空了，下一个动作就换一个姿势，这就是机器学习的一个过程。然后 Google 拿了 20 台机械手一起来学，结果时间是原来的 1/20。再比如特斯拉在大街上跑的 10 万辆车，每辆车都在学习，一天能搜集几百万公里的数据。也就是说，学习一个超级复杂的东西，把 10 万台机器放在一起，人类可能要学很多年，它们一分钟，甚至一秒钟就学会了。因为机器之间可以瞬间分享自己学到的东西。人类就无法做到这一点。不管是什么知识传递出去，也不管是采取言语口述还是手把手教授的方式，信息传输过程一定会有失真，接收方接收到信息后再加上他自己的理解，学到的东西一定不是原样的，不可能做到原样复制。而且人受时空的局限，信息传播的范围、对象也很有限，虽然有互联网但还是达不到机器人的传播范围。人类的这一点局限，我们的老祖宗很早就意识到了。西安碑林的《开成石经》，是唐文宗时期朝廷组织学者花了 7 年时间才篆刻出来的。里面的内容都是《论语》《孝经》《尔雅》等儒家经典。花这么大精力去做这个事情，就是因为当时印刷技术不发达，儒家经典相互传抄，抄着抄着就走样了，往往词不达意、漏洞百出，只能由官方出面兴师动众去搞这么大一个文化工程，搞出来以后就立在国子监门口，保证经典的权威性和准确性，但即便这样，传播的范围也是极其有限的。

五是永不疲劳。人脑在稳定性和可靠性上跟电脑没法比。人吃五谷杂粮会病，想问题想得时间长一点会累。人要吃喝拉撒、要睡觉休息，不可能 48 小时、72 小时连轴转。可是电脑完全不存在这些问题，它可以全天 24 小时一年 365 天处于峰值水平运行从来不休息，仅在这一点上人脑对电脑就是望尘莫及的。李世石大战 AlphaGo，赛后当天，不管李世石再怎么悔恨，再怎么痛苦，再怎么勤奋，他晚上都需要睡觉。李世石睡觉的时候，胜利者 AlphaGo 干吗呢？它当晚又复盘十万局棋局，这个差距只能是越拉越大。

六是不会犯错。人类的经验取得都是在无数次试错之后获取的成功，666 农药是在 665 次失败后才造出来的，所以取名 666。人类每一项科技研发都经历过无数次的试错，而机器人不同，它掌握的技术全是人类成功的范例，试错过程被全部删除省略，因此它不会犯错，只会在人类成功经验的基础上优中选出更优的方案，仅这一点就让人类无法企及。

人工智能是一个崭新的技术前沿，它正在打破世界旧的秩序，并缔造一个新的秩序，它将带给我们的是我们还不能完全理解的经济、政治、社会、文化变革。它不会成为新的行业，但它会渗透和改变现有的所有行业；它或许会改变人的生命，让人生永恒；它更有可能改变人作为人的界限和意义。

人工智能的发展现状

AI 概念最早于 1956 年由美国的一批科学家提出。20 世纪 60 年代人工智能进入研究阶段。目前公认 AI 技术领域有三大领军人物，其中有两个在企业搞技术研发，另一个在学校从事理论教学，他的观点独树一帜，认为如果都去企业搞研发了，谁来传递 AI 的前沿知识。因此，他拒绝了各大企业千万级别的年薪，坚持从事 AI 理论的教学。

科技发展有三种模式，领跑、并跑和跟跑。中国目前在某些 AI 技术的应用领域可以领跑，但在原创技术研究的个别方面只能勉强并跑，大量的技术仍处于跟跑阶段，且差距较大，比如中国还要大量进口 AI 芯片。现在在硅谷形成了一批顶尖的企业和专家从事 AI 技术研究，机器人技术相关专利在过去 10 年间增加了 2 倍。中国以百度为龙头，约有 800 家企业在进行机器人的研发和生产，2016 年产量约 7 万余台。现在有 20 多个省把机器人作为重点攻关项目。我国机器人产业的发展目标如果以高考作类比，2017 年的目标是考上一本，到 2020 年目标是考上清华北大。这里先要澄清一个概念，不能一提到人工智能就想着机器人。机器人只是人工智能的容器，机器人有时候是人形，有时候不是，但是人工智能自身只是机器人体内的电脑。如果人工智能是大脑的话，机器人就是身体——而且这个身体不一定是必需的，比如人脸识别、无人驾驶，这些都是人工智能范畴，但它不一定有机器人的外壳。目前，百度团队在国内和硅谷的研发力量约 2 000 人，百度年收入的 16％用于 AI 研发。

从目前世界人工智能研发现状看，有如下几个特征。

一是从类型上看，人工智能按能力可分为三类。第一类是弱人工智能，即擅长于单个方面的人工智能。比如我们手机的语音助手、导航系统、智能翻译，以及汽车上控制防抱死系统的电脑，甚至包括 AlphaGo 都是人工智能。AlphaGo 虽然能战胜李世石，但你若问它，你跟李世乭交手后感觉他是一个什么样的人，它就答不上来了。弱人工智能已经融入我们的生活，大家司空见惯并不惊奇，但每一个弱人工智能的创新，都是在给通往强人工智能和超人工智能的旅途添砖加瓦。就像是地球早期软泥中的氨基酸——没有动静的物质，突然之间就组成了生命。第二类是强人工智能，即是人类级别的人工智能，在各方面都能和人类比肩，能够进行思考、计划、解决问题、抽象思维、理解复杂理念、快速学习和从经验中学习等操作。达到这一阶段还有很多技术难题。首要问题就是人类对自身大脑的运作方式还不是很清楚。我们只有明白人类的智能是多么不可思议，才能明白创造一个人类智能水平的电脑是多么不容易。造摩天大楼、载人航天、研发核武器——这些都比理解人类的大脑，并且创造一个类似的东西要简单太多了。这里我们举两个例子比较一下：造一个能在瞬间算出十位数乘法的计算机非常简单，但造一个能分辨出一个动物是猫还是狗的计算机就极端困难了；人类早就造出能战胜世界象棋冠军的电脑，但要造一个能够读懂六岁小朋友的图片书含义的电脑——很遗憾——谷歌公司花了几十亿美元也还没研究出来。简而言之，如微积分、金融市场策略、翻译等我们觉得困难的事情，对于电脑来说都十分简单；如视觉、动态、移动、直觉等我们觉得容易的事情，对电脑来说简直太难了。所以，从弱人工智能到强人工智能还有很多路要走。第三类是超人工智能，牛津哲学家、知名人工智能思想家尼克·博斯特罗姆把超级智能定义为"在几乎所有领域都比最聪明的人类大脑要聪明很多，包括科学创新、通识和社交技能"。超人工智能可以是各方面都比人类强一点，也可以是各方面都比人类强万亿倍的。目前，弱人工智能已经无处不在，人工智能革命是从弱人工智能，通过强人工智能，最终到达超人工智能的旅途。这个阶段也被称为人类智能（HI），这是改变人类文明进程的"奇点"，未来学家雷·库兹韦尔认为将出现在 2045 年前后，这个学派被称为"奇点说"派。特斯拉 CEO 马斯克已成立一个团队致力于这方面的实践，他们试图把一个叫神经织网的东西嵌入人脑，实现人与机器的结合，把人类与人工智能合二为一，实现思想上的任意上传或下载。这个团队目前遇到的问题有两个，一是先要发明出一种新型电子材料，它足够小、足够软，可以用注射器注射到人的大脑中，然后在大脑中展开成为一个电极网络，成为记录神经元活动的多个电极。二是还要解决能够破解神经元的语言。这项颇有争议的技术，马斯克称为"脑机接口"技术。人类进入"奇点"这个阶段中，世界将变得完全不一样。

二是从研发阶段看，人工智能的发展有三个阶段。第一个阶段是自主意识，目前各国研发的机器人还没有自主意识，只能根据人类下达的指令去工作，下一步的研发方向就是让他拥有自主意识。第二阶段是情感意识，未来人和物的交流方式，人和工具的交流方式，不再是人学习工具怎么使用，而是机器、工具学习人的意图，让人和机的对话、人和物的对话变成一种自然语言的对话。美国有部电影叫《逃出克隆岛》，描述了这样一个未来：一个富翁为了延续自己的生命，从仿生人公司订购了几十台跟自己一模一样的复制品，这些复制品压根不知道自己是仿生人，他们有着跟人类完全一样的情感意识，正常融入人类的生活。一旦富翁某个器官衰竭了，公司就人为毁灭一个复制品，将其器官移植给富翁。最终有一台复制品觉醒了，它发现了"人为刀俎，我为鱼肉"的真相，它认为"人生而平等，仿生人也是人"，电影的后半部分是描述他如何跟公司和人类对抗，逃出克隆岛的故事。这个电影提出了三个问题，第一个是伦理问题，就是有情感意识的仿生机器人到底有没有"人权"。第二个是生物人与仿生人产生情感，可不可以结婚。第三个是人工智能觉醒了怎么办，也可以说是人类生死存亡的问题。第三个阶段是自觉学习意识，如果机器人有了自觉的学习意识，它就会彻底觉醒。从个体机器人的学习意识来看，由于人工智能无所不能，什么都能学习，学会以后能够永久地储存起来，这种学习能力远远超越人类，所以一台觉醒后的机器人是智商再高的人类都无法匹敌的。从机器人群体来看，由于机器人可以通过互联网传递学习意识，只要有一个机器人觉醒了，就意味着整个机器人社会的觉醒。那个时候再强大的人类社会网络也无法对抗觉醒后的机器人社会，人类将被毁灭或者奴役，《人类简史》将成为《机器人简史》的几页序章。

　　三是从重点领域看，当前人工智能研发着重主攻四个领域。第一个是人脸识别和语音识别。目前人脸识别已经做到跨代和跨年龄识别，即在海量的人脸中识别出父子等血缘关系和通过测试一个人儿时的相片就能准确找到测试人的现照。2017年"五一"已经有上百家旅游景点应用人脸识别技术检票，购票时只需让机器识别人脸，进入景区时就可以不用排队检票直接入场。语音识别方面，机器语音识别的正确率只比人类速记差 0.1 个百分点，人的速记正确率是 95.5%，机器已经达到了 95.4%。

第二个是仿生人。现在法国已经推出一款硅胶仿生机器人，价格也不高，约 4 万元人民币，它可以有 18 种表情，还可以陪人聊天，以应对老龄社会。所以，未来人类的生活空间将有三种人，一种是我们这样由猿猴进化而来的生物人，一种是有着机器外观的机器人，另一种就是仿生机器人，它是以模拟真人为目的的机器人，从外表上完全看不出他与人类的区别，甚至在身体的内部构造上也与人类相似。2013 年 2 月，英国就已经制造出了世界上第一个仿生人，名为"Rex（雷克斯）"，造价 100 万美元左右。外表上看，雷克斯有血有肉，会说笑话，与人类相似；内部构造上，它也有胰腺、肺、脾脏、耳蜗、视网膜等人造器官，甚至还有人工血液循环系统，几乎达到以假乱真的地步。专家预测，再过十年左右，拥有自主意识和情感交流能力的仿生机器人就将诞生。以后我们人类谈恋爱，根本分不清对象是真人还是仿生人，往往仿生人比真人还有吸引力，因为它可以满足真人的各种需求，只要付出，不要回报，而且如果你用了一段时间，觉得腻味了，还可以给它进行软件升级，满足你的个性化需求，所以，以后人类社会需不需要婚姻，这都是一个问题。仿生人技术还有一个特点，它可以对人体衰竭的心脏、肾脏、胰腺和脾脏等进行替换，从而解决世界范围内捐赠器官不足的问题。当然，这又涉及我们刚刚提出的伦理问题，仿生人有没有人权。这一点我们后面还会细说。

第三个是汽车无人驾驶。这个领域以百度、谷歌、特斯拉的技术最为领先，现在主要的技术难题都已经解决，量产的难点主要在三个方面。其一，探测器价格太高，目前售价需几万美元，需要降到几百美元才能够进入量产应用阶段。因为它目前需要使用一种叫内嵌富勒烯的人工合成物质，用于导航定位，这种物质由牛津大学合成，每克售价高达 1 亿欧元，约合七八亿人民币，这可能是眼下世界上最昂贵的人工合成物质了。其二，当人机同时操作时，若人类驾驶员违反交通法规行驶，会影响机器的判断，引发交通事故。其三，一辆无人驾驶汽车就是一台装了4个轮子的电脑，如果遭遇黑客攻击，也会危及人身安全。这些问题预计一两年内即可解决，这件事带来的震动是全世界的汽车厂商每天都在提心吊胆，不知道哪天一觉醒来整个汽车行业就被无人驾驶技术颠覆了，他们的企业就变成了汽车界的"柯达胶卷"。2016年9月1日，迪拜开通了世界上首个无人驾驶公交系统，首辆车在长700米的繁华大道上运行，每小时运载2 500名乘客。继迪拜之后，法国、美国、荷兰、瑞士等国也都先后推出无人驾驶公交系统。美国波士顿集团认为，到2025年，无人驾驶公交车可达1 800万辆。不久前，奔驰汽车厂商已经和Uber签了协议，未来奔驰生产出来的无人驾驶汽车全部卖给Uber，由Uber统一管理运营，为AI时代的到来提前布局。

汽车无人驾驶一个小小的变革可能引发多元的社会震荡。一是全世界几千万职业驾驶员失业；二是全世界所有的汽车生产厂家都要推倒重来；三是无人驾驶技术使共享汽车产业爆发式增长，最终使家庭都不再购车，进而解决停车难问题。我们在汽车工业时代忙着造车、买车，却忘了停车。中国目前停车位全面告急，全国家用汽车拥有比率已达35%，即超过1/3的家庭拥有汽车，停车难问题全面爆发，全国缺口达5 000万个。发达国家的车辆数与车位比是1∶1.3，我国大城市1∶0.8，中小城市1∶0.5，这个难题等到未来每个家庭都不再买车，全部使用共享汽车时，就能迎刃而解了。四是便利的共享交通使人们出行量大大增加，导致城市消费大量外溢，乡村成为生活的热点，工作在城市，生活在乡村，将是未来最流行的生活方式。晚上下班，二维码一扫，无人驾驶汽车便可送你到你想去的地方，你可以在车上睡大觉，也可以继续办公，到达目的地它会自动停放到该停的地方。未来建设田园综合体，首先则要考虑无人驾驶汽车的巨大停车场问题。以色列纳米技术公司刚推出一款划时代的"超快速充电"电动汽车电池，该电池可在短短五分钟内完成充电，并支持汽车续航300英里（约483公里）。德国已经宣布到2030年将不再使用内燃动力车，所以建议很多准备买高档车的朋友可以再等等了，说不定再等个五年，你乘坐的都是无人驾驶的电动汽车了。可见，仅汽车无人驾驶一项，人工智能技术就将全面颠覆人类的生产生活方式。

第四个是医疗。2017年2月初，世界癌症日时，"沃森医生"首次来华。沃森是美国IBM公司研发的超级计算机，于2007年开始研发，主要应用在肿瘤诊断领域。这台超级计算机里存储了200多部肿瘤专业领域的教科书，超过300种医学期刊以及1 500多万页肿瘤文献的关键信息和临床试验中的60多万条医疗证据。沃森可以根据患者的病症、病史和诊查数据，自动搜索海量的病例和医学图书、论文数据库，进行对比匹配，得出诊断结果，并给出治疗方案。过去的4年多时间里，沃森已经接受过较多培训，美国多家顶尖肿瘤医院已经"雇佣"它。世界癌症日时，沃森在中国，2小时内为21名癌症患者做了义诊，包括胃癌、肺癌、直肠癌、结肠癌、乳腺癌和宫颈癌等。义诊的诊断结论，经现场知名医生验证都较权威。医生评价为：不仅可以提供可选择的诊疗意见，还能帮助医生总体评估该方案的疗效及风险。预计2017年底，沃森将会进入150家医院。来自"沃森医生"的压力逐渐在外科医生领域蔓延。但中国工程院院士、北大医学部主任詹启敏认为，机器人医生不可能代替人，虽然它记忆运算决策优于人，但它是冷冰冰的，而医生是温情的。他认为未来世界可以通过6G网络实现远程手术，再偏远的地方都可让北京、上海的医生做手术。

二、人工智能的祸与福

人工智能是福是祸，现在众说纷纭。很多人乐观地认为，人工智能从此将人类从辛勤的劳动中解放出来，终于可以把生命花费在美好的事物上了。人工智能时代是天堂，人类所有的问题都可以解决。另一种相对乐观的观念认为，人类由猿到人的进化史，就是猿猴基因突变的犯错史，人类的历史也是一连串美丽而意外错误，意外才能带来惊喜，带来进化。人工智能太完美了，完美到不会像人一样犯错，所以人工智能无法取代人类。这个观念把人类最后的希望寄托于人类的犯错上，或许也是对人工智能终将控制世界的一种反讽。从乐观的角度来看，人工智能可以给我们带来以下几个方面的福利。

一是把大多数人从劳动中彻底解放出来。占1％的精英社会的人将成为"神人"，所有的事情都由这些"神人"所设计的机器人完成，另外99％的人将成了"闲人"，他们由人工智能创造的社会财富保障其生活，只做自己感兴趣的事情，不再需要为了生计再去劳作。

二是"数字劳动力"可以提高服务质量、降低服务成本，使服务个性化。牛津大学的专家提出，到2035年，将有35％的工作全部由机器替代。从现在算，到2035年也不过是18年的时间。而李开复则认为AI将渗透到每个行业、每项工作，它将在10年内改变、颠覆、取代50％的劳动者。马斯克更声称AI将于2030年在一切领域击败人类。

三是改变了"不劳动者不得食"的人类社会基石。不劳动者照样可以丰衣足食，由1％的"神人"创造出极大丰富的社会财富，用一个合适的社会分配制度让99％的闲人尽享生活的乐趣。你可以斗鸡走马，也可以驾鸟玩鹰，你可以静坐冥思，也可以周游地球，只要不违法，不侵犯他人，便可以尽意而为。

四是人类想象中的《乌托邦》因为AI技术而成为现实。李彦宏出版的《智能革命》不久前上架，刘慈欣给这本书做了个序，他提出作为AI元年的2016年，恰恰正是托马斯·莫尔的小说《乌托邦》发表500周年，AI时代将使有史以来人类生活方式实现最大的一次改变。这个最大的改变为人类社会的发展提出一个崭新的课题：人类有史以来的乌托邦幻想可否在500年后的技术革命中实现，而不是由制度变革实现？《未来简史》认为，未来几十年内，科技会抢走政治的所有风头。人工智能和生物科技可能即将彻底变革人类社会和经济，甚至是人类的身体和心智。

在人工智能带来的诱惑面前，有一批人始终保持着对人工智能的高度警惕。包括比尔·盖茨、霍金、马斯克在内的很多精英都对人工智能的发展提出了担忧。不久前，特斯拉的老板马斯克自掏腰包1 000万美元捐给很多机构，让他们去研究人工智能的无害化，这说明人工智能在他心目中已经是洪水猛兽，必须提前防范。自古以来，人类就是为了生

问道乡村文化……

存为了改善生活而劳动。我们都说劳动者是美丽的，但谁都知道不需要劳动的生活更美丽。未来，机器很可能将人类从劳动中解放，但也很可能人们的生存反过来遭到机器这个人类创造物的威胁，人类将面临前所未有的变革，需要主动做出改变去迎接 AI 时代带来的问题和挑战。具体而言，主要有以下三个方面问题。

第一个问题就是精英结盟。具体而言，就是资本精英和知识精英结盟，变成了"神人"，"二八定律"将被打破，世界将只有 1％的"神人"和剩下 99％的"闲人"，如果制度变革滞后，很可能造成富者巨富、贫者赤贫的严重两极分化，带来许多社会问题。99％的"闲人"将失去选择权、决策权、分享权、资源占有权、尊严权，全部由"神人"操控。

第二个问题是大量失业。过去的技术革命都有新的技术替代，比如英国的工业革命虽然被形容为"羊吃人"，但新的技术也造就了新的就业机会，失去土地的农民至少还能学习新技能，到城里当纺织工人。而人工智能革命就不存在职业转换了，所有工作都可以由机器人代替，人类彻底没事可做，普通人想找事也找不到，想当奴隶而不得，连被剥削都找不到地方。李彦宏认为，当人工智能逐步逼近人类能力的时候，各个行业都将被颠覆。他列举人脸识别应用："一旦该技术成熟，我们以后去机场，就可以大摇大摆走过去，摄像头同步进行识别，而不需要再过一道道的安检。"牛津大学的一份报告则称，到 2033 年，很多行业会彻底消失。专家预测人类最早失去工作的行业将是数据密集和赚钱最多的行业，最先被 AI "革掉命"的非金融业莫属，在华尔街，所有的金融巨头都正在逐渐给自己贴上科技公司的标签。再如保安员、售货员、电话营销和保险业务员，基本上这些行业可能会最早告别人类的历史舞台，最晚失业的将是公益类和考古类的行业。比如环境保护、社工服务等职业的生命力更强，考古学家也相对安全，因为替代这个行业的商业利益太小了。尽管如此，这些行业距离最终消失也不过是时间早晚的问题。

第三个问题是伦理问题。1956 年，人工智能之父马文·明斯基就提出了一个著名观点："人不过是肉做的机器，而钢铁做的机器有一天也会思考，人与机器的边界将不复存在，未来世界将人机共存。"在60年前，人工智能概念刚刚提出时就提出了这样一个惊世骇俗的理论，而这个理论在一个甲子轮回后的2016年已经开始步入现实，一旦成为现实，一系列的伦理问题就会接踵而至。有自主意识的机器人完全符合生命的一切特征，它算不算一个新的生命物种？它能否被人格化？它有没有隐私权等人权所对应的机器人权？人类可不可以伤害人格化的机器人？机器人犯罪怎么处罚？比如特斯拉无人驾驶汽车撞人了，应该由谁来承担责任？应该怎样定罪及谁来承担责任？由车主承担？由安装自驾系统的汽车制造商承担？还是由编写软件的程序员承担？现在特斯拉无人驾驶汽车还没有自主意识，一旦以后机器有了自主意识，他们犯罪后是否承担法律责任？如果承担又该如何惩罚？以色列作家赫拉利在《人类简史》中提出了和明斯基相似的另一种生命的概念，这是一种以能够自行独立演化的计算机程序为代表的无机生命。如果程序设计师可以构建一个全新的数字个体心灵，完全由计算机程序编码组成，但拥有自我的知觉、意识和记忆，这算是生命吗？如果让这个程序在计算机上运行，这算是一个人吗？如果我们删除了这个程序，算是谋杀吗？我们还可以进一步假想，如果我们将自己的大脑整个备份到硬盘上，再用计算机来读取运作，让计算机像我们一样去思考和感受，那样的计算机是我们吗？或者算是别人？如果备份了我们的大脑记忆的计算机控制了我们，到底算是我们的永生还是人类的灭亡呢？我们都知道凯文·凯利最卖座的书叫《失控》，但他还写过一本被严重低估的书，书名叫《科技想要什么》，在这本书里他就提出一个观点说科技其实是这个地球上的第七种生命形态，前六种是动物、植物和四种微生物，第七种生命就是科技，它符合生命的一切特征，人类只不过是科技的父母，是它生命第一个阶段的保育员，但是紧接着它会踏上自己的生命演化的进程，人类再也控制不住科技了。

第四个问题是价值观问题。人工智能时代，人都不一定再是真人了，还要不要追求真、善、美？真善美的外延和内涵是什么？新的标准又是什么？比如利用技术可以把人类大脑中痛苦的记忆删除，留下的都是美好的记忆，这是不是人类的自我欺骗？失去痛苦记忆的人又如何分得清好坏真假？

第五个问题是哲学问题。新陈代谢是自然规律，高度智能化的机器人服务，使人类不再需要结婚，不结婚就无法繁衍，人类的延续将会中断。同时，高度发达的医学可以让人长生不老，人若不死，生有何意义？总之，从哪儿来，到哪儿去的人类终极哲学命题将面临挑战，人们的思维方式需要重新调整。例如学习了人类围棋 3 000 万步棋谱的 AlphaGo，给围棋界带来的是理念和思维方式的颠覆性冲击。以前大家认为正确的东西，AlphaGo 用实证告诉人们是不正确的，人类数千年的实践，总结出的围棋理论被 AlphaGo 彻底推翻：那都是错的！棋圣聂卫平也表示"理论被颠覆了"，而 2.0 版的 AlphaGo 已经脱离了机器对人的模仿，走棋风格完全摆脱了人的定式，另寻他径，实现了对人类智慧的碾压，重构了一部围棋进化史，而且得出了与人类两千年来不同的进化结果。如果跳出围棋规则，由此推演地球生命的进化，人类是从原始的有机物、到单细胞再逐步到灵长类动物，并且发展出超越其他一切生物的智慧，这条进化路径是唯一的吗？AI 告诉我们，如果有合适的条件，极有可能还会有其他生命的进化，并且产生不一样的进化结果。这也说明，人类离顶级的生命形态和智慧还有很远的距离，也很可能不是唯一可以进化到顶级形态的生命。

三、人类该如何应对人工智能的崛起

20 世纪是一群军事、政治疯子把人类社会拖入灾难。特别是两次世界大战，第一次导致约 5 500 万人丧生，第二次导致 6 000 万人失去生命，小规模战争就更不用说了。进入 21 世纪以后，人类必须防止那些技术经济疯子没有节制、盲目地推动科技发展，最终把人类带入灾难深渊。前不久，当今活着的最伟大的科学家史蒂芬·霍金在接受英国《伦敦时报》采访时，就表达了对 AI 崛起的警惕和担忧。他认为，各国应该共同采取行动，甚至组建"世界性政府"，帮助监管和控制 AI

技术无序而快速的扩张。霍金说："我们需要以更快的速度识别这类威胁，并在它们失控前采取行动。这可能意味着，我们需要组建某种形式的世界性政府。"

2017年2月19日，《欧洲时报》报道，为了应对人工智能的快速崛起，欧洲议会目前正就一项提案进行投票。该提案提出要设计一套全面法律，界定人工智能带来的责任和道德问题。关于机器人的定位问题，议案提出要把机器人定义为电子人，也就说把这些机器当成某种特殊的人。而且建议新机器人要登记注册。欧盟基本权利宪章里的"人权、尊严、平等、知情权和隐私"等原则也将被考虑在内。在设计层面，提案提出两点建议：一是设计者应该确保机器人有一个紧急切断装置，在必要的时候可以将其关闭。二是要确保机器人在使用时没有风险，不必担心受到身体或心理上的伤害。在伦理层面，提案提出机器人不得用于武器和军事用途，既要防止机器人伤害人类，也要防止机器人为它们主人的利益最大化而行事。议案还提到涉及人工智能破坏行为的保险问题，未来机器人的生产者和所有者需要为机器人可能造成的破坏性行为缴纳保险。

从更深层次上看，AI时代的应对，牛津大学公共政策学者马切伊·库辛斯基认为，必须从制度设计上回应一个根本性的问题，是什么让人之所以为人？是对超高效率的追求，还是非理性、不完美和怀疑等任何非生物实体的特质？只有回答了这些问题，才能在AI时代确定必须保护和维护哪些价值，从而确保更大的安全和公平。而创造更平等未来的关键之一是数据，人工智能进步依赖于大量人类活动的在线和离线数据的获取与分析。人要获取赋权，就意味着必须拥有大规模自己创造的数据。

通往地狱的道路往往是由最大的善意铺就而成的。AI技术是一把双刃剑，人工智能可能在几十年内超越人类，如果不为此做好准备，人类控制自己创造物的能力将受到挑战，进而危及人类掌控自己的命运甚至生存权利。我们看到了AI技术的风险，但也不能就此因噎废食，搁置这项技术的研究，更何况AI技术迅猛发展的趋势已经是不可逆的，挡也挡不住的。因此，我们必须在以下几个方面做好准备。

一是在思想观念、思维方式上做出改变。思想观念方面，社会存在三种形态——物质的、运动的和思维的。这三种形态都将发生根本性的改变。人与人、人与物、人与自然、人与社会的关系也将发生极大的改变。比如，人与人的关系不仅仅是人类之间的关系，还应包括人与机器人的关系；人与物的关系也将因为改造物质的主体由人类变为机器人而转变为机器人与物的关系；人与自然的关系会因为人工智能使人类的闲暇时间更多，对生态的保护也将更为迫切；人与社会的关系也因为社会化分工越来越细，相互依存的程度变得更深。

思维方式方面，一般我们说思维方式分为究根思维、发散思维、线性思维、辩证思维、逆向思维等，每个人的思维方式都不相同，所以也就形成了不同的性格。在未来，做出思想观念和思维方式改变的一个重要方面，就是要发现新的价值。就"三农"领域而言：

其一，休闲的价值。以前我们说休闲是资产阶级的玩物，生命不息应该奋斗不止。现在要重新认识休闲的价值，以后"闲人"越来越多，"闲人"的价值体现在哪里，就体现在休闲上。农业不光具有生产产品的价值，更要在生产过程中发掘出其休闲、观光、旅游的价值，其产生的连锁效益往往比生产的产品高出数倍。休闲可能会"闲"出创新的火花，牛津、剑桥两所大学的诞生，就是一批"闲人"闲出来的产物。

其二，乐趣的价值。比如玩游戏、养鸟、斗蟋蟀，这些也都有价值。在山东的两个蟋蟀大县宁阳和宁津，最好的蟋蟀一只能卖到5万元。每年一到秋天，这两个县在外打工的都回来捉蟋蟀，运气好的一季就能挣好几万，仅蟋蟀交易一项每年就可为宁阳带来8 000万元的收入。斗蟋蟀已经发展成两大门派——天津派和上海派，斗蟋蟀的赌注达上百万之巨，斗之前还要经过精密仪器检测，防止有人给蟋蟀镶钢牙。2016年广州、厦门、上海等地举办萤火虫公园，从农民手中5毛一只收上来，到公园里面10元到20元的价格转手卖出去，乐趣产生的价值可见一斑。

其三，共享的价值。中国电子商务中心发布的《2016年度中国共享经济报告》称，当下热门的共享经济有共享交通、共享房屋、共享单车、共享餐饮、共享物流、共享金融、共享充电宝等领域，现在又出来了共享雨伞、共享篮球等。在农业领域，最成功的例子就是共享农机，每年50万台农民自发购买的大型收割机，其共享效应已经成功解决了我国机械化收割的问题，以后病虫测报、喷洒农药等无人机植保也都可以通过共享无人机实现。海南农民的无人机播种已达到世界先进水平。美国无人机播种已广泛应用于林业，人工播种一天的工作量，无人机一小时即可完成。而一项研究称，人工植树一天消耗的卡路里超过跑一次全程马拉松的两倍。2016年中国的共享经济已达近4万亿，同比增长率为76.4%。用户规模是2015年的7倍。农业在共享方面的资源可谓十分丰富，可做的文章很多，如客栈式民宿的共享、农产品的共享、各种大型农机具的共享、农技知识的共享、仓储物流共享、土地的共享、劳动力的共享等。利用AI技术广泛深入地探讨农业智能化的发展，是农业领域一项全新课题。

其四，免费的价值。比如，羊毛出在狗身上模式，浏览网页虽然不要钱，但因为我们创造了流量，网站可以得到广告收益；再比如，羊毛出在猪身上模式，有的景点用交通车接人不要钱，景点与汽车厂商签订合约低价买入汽车，再以高于市场的价格转手卖给司机，但是与司机约定，每拉一个乘客景点就给一定的钱，汽车上还能做广告，实现多赢。西湖以前每个景点都收门票钱，游客逐年递减，现在全景区免费以后，游人如织，收益反而翻了几番。

其五，创意的价值。如洛川的人类第四个苹果、浙江冬天挂树不摘的柿子，类似的例子比比皆是。陕西洋县朱鹮自然保护区正在打造全国的婚庆平台，金婚银婚新婚都跑去洋县结婚，这些都是创意的价值。

其六，绿色的价值。比如金寨98元一斤的土猪肉、绩溪500元一只的土鸡、河套地区杨兆霖400多元一斤的有机面条、云南勐腊县河边村10元一个的土鸡蛋、16.8元一斤的褚橙价格虽然令人咋舌，却都供不应求。新的背景下，思想观念和思维方式都要做出改变。所以，农业不仅要把农产品种出来，更要深挖其休闲、养生、共享、创意、免费及绿色等诸多方面的潜在价值。

二是调整政治体制、经济结构、分配方式。政治体制包括领导体制、行政机构、干部人事制度、行政法规。政治体制改革就是让生产关系适应生产力，目的就是提高效能、推动发展。比如农业现在是多龙治水、各管一块，一瓶矿泉水 6 个部门管，一只蝗虫 3 个部门管，一只老鼠 2 个部门管，一个水果 3 个部门管，这种现状急需实行大部制改革，推行横向到边、纵向到底的一体化、现代化管理模式。同时还要加强法制化建设，不能光靠政策设计，更要通过法制将其规范起来。

经济结构的调整十分复杂，它包括所有制结构、一二三产结构、分配结构、交换结构、技术结构、消费结构、劳动力结构、国民经济总体结构、部门结构、地区结构、行业结构、经济组织结构、产品结构、人员结构、就业结构、投资结构、能源结构、材料结构等。经济结构调整的总基调就是要有利于新产业、新业态的快速发展。在农业领域的具体表现就是推进一二三产的深度融合，使农村成为三产化农业、知本化农民、智慧化农村这样一个"新三农"的统一体。分配方式上，三次分配都需要改革，第一次是市场分配，第二次是政府分配，第三次是社会分配。市场分配靠税收，西方对于纳税有个形象的比喻，就是要"拔最多的鹅毛，听最少的鹅叫"。好的税收制度是让富人纳税、穷人免税，但是咱们国家再穷的人去商场买东西都要为产品交税，这种人人纳税的税收制度是不合理的。第二次的政府分配也不合理，农村人条件差，资源配置反而向城市倾斜，搞锦上添花。第三次的社会分配同样不合理，慈善事业不发达，美国有数万家基金会，咱们才有几千家，发展状况也大都不能尽如人意。在 AI 时代，分配制度改革一旦脱节，社会的两极分化将带来不可估量的隐患。

三是重构"三观"。"三观"就是世界观、人生观、价值观。"世界观"靠"观世界"得来的，人不能主宰世界之后，我们将面临一个颠覆性的、急剧性的和不可知的变化，比尔·盖茨说，人们一般只注意到一项新生事物前五年起步阶段步履缓慢的发展状况，而看不到后五年井喷式的成长。他具体描述了七个方面在未来改变世界的可能。一是自动装置和机器人将在未来 20 年内令工作岗位大范围消失。他表示，为了稳定国家预算，应当直接对机器人征税。二是大约到 2030 年，风能、太阳能等可再生能源将满足能源需求。便宜的电力不仅将防止气候变化，也将有助于提高生活质量。三是在大约 15 年内，非洲将实现自给自足。产量更高的种植作物和更高效的肥料已经有了，如果把它们使用到非洲，产量可以翻上一番。四是穷国将从网上银行业务中获益。智能手机和移动支付让银行业务变得更加容易，非洲较贫穷国家的数百万人口可以更轻松地解决他们的日常事务。五是 2035 年时没有穷国。通过发达国家的帮助，届时很多新兴工业国可能会消除贫困。更优良的种子、疫苗和数字革命，将使几乎所有国家都至少达到"低至中等收入"水平。六是小儿麻痹症将在全球范围内杜绝。通过广泛注射疫苗，患小儿麻痹症的人数得以不断减少。在 20 世纪 80 年代每年还有近 40 万新增病例，而 2016 年全球就只有 37 例了。七是生物恐怖主义威胁来临。恐怖分子可能会释放侵入性的"超级流感"或者是人造天花病毒，在不到一年的时间里令 3 300 万人死亡。

说到人生观，未来我们可能还要树立正确的"人死观"。AI 时代，基因工程、再生医学和纳米科技等领域的科学技术将会进展飞快，人的寿命会趋向于无限延长。有专家预测，到了 2050 年，只要身体健康、钞票够多，人就可以每十年接受一次全面的治疗，除了医治疾病，也让衰老的组织再生，最终实现长生不老。有人说，死亡是上帝给人类的最好的礼物，如果人没有死亡，世界将会停滞。AI 时代，生物人种的死亡，需要重新思考，想死可能需要写报告，提出申请，不是随便可以死的。

价值观在理论上分为经济价值观（追求有效实惠）、政治价值观（追求权力地位）、社会价值观（为他人服务）、理性价值观（追求真理）、审美价值观（以美为本）、宗教价值观（以信仰为中心）等。对各种价值观的排列次序，尤为重要，何者为先是关键。现实生活中，重构价值观首先要重新认识幸福，具体到"三农"问题上，就是要打造一个诗意栖居的理想地，未来城市不会是人类理想的幸福之所。在人工智能时代，人们将回归乡村，追求田园牧歌式的生活环境。尤其在汽车无人驾驶成为现实之后，到远离"城市病"的乡村"桃花园"中去寻求自然本性、山水精神的生活，将是人类的群体追求。

三观重构是十分复杂的认识问题，眼下的大学里，很多文科生不太了解和关心科技，而很多理科生又十分迷信科技，导致价值观分裂，各种盲区叠加，知识的整体性、全面性、综合性严重不足。手机、微信、互联网改变了人际的空间关系，让远朋变近，又让近邻变远，古典文学中占据主题的"相思""怀远"已逐渐离我们而去。电子世界让人们见多识广，但很多"知识分子"只是有知而无识，因为他们的信息来自屏幕而非实践亲历。人们以抓取代替思考，自己的思维被他人建构，在言论阵地上，真正的知识在退场，真正的知识分子也在退场，不少人以逻辑真理代替事实真理。所谓碎片化的知识，就是缺乏论证过程的知识，而这种知识又最易造假。对不少人来说，他们本来需要的就不是思想的美餐，而只是大脑的填充物或刺激物。作家韩少功在《当机器人成立作家协会》一文中认为："上帝死了"是现代科学的最后一个后果；至于人文价值还要不要，真善美这一类的东西还要不要，是科学接下来逼出来的另一个大悬问。

要解决这些诸多领域的问题就需要一大批有知识、有技术、有良知的社会学家、自然科学家、工程技术人员和政治家进行世界性的协作、协调和协商，用一套共用的语汇体系和一个共同的概念框架，从科学的视角找到平衡点，制订出一系列能处理技术、治理和伦理之间相互关系的政策，如已经出现的"AI伙伴计划""AI道德规范与治理基金"等，这些都是应对的正确方向。在这一轮人工智能的变革中，中国和世界第一次站在同一个起点上，第一次平等地拥有了资本、公司、技术、人才等要素。人工智能的争夺是未来世界最主要的争夺，中国没有任何的空间犹豫和后退，需要政府、企业、个人都参与到这个巨大的变化中，携手引领人工智能革命。

当 AI 时代的压路机向我们轰隆隆碾压过来时，我们要么成为压路机的一部分，要么成为路的一部分。

（本文原载于《中国发展观察》2017 年第 18、19、20 期）

互联网给农业带来什么

陆游诗云，"斜阳古柳赵家庄，负鼓盲翁正坐场，身后是非谁管得，满村听说蔡中郎。"套用陆游的诗句，今天是"身后是非谁管得，人人都上互联网"。

@原为 16 世纪地中海商人使用的约为 10 千克左右的计量单位，后演变为"因为"的缩写，1971 年美国人雷·汤姆林森把它作为电子邮件代号使用，由此开启并确立了@在互联网上的身份认证。世界上第一个互联网站于 1991 年上线，至 2014 年已达 10 多亿个。在 2015 年 12 月 16 日乌镇互联网大会上，习近平主席宣布中国网民已达 6.7 亿。全球每年数据传输 1.3 ZB，到 2020 年将达 4 ZB。全球各大陆板块之间 99％的数据传输靠海底电缆，全球约有 340 个互联网交换中心。目前世界互联网一分钟约有 2.04 亿封电子邮件发送，400 万次谷歌搜索，大规模的公司每分钟赚 141 780 美元，其中一半利润直接流入苹果的银行账户。世界上利用互联网建立的社交网络已达 16 亿用户。有关调查显示，20 世纪 90 年代年轻人网上约会为零，到 2015 年全世界已上升到 15％，年轻人通过网络完成婚恋的达 70％以上。互联网带来人类活动的信息爆炸，有关资料显示，人类有史以来的活动信息至 2003 年为止共有 5 ZB，但 2003 年到 2007 年增加到 300 ZB，2007 年到 2015 年又猛增到 900 ZB，巨量活动信息的产生，靠的就是互联网这个便捷母体。预计到 2020 年，全球数据在计算机里的存储总量将达到 40 ZB，即 400 万亿亿字节。互联网正在推进经济社会发生根本性变革，各行业都面临着业态调整的变革。快递让邮政乱了方寸，微信让邮电惊慌失措，支付宝让银行如临大敌，网上打车让出租汽车公司晕头转向，3D 打印让传统制造命悬一线，慕课让传统教育目瞪口呆。互联网带来的农业业态革命也正悄然发生。

一、互联网"六个二"的特性搭建了农业三产融合发展的互联互通互动平台

互联网经历了从工具、渠道、基础设施到产业，再到经济体的发展历程。具有"六个二"的特性：

一是具有技术革命与产业革命的复合属性。技术革命又称工业革命，人类社会至今已发生三次工业革命，其标志性产品为蒸汽机、电力、3D 打印技术。目前，各国对工业革命的新提法，美国称再工业化、日本称智能工业化、中国称新型工业化、德国称工业 4.0。而产业革命发生五次，石器时代、青铜时代、蒸汽机时代、化学工业时代、微电子时代。互联网既有使生产力产生根本变革的技术革命特征，又有使整体经济结构发生重大变革的产业革命特征，是二者结合的复合性产物。这一特性反映在农业领域即大大推进农业产业的转型升级。

二是实体经济与虚拟经济的结合。互联网是虚拟经济，它的作用非常大，但做强实体是基础。过去是头脑简单，四肢发达，今天是头脑发达，四肢简单，动手能力越来越差，加上吃苦费力，实体经济大受影响，美国十多年前就发现这一问题，在全社会开展"工匠运动"，奥巴马 2014 年 6 月在白宫曾举办"工匠嘉年华会议"表彰做出成就者，此举已上升到国家战略，为国家再工业化储备技能型人才。谁来种田的问题已经摆在中国农业的面前，培养现代化的高素质农民迫在眉睫。人类已进入"后喻文化"时代，单靠经验积累种田已远远落后于这个时代。

三是线上和线下的互动。线上线下可以互联、互通、互动，有机结合，这是推进产业革命的关键功能。今天的产业革命都经历三个阶段：技术革命、商务革命、草根革命。产业革命特征，在互动中得以方便快捷地实现。农业科技的推广，可以超越时空对话，是农业产业革命的助推器。

四是技术信息（IT）时代向大数据云计算（DT）时代的转型。海量信息汇聚，只有通过分析研判，才能挖掘出来它的价值，从而加以利用。互联网将搜集到的无数信息存入云端构成海量数据库，使开发利用成为可能。这是 DT 时代的前夜。大数据的采集分析利用前景广阔，碎片化、散乱化的数据，向综合化、系统化、一体化、平台化发展是关键。2012 年美国已投资 2 亿美元，将大数据上升为国家战略，被定义为"未来的石油"。未来，大数据的开发利用分三个层面：一是掌握数据的企业，二是掌握算法的企业，三是掌握思维的企业。我国农业的天气预报、病虫测报、产量评估等都已得益于这一技术。

五是具有大工业化生产和大商贸化流通的双层结构。所有工厂都是互联网的工厂，所有商品都是互联网的商品，它把这两层结构连为一体，网罗天下，无所不包，无所不能，无所不在。农产品的加工与销售已经被网罗其中，大大受益。

六是既是生产力的变革，也是生产关系的变革。大幅提高了劳动生产率，同时引起生产关系的变革，一个手机，是电话、是照相机、是钟表、是计算器、是录音机、是天气预报、是活地图，有数百功能，不能用过去审查某项单一产品的标准审查手机，不然手机就无法生产。随着新业态的不断变化，生产关系必须随时调整。一瓶矿泉水六个部门管、一只蝗虫三个部门管、一只老鼠两个部门管的现象该结束了。

互联网"六个二"的特性，为农村三产融合发展不仅提供了技术支撑，也带来了思维方式、思想观念的变革，更创造了穿越时空的可能和便捷，因此，利用互联网平台打造命运共同体，是推进农村三产融合发展的大逻辑。

互联网也是一把双刃剑，美国已出台四十多个网络安全法律，日本提出要网络安全立国，印度、欧盟都出台网络安全法律法规。20 世纪一群军事疯子把世界搞得乌烟瘴气，21 世纪要防止一群经济技术疯子再把人类拖入灾难。

比如游戏少年。网游追求刺激性、代入感，毒害青少年十分严重。湖南邵东少年因沉迷网络 2015 年接连发生两起杀老师案。

"邓巴定律"测算，人最多交 150 个朋友即可。手机里存储着数百上千甚至几千联系人，来自远方的吸引，让许多人淡薄了身边的朋友和家人。地球人在一起孤独，人人都成了互联网的囚徒（青岛一老人因家人看手机，不与他说话，掀全家节日宴饭桌）。不仅如此，互联网通过大数据、云计算，把每个网民的爱好兴趣、生活需求等全部记录在案，只要你一上网，它便根据以往记录把更多相关信息铺天盖地地推到你的面前，每个网民都是互联网的俘虏。

我国已经是互联网大国，但离互联网强国还有很大差距。中国工程院院士、中国互联网协会理事长邬贺铨在第二届世界互联网大会期间指出：中国的网民普及率达 48.8%，2016 年可能超过 50%，这个数字超过全球平均水平，但跟发达国家还有差距。我们绝对数大，是当之无愧的网络大国，但网络强国不仅仅是比网民数量，还要从六个方面来衡量。第一是基础设施。中国的网络基础设施发展不错，但性能还不是很好，有的网民抱怨宽带不宽，希望资费降得越多越好。而且东部和西部、城市和农村差距较大。第二是应用。严格来讲中国还有一半人没有接入互联网，有些贫困地区的人根本不知道如何使用互联网，残疾人能不能上网也是一个问题。第三是技术和产业。我们的 PC 芯片是国外的，操作系统是微软的，手机芯片有很多我们可以自己做了，但核心技术上对外依存度还很高。第四是网络安全。有的网民感觉网络诈骗、网络攻击很多。中国遭受网络安全挑战非常严峻。这跟我们缺乏一些核心技术、产品缺乏自主可控能力有关。第五是网络话语权。负责互联网 IP 地址分配的 ICAAN 仍由国外主导，中国没有根服务器，这两年开始重视在国际互联网的话语权。第六表现在法制上。国外互联网立法相对完备，有几十部法律，中国与互联网相关的法律还很缺乏。我们讲政府数据开放，哪些领域开放，哪些领域不开放，未来什么样的法律适应互联网的管理，这些都与国外有差距。

当前农村互联网需要防止的是工业品销售轰轰烈烈，农产品销售冷冷清清，商家赚得钵满盆盈，农民还是两手空空。

2016 年 1 月 12 日，蚂蚁金服对外发布 2015 年支付宝年账单。账单显示，按省级行政区划来看，上海人均支付金额排名全国首位，达到104 155 元，成为首个人均支付突破 10 万元的省级行政区；浙江省以94 192 元排第二，北京、江苏和福建分列三到五位。县域经济中，义乌、永康、苍南、海宁、乐清、瑞安、天台、永嘉、桐乡和平阳为人均支付金额最多的十大县（市）。全国范围来看，2015 年人均支付百强县主要集中在浙苏闽三省，其中浙江 33 个、江苏 24 个、福建 16 个。有关数据显示，2015 年，用户的餐饮消费（不含外卖），平均每笔支出 36元。吃货云集最多的是上海，其后是北京、杭州、武汉、广州、深圳、南京、苏州、成都和宁波。在各色各样的餐饮小吃中，黄焖鸡米饭力压兰州拉面和沙县小吃，成为新一代最受欢迎的国民料理。出行方面，2015 年全国人民平均每次打车的花费为 20 元。在早高峰中，沈阳、青岛、天津的上班族最爱用手机打车；而在夜间，广州的 90 后打车笔数全国居首，显示出广州夜生活丰富的一面。账单数据显示，2015 年，发红包最豪爽的男人来自漳州和杭州，2015 年分别人均发了 1 477 元和1 433 元红包，紧随其后的是莆田、温州和潍坊。从人均金额上看，三四线城市发红包普遍比大城市阔绰。而在节日，红包更是成为大家互相问候的新方式。年度账单统计显示，2015 年，用户在七夕节发出 520元或 1 314 元红包的数量，是西方情人节的两倍，说明中国人更看重传统节日。在这些情人节红包中，71.9％由男人发给女人，19.1％是女人发给男人；其余的有 6％是女人给女人发，3％是男人给男人发。通过这些大数据分析可以清楚地把握市场走向、消费心态、发展趋势、区域结构等。

互联网大数据产业的开发是最具潜力的新兴产业之一，云服务正在细分市场，公共云、私有云、混合云、专业云等正在形成"七雄争霸"之势，移动、电信、联通及阿里、腾讯、华为、百度等七大玩家各出奇招，抢占市场。一些新玩家正在采取免费策略加入竞争，如乐视云对点播、直播、视频 CDN 给予免费。当前开发大数据产业，亟须解决六个方面的问题，包括数据资源、数据资产、数据产权、数据产权保护、数据定价、数据开放。

二、互联网引领农业实施"四品"战略，提升了农业产业的整体价值，让三产融合发展在价值链的作用下成为可能

"品牌"一词源于古挪威语，意为烙印，即打在牲畜身上的标识。汉语里品字三个口，意在是通过口口相传才形成的牌子。老子说"一生二、二生三、三生万物"，这就是品牌的哲学意蕴。

"四品战略"即品相、品质、品级（社会消费已由大众消费、分众消费、小众消费进入到个性化消费，找准定位是关键）、品牌，而品牌又分为品牌产品、品牌企业、品牌产业、品牌产地。不论哪种品牌的打造，都要遵循"四品"原理。

自己吃叫食品，卖给别人叫商品，卖给有钱人叫奢侈品，献给皇帝叫贡品。今天，人的消费观念变了，年轻人消费讲求浪漫，几百元买一支玫瑰花，但对于老年人来说就是浪费。因此，所谓浪费就是浪漫的消费。品牌消费已经异化到儿童，有的小学生用穿品牌才能成为玩伴划圈子，进入这个圈子，穿上名牌还不行，还得有大商场购买的小票，小票证明不是地摊买的假货。这种现象不值得提倡，但这一现象从反面说明了品牌的重要性。

品牌开发：名人代言，兰陵毛尖；挖掘文化内涵，洋县朱鹮；创意打造，洛川苹果。浙江衢州东坪村通过办节，以"柿柿如意""好柿成双""一生一柿"等文化创意，并竞价销售，一个柿子卖到20多元。浙江松阳县的农民又发现，柿子红了不摘在网上秀风景吸引游客比摘下来卖柿子更赚钱。创牌子别用歪点子，扬州炒饭4 219千克想创吉尼斯纪录。哈尔滨5 448人一起包饺子，被河南6 334人包饺子刷新吉尼斯纪录。这背后是商业公司的炒作，这种做法不如深耕产品质量赢得信赖。内蒙古河套平原有一个企业家叫杨兆霖，20年来，深耕面粉品质，采取"三用三不用"的措施生产有机小麦面粉。他租赁两万亩土地，豆麦轮作，不施用化肥农药，每年只种6 000亩小麦，其余种大豆，以大豆的根瘤菌培肥地力。为防止污染小麦浇灌不用从地边流过的黄河水，而打100～150米的深井取地下矿泉水。磨面不用钢磨，研制出低速低温

的石磨磨制面粉（钢磨转速为每分钟 500～800 转，石磨转速每分钟仅 33 转，高速产生高温使面粉品质受损），以保持面粉的品质不变、麦香不变。2013 年他生产的"鸡鹿塞"牌面粉通过欧盟有机产品认证，同年被中南海选为国宴招待用面粉。虽然这种有机小麦亩产只有 200 千克，但磨出来的有机面粉已卖到每千克 30～260 元的高价，用这种面粉做成的食品，有"玻璃体"的美誉，面条每千克售价高达 920 元，且提前三个月售罄。以出粉率 60% 计，亩产 200 千克小麦，即可生产 120 千克面粉，按每千克 100 元计，亩均收入可高达 12 000 元。如制成面条，亩收入可高达 11 万多元。

品牌开发也蕴藏着中国人含蓄内敛的天性。一直关在房间里开发软件的柳子，数月前突然不干本职，跑到纽约街头卖肉夹馍去了。从没做过生意的他，居然发了！身边的朋友都赞柳子太牛，柳子说：我只不过从朋友那里学了一点做生意的思维——露一半藏一半。这个做生意的思维就是中国的麻将思维。打麻将时，你不敢露馅，一旦露馅，别人就知道你缺什么牌，也就不会帮你。因为帮了你，他就会被规则惩罚。

中国的食品行业让全世界无法理解的就是不敢露馅。你看咱中国的主食，饺子、元宵、馄饨、包子、粽子、月饼、春卷，它们都有个共同的特征，就是好东西都被藏起来了。老外看到这些东西一般不吃，因为他们不知道皮里面包的是啥馅儿。这些食物只有中国人吃，所以一直没法国际化。

再说西方国家的主食，他们做的几乎都是露馅的，比萨、汉堡、三明治、热狗，哪个不是风靡全世界，"抢"光全世界的钱？日本人更是聪明。1964 年的东京奥运会使寿司代表的日本饮食文化得到了大力推广。你想想，一个寿司跟一个鱼肉馅饺子的成本结构基本一样，不同的是，寿司是把鱼肉放在面上，而饺子是把鱼肉藏在肚子里。它们的售价却相差了近 10 倍。一个寿司卖 10 元，一盘十个装的饺子，也卖 10 元。

柳子说：肉夹馍既符合中国国情，又符合西方需求，因为露一半藏一半。露一半，老外顾客喜欢，他们会想：嗯，看得见里面的食物素材结构，安全、放心；藏一半，它能兜住汁儿，让中国顾客看完馋半天。

正因如此，肉夹馍在纽约街头备受欢迎。

种、养、加、销、游是农业产业链的骨干体系，其他都是由此派生出来的。互联网就是通过品牌来引领这五大环节，提升质量，从而提高附加值。人类消费进入品牌时代，非品牌少人问津，非品牌更难上网，想上互联网，就得创牌子，就得提升质量，提高档次，从而增加产品附加值。

互联网可以让一个牌子一夜之间响遍世界。互联网把产业链各环节连为一体，当某一环节发生变化，引起的可能是化学变化，而不是产业链的物理反应。如种植业超标施用化肥农药，种出的作物养殖业用，种养业的产品又是加工业的原料，加工业生产的产品由销售业出售，一旦消费者检出超标，产品没人买，四大产业环链将全线崩溃，反之，则全线暴利。互联网引领农业走进品牌时代，是对农业整个产业价值的极大提升。2006年以来，美国《商业周刊》每年公布的世界品牌排行榜，世界品牌500强，半数以上是美国的，世界著名品牌20个，19个是美国的。中国1 500万家企业，170多万个产品品牌，至今无一上榜。德国有2 000多个世界品牌，10多万个国际工业标准。日本百年老店10万家以上，千年老店8家。中国有3 800多家生产圆珠笔的企业，设备是瑞士的，材料是日本的，我们只赚苦力钱，每支只有几厘的利润。中国每年生产380亿支圆珠笔，占世界市场的80%，而笔芯和墨水则是从日本等发达国家进口的。猕猴桃原产地是中国，1904年被新西兰引种后，100多年来他们研究提升了质量，在20世纪90年代其产量已占世界90%，后改叫奇异果。在中国市场上，奇异果9元一个，猕猴桃每千克10元。熊猫是中国的，功夫是中国的，但功夫熊猫却是美国的。世界羊绒总产量两万多吨，70%产自中国，但质量标准和定价权却在欧洲。阳澄湖大闸蟹就可以比别的螃蟹高出几倍的价钱，山东章丘大葱论根卖，胶州大白菜论个卖，30元一棵不还价。核桃一块钱一个都觉得贵，包装成玩家的文化产品，就有了文化含量，野山核桃北京市场上最高卖到20万一个。买家玩的是文化，清八旗子弟有三宝：扳指、核桃、笼中鸟。山东宁阳蟋蟀，最贵一只卖4.2万，最高一日客流20万人，据传上海有上百万人在玩蟋蟀。萤火虫也已形成一个产业，武汉、上海、广州、厦门萤火虫公园火爆。这就是品牌的魅力，品牌的价值。自2013年起，农业部每两年编发一次全国名优特新农产品目录，2015年发布的目录包括粮油、蔬菜、果品、茶叶及其他五大类741个产品、1000家生产单位，以此引领农业品牌的培育，促进优质优价市场机制的生成。

有关调查显示，世界20％的优势产品占据80％的市场份额。农业需要品牌，品牌引领农业。价值塑造品牌，品牌提升价值。互联网还会派生出许多新行业，淘女郎已注册3.8万人，月收入上万，时间自由，秀一件衣服30元以上。慕课正悄然兴起，美国700多所大学开设第三年龄大学。

互联网自1996年1月在中国上线运营，到2015年底网民已达6.88亿。1999年BBS论坛在国内兴起，这一时期的网民体量仅几百万到几千万。时任洛阳市委书记连维良主推政府部门必须回帖成为现象级事件，中国互联网实验室创始人方东兴用"中国博客"终结了自己的BBS论坛时代，方东兴被称为"中国博客之父"，博客打破了名人只存在于电视报纸和杂志的旧规则，使普通人与名人接触零距离。这一时期出了网络红人，作家、房地产大鳄都被新浪拉入，网易、搜狐、凤凰也纷纷加入博客大战，徐静蕾、韩寒成为最大的网红，韩寒在2010年被中国网民集体投票送上美国《时代》周刊100位最具影响力第二名，超过美国总统奥巴马。到2009年8月微博问世，使博客退居次要，新浪微博开启了不是点对点的拉人，而是"全民拉客"的新时代。但充满戾气、宣泄、谣言的微博，其负效应日渐凸显，有人形容微博时代是"老百姓啥也不信，专家啥也不懂，媒体啥也不说"，整个社会缺少的是真实。2013年8月，几个微博大V被追责，微博的活力开始下降。

2011年1月21日，腾讯推出微信服务，从此微信成为社交平台的新贵。今天，又出现许多五花八门的APP以及网络电台、视频直播、段子手公司等，网络平台也发生逆转，平台依靠网络红人的时代已经到来。纵观20多年来互联网在中国的发展轨迹，网络红人是重要的节点，它造就了许许多多"网红",网红已被纳入一个严密功利的商业体系。2016 年春节,互联网掀起了总额 80 亿的红包狂潮,旨在培养吸引各自的用户,构建各自的社交关系链。2015 年 12 月 18 日《互联网周刊》与新华社主办的"2015 中国互联网经济论坛"将"七年网络成就奖"颁给了芙蓉姐姐,"网红经济"已成为一种异军突起经济现象。今天淘宝平台上已有超过 1 000 家网红店铺。2014 年"双 11",销量排名前十的女装店,网红店占七成。打造"网红"成了新时代最热门的营销战略。

可以预测,大数据云计算的开发利用更会生发出许多意想不到的新行业的瞬间崛起,在改变人们的生产生活的同时,大大提高了农业产业的总体价值,参与者将大享其利。因此,只有在价值链的作用下,建立起利益共同体,才能形成"三农"情结的感情共同体,进而生成文化共同体。在利益共同体、情感共同体和文化共同体的共同作用下,潜移默化锻造出三产融合发展的命运共同体。

在科技高度发达的今天,人们从物资匮乏的传统社会中走来,必须摒弃生存竞争意识,适应高度分工的现代社会需要,向伦理合作层面提升。不论一个企业或个人,都必须实现这一素质创新。只有这样才能完成大量系统性合作工作,才能避开高科技带来的高风险。从生存竞争到伦理合作,实现传统向现代的转型,这就是创新素质的要义。在互联网时代,社会产生的知识越多,个人知识所占份额就越少,专家测算,目前每天产生的信息量可刻满 1.88 亿张 DVD 光盘,如此海量信息,不合作将无法应对。一个高效的经济体,就是能够充分利用分散在无数个体手里的知识,发挥每个人独一无二的优势。哈耶克认为:"整个经济学问题,就是利用没有人能够全部掌握分散的知识的问题"。

三、互联网全面建立为农服务体系,让三产融合发展互为因果

与传统产业运作体系不同,互联网产业运作呈现四个新特征:一是个性化、主动性消费,二是直接化、集中化流通,三是分散化、智能化生产,四是自组织、生态化体系。互联网倒逼企业组织模式由"泰勒

制"向"云端制"方式转变，工业时代的中轴法则也由标准化、专门化、集中化、集权化等向着个性化、弹性化、多向化、去中心化、小微化、分散化方向转化。

互联网以价值链为纽带，把服务做到农业全产业链条的各个环节，上到大数据云计算、网络化金融、智能化管理、个性化生产，下到场景化营销、极致化体验、分享式传播、平台化沟通，等等，使全产业兴衰与共、成败一体，从而推进产业的整体协作，利益共享、风险共担，建立起一荣俱荣、一损俱损的命运共同体。如乡村旅游业就是在互联网助推下形成的一个新兴产业。乡村旅游是无中生有，从种养加销前四大环节派生出来的产业，前四大环节繁荣，则乡村旅游就兴盛，反之，乡村旅游便会衰落。可以预期，乡村旅游将成为中国农民的第三次创业。第一次是乡镇企业，第二次是农民进城打工，第三次就是势头强劲的乡村旅游。2014 年底，我们的乡村旅游人数是 12 亿人次，2015 年国庆节后国家公布的人数为 18 亿人次，增长的势头相当好。英国有一个调查数字，25％的人经常到乡村去旅游，50％的人每年偶尔去乡村旅游，81％的人一年至少到乡村游一次，市场前景相当看好。

瑞士的三大经济支柱被称为"三无经济"，即无烟工业的手表军刀、无本买卖的金融证券和无中生有的旅游休闲。

乡村旅游按消费类型可分为十五种，即美食型、观光型、体验型、访谈型、驴友型、家居型、购物型、慢活型、休闲型、科教型、养生型、原真型、悟道型、论坛型、外交型。

乡村旅游，一是激活了闲置资源，一座断桥，一条溪流，一块残碑，一处古宅，都有说不完的故事。

二是推进三产融合发展。游客乡村游，不光吃住行消费，购买农副土特产也是一项重要消费，从而带起加工业上档次上规模。

三是推进城乡互动。城市优质资源下乡，过剩的城市资本外溢寻找出路，正好碰上乡村发展的需求，"打瞌睡给个枕头"。

四是推进环境保育。发展乡村旅游两大生命线，一是环境，二是服务，若生态环境遭到破坏，旅游便无从谈起，因此农民会倍加呵护生态环境。

五是推进农村供给侧改革。所谓供给侧改革就是提升供给侧档次以适应需求侧升级的要求。乡村旅游是社会消费的新需求，开发乡村旅游正是为了满足这一新需求。

眼下高中低三个层次的消费群体都在向乡村寻找"游点"，高档消费已过旅游扫盲阶段，在向国外和乡村延伸。中产阶层大多也已过了旅游扫盲期，国外游还需努力，乡村游最为合适。底层民众大多还没能力去看名山大川、名胜古迹、名人故里，他们也想旅游，大多就近找景点，品异乡菜肴，购异乡特产。

乡村旅游的七大推手：一是收入的提高，二是交通通信的发达，三是休闲时间的增加，四是生活方式的改变，五是城市病加剧，六是盛世乡愁的呼唤，七是城市家庭机动化率的提高。

乡村旅游是传统产业的替代产业，可持续发展的战略产业，不断升级的创新产业，与"食"俱进的朝阳产业，乡村变革的牵引产业。可以预测，乡村旅游将使中国乡村发生"三千年未有之变局"。

乡村旅游具有四生功能：生产的参与，生活的融入，生态的享受，生命的体验。

乡村旅游最直接的功效是七洗：洗肺、洗胃、洗眼、洗耳、洗身、洗血、洗神。

乡村旅游是由种养加销前四个农业产业环链中生发出的新产业，上游四大产业环链及乡村文化遗产、自然风光是其载体和依托，因此乡村旅游开发必须主动出击，见缝插针，寻找"游点"，让农民把田地种成景观，让工厂把车间变成景点，让农村把自然风光变成景区。

如今，消费者行前无一不先上网查看目的地的相关信息。因此，开发乡村旅游，做好行前信息发布尤其重要。

互联网时代的企业大小不能单用总资产、净资产、销售收入、员工数量等来衡量，市值才是最重要的标准。其关键要素是用户量、用户活跃情况、滞留时间、访问量、用户黏性、用户转化率、订单值等。信息货币化、数据货币化已成为新的估值方式。亚马逊 2011 年以来利润一直处于负值，但市值连创新高，中国电信员工是腾讯的 12 倍，但市值不到腾讯的 1/3。2014 年腾讯市值增长 5 000 多亿，这意味着成千上万个小企业的倒闭消亡，连锁巨头沃尔玛 2014 年出现关店潮，而移动电子商务交易增速高达 250.9％，小企业一夜逆袭成巨人已不再是神话。终端为王，用户就是资产、数据就是资源的理念应成为这个时代企业家的座右铭。在用户问题上，还应明白过去的跑马圈地揽用户已经过时，世界各行业数据显示，获取一个新用户的成本一般是维护一个老用户的5 倍，而从老用户那里得到的利润，则是新用户的 10 倍，因此企业面对新形势需要转型，即要弄清楚谁才是有价值的客户，企业应从经营产品转向经营客户，不是为产品寻找合适的客户，而是为客户寻找合适的产品。

基于命运共同体的理念，农业种养加销游各环节必须超越自我，在更深广的时空里思考共同的利益、共同的价值，寻求与产业链各环节的最大公约数，建立相互联系、相互支撑、唇齿相依、休戚与共、和谐共处、平等共生的紧密关系。且不可视自己为唯一，以自我为中心，固守自利，单边独霸，不包容宽容，不协商沟通，各吹各的号，各唱各的调。如果种养业只管种养，加工业只管加工，销售业只管销售，各自为战，一盘散沙，三产就无法融合，发展就无从谈起，价值就无法提升，命运就无法共同。产业链条的各个环节，只有树立"共商共建共享"的大局意识，才能互为因果、命运一体、同舟共济，才能在提高全产业的整体价值中水涨船高，各自多分一杯羹。

四、"互联网＋农业"可能成为中国经济再崛起的新动力

《货币战争》的作者宋鸿兵认为，中国成为第二大经济体，靠的是两级火箭的推力。一是改革开放初到 1996 年的农村工业化，二是 2001 年中国加入世贸组织。如今正在寻找第三级火箭。这第三级火箭必须符合三个条件，一是这个领域现有生产效率低下且薄弱，一旦投入就可迅速拉动经济；二是这个领域涉及人口多，涉及范围广；三是这个领域必须可以建立拉动全产业的产业链。对照此三条，只有互联网时代的农

业具备条件。因此，"互联网＋农业"可能成为拉动中国经济再崛起的新动力。

今天的农业已不是传统农业，它具有多功能性。①日益强化的食物保障；②前景广阔的原料供给；③不断拓展的就业收入；④修复环境的生态保育；⑤正在崛起的旅游休闲；⑥承先启后的文化传承。多功能性的特征遇上互联网，使农业大步走出一产，融合二产、三产协同发展。

中国农产品消费世界第一，农产品品牌世界第一。金龙鱼食用油年销售额达 4 000 亿元，老干妈辣酱年销售额达 20 亿元，鲁花花生油年销售额达 68 亿元（2000 年仅 1 亿元），太太乐鸡精年销售 8 万吨，销售额 20 亿元，双汇火腿肠年销售额达 200 亿元，海天酱油年销售额达 70 亿元。酱油全国每年 500 万吨消费量，被 2 000 多厂家分食，平均一家不到 2 500 吨，但海天却能做到销售额 70 亿元。康师傅方便面把顶新企业从濒于倒闭做到购买 101 大楼（中国年销售方便面 450 亿桶）。沙县是一个仅 25 万人口的山区小县，小吃从无到有，已发展到 6 万人从业，在全国开店 2 万家，年收入 70 亿元，店铺规模是肯德基的 5 倍。青海化隆县的"兰州拉面"，全县 20 万人 7 万人做拉面，在全国开店 1.3 万家，上百个政府工作人员在全国 50 多个城市开设办事处，为广大做拉面的青海人服务。江苏灌云县开发豆青虫产业，已研发出上百种产品，一千克青虫最高价卖到 164 元，一盘虫菜最高卖到上千元，该县年销售青虫上万吨。

每一个品类都能成长出一个世界级的大企业。

只要中国人感兴趣，立刻就能成为世界老大，连喝水都如此。自从 20 世纪 90 年代水污染事件频发以来，中国人饮用瓶装水与日俱增，从 1997 年的 280 万吨到 2013 年已猛增到 3 950 万吨，15 年内增长了 13 倍，年复合增长率远高于全球水平，由此带来过度开发，长白山地下水位严重下降，青藏高原冻土消融加速。2012 年全国排名前十的包装饮用水省份居然有六省面临水荒。有专家预测，未来五年水将像石油一样在市场流通的预言已经成为现实。在中国该下功夫开发的地方很多，不要一哄而起，千军万马都挤一条道。继天津煎饼馃子在美国上架成为火爆零食后，河南的"辣条"又走向海外火爆起来，一个煎饼馃子 8 美元，一包"辣条"12 美元，在国内只售 2.5 元，辣条年产值已超过 500 亿元人民币。

美国的面粉 100 多种，中国只有十几种，日本食用油 400 多种，中国只有几种。日本大米"越光"和"一见钟情"每千克销售上百元，还时常断货，中国大米几元钱一斤，还卖不掉。中国七万多家茶厂，销售量还抵不上英国立顿一家，须知英国还是一个不产茶叶的国家。财富的发掘空间十分广阔，但需要不断创新，格力有 7 个研究院、60 多个研究所，自己培养的研究技术开发人员上万人。创新有个"二八定律"，即成功率仅有 20%，80% 是失败的。创新就是试错，要敢于承担风险，且要有承担风险的能力。世界上还有一个犹太人遵循的宇宙法则，叫 78：22 理论，面积为 100 的正方形，内切圆面积为 78，人的身体 78% 为水，22% 为干物质，空气中氮与氧的含量比为 78：22，氧与二氧化碳的比例为 78：22，世界上 78% 的人只拥有 22% 的财富，而 78% 的财富被 22% 的人占有。犹太人经商总结出的经验是，大约 78% 的生意来自 22% 的人群，大约 78% 的资金投入到 22% 的项目上，大约 78% 的精力用在 22% 的人身上。以色列在教育普及的基础上，重点培养 22% 的人才。犹太人认为这是永恒的宇宙法则，不可逾越。创新就是鲤鱼跳龙门，能跳过龙门的鲤鱼毕竟有限，在这方面政府就要帮助鲤鱼跳，设法降低水位落差，让更多的鲤鱼有能力跳过去。

农产品产业前景无可估量，永无止境，做一个行业一个品类的品牌，就要争做龙头，至少做一个在一定区域范围内公认的代表性品牌。鸡蛋原来没有品牌，现在有德清源、正大、咯咯嗒，但品牌鸡蛋整体份额占有仅 10% 左右。20 多年前，中国牛奶市场没有品牌，食用油也没有品牌，今天家家都知道金龙鱼、鲁花、福临门、伊利、蒙牛、光明，已统领中国牛奶市场，伊利年销售额突破 400 亿元。有人预测，改革开放以来，中国已出现四次财富浪潮，第一次是国产家电，第二次是大健康概念，第三次是资本市场，第四次是互联网革命，即将到来的第五次财富浪潮就是品牌农业。阿里、京东、联想等都在把目光投向这一领域，谁将成为这一领域的"巨无霸"，需要的是智慧和眼光。想当领军者，首先要做的，就是找准自己的竞争对手，发现他的软肋，然后强化自身以克敌。还有一招就是自身有足够强的组织协调能力，把同行业同品类商家联合起来，防止恶性竞争，从而形成拳头，打造品牌。新西兰1904年从中国引入猕猴桃，到20世纪90年代产量已占世界90%，由于结构松散，竞争无序，出口受阻，后把全国2 700多家果农联合起来成立了新西兰奇异果国际行销公司，产品销遍世界，成为这一行业的世界巨头，中国虽然是原产地，但远远落后于新西兰。一个行业如果长久产生不出龙头，说明这个行业市场还不成熟，竞争还不充分。

品牌的打造，因素复杂，需要探讨的方面很多。北京樱桃谷鸭被英国引进改良后，倒灌中国市场，且独霸市场。中国是大豆的故乡，大豆的原产地，但美国的转基因大豆已占领中国大部分市场，中国每年进口7 000多万吨大豆，全世界总产量仅不足3亿吨，美国人做大豆生意赚得钵满盆盈，中国人只能望豆兴叹。中国是人参的原产国，产量世界第一，但一度价格与胡萝卜相仿，而隔壁韩国的人参，价格高出中国10倍且出口中国。

打造品牌需要培育一大批能工巧匠，2015年劳动节后，中央电视台推出"大国工匠"节目分别介绍了上海飞机制造公司胡双钱，火箭心脏焊接人高凤林，高级工艺美术技师孟剑锋，沪东中华造船集团焊工张冬伟，青岛四方机车宁允展，中国宣纸公司周东红，港珠大桥钳工管延安，两丝钳工顾秋亮，他们人人身怀绝技，高凤林盯住一个焊缝可以十分钟不眨眼，周东红捞宣纸每张最多不差一克的重量。农产品生产加工，同样需要这样一批高技术人才。世界四大经济巨头，美国以高科技胜，中国以总量胜，日本以能工巧匠胜，德国以质量标准胜。三流的国家输出资源产品，二流的国家输出规则标准，一流的国家输出文化价值，中国缺的就是国际认同的质量标准，有了国际认同的质量标准就有了话语权。所谓一流企业定标准、二流企业做品牌、三流企业卖技术、四流企业出产品。自20世纪80年代开始，中国先后培养认定了7 000多个优质产品、2 000多个名牌产品、3 000多个驰名商标、1 100多个中华老字号，已有百家企业进入世界财富 500 强，但还没有进入全球品牌 100 强的牌子。中国产品大多还在靠贴牌占市场。

有人估算，仅中国人的餐桌上就有超十万亿产值的大市场，在餐桌这个商业帝国里，可谓商机无限。2014 年，浙江缙云县开始打造传统小吃"缙云烧饼"，成立县烧饼办，拨款 500 万元专门用于扶持该产业，已在全国开办 230 多万家专卖店，2015 年营业额超过 7 亿元。目前全县已培训 5 000 多位烧饼师傅，还有 5 000 多人在排队等候，一个烧饼店日营业额可达 5 000～6 000 元，开办门店，县里给予 1 万～3 万元的补贴。经济学常识告诉我们，当人均 GDP 达到 3 000 美元时，居民消费便开始由温饱向享受型转变，从而引起消费结构、产业结构乃至经济社会结构的转型升级。2014 年我国人均 GDP 已超过 7 000 美元。餐桌革命引起的农业品牌革命将发生转折性突变，谁能"大梦谁先觉，平生我自知"，谁就能在这场历史性变革中一骑绝尘，独领风骚。

据新华社记者罗争光、周琳 2015 年 12 月 28 日报道，大数据正在改变人们"舌尖上"的生活。随着互联网金融和手机支付等不断发展，2015 年，越来越多的人已经习惯了一部手机搞定全部消费。"吃货"用手机订餐，也体现了舌尖上的趋势。一是网络支付流行。相比 2015 年第二季度，第三季度用户"到店付"的金额增长 238％，而代金券、团购等支付金额下降了 28.5％。二是"造节"推动网络消费。与"双 11""双 12"一样，O2O（网络购物）平台在 2015 年也开始大肆"造节"，例如"5·17 吃货节"、针对年轻女性的"三七女生节"等，拉动消费效果明显。三是场景化消费。移动互联网时代，消费平台可为用户提供个性化推送，把吃饭、购物、出行、看电影、订酒店等需求"＋"起来，实现场景串联。此外，"舌尖上的大数据"还从侧面反映出各地居民生活状况。2015 年，全国外卖有 11％的订单是 19 点以后下单，3％的订单是 21 点以后下单；而 21 点后叫外卖最多的三大城市正是北京、上海、广州。这表明，生活在这些地区的人们加班更多。

中国社科院《中国现代化报告 2012：农业现代化战略研究》中指出，中国农业水平与英国相差约 150 年，与美国相差约 108 年，与日本

问道乡村文化……

205

相差约 60 年，与韩国相差约 36 年。由此可见，中国三产融合开发前景可谓辉煌灿烂，品牌农业的市场潜力可谓空间无限，如何发掘中国这个"世界第一美食王国"的美食资源，让它火遍世界，是农产品业界的历史使命，这是民族的嘱托。

食品行业是为舌尖发掘美味的行业，也是从舌尖发掘财富的行业。中国有"药补食疗、药食同源"的传统理念，从这个意义上说，它又可称得上是"生命工程"。因此，做食品要像做药品一样精细、精心、精准。美国人正在学种中草药，一些州组织"种植小组"帮农民试种。他们预测在美国的市场潜力有 2 亿~3 亿美元（13 亿~19 亿元人民币）。2015 年已有 35 个美国农场种植 38 种中草药，一支鸡冠花盈利 1.69 美元，一株当归盈利高达 20 美元。美国都在开发中药，我们反而滞后。"民以食为天，食以安为先。"食品的源头是农产品，做农产品需要品相、品质、品级、品牌，做农产品的人则需要良方、良境、良心、良智。世界上最能赚钱的是那些一心追求理想顺便赚钱的，如比尔·盖茨、乔布斯，那些一心追求赚钱，顺便追求理想的人是赚不了大钱的。打破社会已经形成的"互伤链"，牢固树立创新协调绿色开放共享的发展理念，不断创新制度、创新技术、创新商业模式，构建产业发展的命运共同体，将是新时代重构农业产业新业态的核心使命，也是新一代企业家的责任担当。

（本文原载于《中国发展观察》2016 年第 11、13 期）

技术化时代谨防技术作恶

农民的化学知识是这样获取的：从咸鸭蛋中学到了苏丹红，从牛奶中学到了三聚氰胺，从猪肉中学到了瘦肉精，从水果生产中学到了催熟剂，从田间除草中学到了草甘膦……农民不知道使用后果，他们只知道在这些技术知识的帮助下可以降低成本、减少劳动、快速致富，何乐而不为！

毋庸置疑，科学技术是第一生产力，是推动人类社会发展与进步的革命性力量，每一次科学技术的重大突破，都会引起经济的深刻变革和人类社会的巨大进步。今天，科学技术已经渗透到人们生产生活的方方面面，颠覆性地改变着人们的生产方式和生活方式，乃至思维方式、行为方式。人类社会从来没有像今天这样受技术的影响如此深刻，对技术的依赖如此深入。技术正在力图左右人类的前途命运，技术化社会正以不可阻挡之势向世人走来。

技术既能为善也能作恶，在推动社会发展与进步的同时，也给人类的生存与发展带来了一系列问题。宏观层面，政府对科学技术的不合理利用，已经带来了诸如核利用失控、资源透支、环境污染、生态失衡等一系列全球性问题。核能可以发电，给人类带来福祉，但核弹可以杀人，核泄漏给人类带来巨大的灾难。美国投放到广岛的原子弹，造成十几万人伤亡。著名的"切尔诺贝利事件"，被认为是人类历史上最严重的核电事故。核泄漏让 65 万平方公里的土地沦为废墟，有科学家曾预测，核心区可能在 2 万年内都不适合人类生存。今天由互联网生成的"暗网"作恶，正在祸及方方面面，让人们防不胜防。可以通过搜索引擎和网址访问的叫表网,与表网对应的就是暗网,它是通过非公开机制形成的网站,普通搜索无法访问,必须构建有针对性的暗网爬虫和搜索引擎或使用暗网所有者提供的信息对接手段。Tor 服务器提供非法毒品市场交易、黑市商品交易、儿童色情、欺诈服务、政治讨论等,恐怖组织的网站都根植于暗网。表网承载的全球网络内容不足 10%,其余 90% 都藏于暗网之中,由此可见暗网作恶之广泛深入。中观层面,企业滥用技术以获得丰厚利润,它可以摧毁一个产业,毁掉国家信誉。2008 年的三聚氰胺事件,使我国奶业至今尚未恢复元气。食用河北三鹿集团生产的奶粉的婴儿被发现患有肾结石,事件引起各国的高度关注和对乳制品安全的担忧,多个国家禁止进口中国乳制品,进而使中国制造的商品信誉受到重创。在国内,刚刚兴盛的中国奶业被当头一棒,消费者不敢问津。到 2011 年中央电视台《每周质量报告》调查,仍有七成中国民众不敢买国产奶粉,此事至今余毒未消,中国奶业尚未走出阴霾。2018 年中国乳制品产量 2 600 万吨,十年后的今天,尚未达到 2007 年时的 3 600 多万吨。我国乳品无法满足需求,只好花大量外汇进口,进口量已从 2008 年的 38.7 万吨猛增到 2017 年的 247.1 万吨,几乎相当于国产鲜奶的一半。微观层面,普通民众对一般应用技术不甚了了,应用时图方便、图新奇、图省事,导致许多技术严重干扰人们的生产生活。与互联网技术高速发展相伴而生的自媒体,使人人都可以成为信息的发布者和评论者,而自媒体的兴起又成为形形色色的不实信息与谣言的乐土。网上疯传的一组视频能够毁农民一年的收成,例如西瓜太甜是因为打了针,拼接牛排靠的是"胶粘碎肉";这些网络自媒体的滥用严重误导了消费者,损伤了生产者的利益。利用网络技术实施各类诈骗更是层出不穷,花样不断翻新。2018 年,我国共破获电信网络诈骗案 81.1 万起,同比上升 35.5%,抓获犯罪嫌疑人 7.3 万人,同比上升 36.7%。

一些被广泛应用的技术一旦作起恶来,后果更难以预测。面部识别技术已经应用在智能手机、应用程序和移动支付等多个领域。对着智能手机刷一下脸就能解锁与付款,这给很多用户带来了便捷的体验,这项技术在定位失踪人口方面同样作用巨大。这样一种可以随时随地追踪任何人的技术如果被别有用心之人利用,所有的民众将可能受到无处不在的监视,个人隐私无处可隐。基因测序技术的快速发展使得科学家们能够探知人类遗传代码的更多细节,越来越多的人类疾病遗传因素因此被发现,从而为这些疾病的治疗提供了新思路。但是,基因测序技术一旦被不法分子掌握,研制出针对特殊基因的生化武器,后果将不堪设想。

人类从青铜时代到铁器时代用了一千多年时间,今天只用了几十年便进入了信息时代,并正在进入人工智能时代。在技术发展缓慢的时代,政府可以控制技术的研发方向与应用范围、应用规模。今天,科学技术的发展速度和规模空前加剧,信息、生命、空间、海洋等领域都出现了新的突破,以集成电路、网络技术为代表的信息技术带来了通信产业的革命;基因组学、蛋白质学的飞速发展带动生物技术进入后基因时代;纳米材料技术、纳米生物技术、纳米传感技术等正逐步在高科技产业发展中显示其竞争力;航空航天、海洋技术等领域也正孕育着一系列突破。技术的研发已不在政府的掌控之中,自由度越来越大,且走在各种约束规则的前面,既有建设性成果又会造成破坏性后果。正如"未来犯罪研究所"创始人、安全专家马克·古德曼所言:"人类最早的技术应用可能就是对火的应用,用火可以得熟食,也可以烧毁整个村庄。相比之下,现在的技术革新速度飞快,无论人们想怎样应用科技,都变得更加容易了。"科学技术只是人类认识和改造自然的工具,给人类带来什么,取决于人们如何利用科学技术。

科学技术在应用中所产生的负面影响,有着极其深刻的原因。从思想观念看,人类高估了自身对自然的改造与征服能力,认为技术创新与进步是可以完全被人类所掌控的,人类的自大,在科技界表现得尤为明显。DDT曾是全世界人民的宠儿,被誉为"万能杀虫剂",它使人类相信自己可以随心所欲地改变和改造地球,极大地促进了人类欲望的加速膨胀,使人类越来越贪婪地向大自然索取,但就是这一曾获得诺贝尔奖、划时代发明的DDT竟然是破坏生态之链、毁灭动植物种群、危害人类健康的罪魁祸首，直到 2004 年联合国正式禁用 DDT，我国于 2009 年 5 月起禁止生产、流通和使用 DDT。从认知能力上看，绝大多数社会成员，一是不懂得科学技术是一个历史发展过程，一种科学理论在某一阶段正确，后来被证明是错的，或只有局部是对的，不是绝对正确的。从托勒密的地心说到哥白尼的日心说，再到宇宙无中心说，每次都是对前次的否定，牛顿力学诞生时是标准的科学，相对论的出现，它就只有局部正确了。二是把科学与技术混为一谈，"科"与"技"不分，多从功利主义、实用主义出发，以"技"代"科"，认为凡技术皆科学。科学起源于希腊，科学不满足于应用，为科学而科学。希腊人认为，越是无用的东西，越纯粹，越高贵，越是真正的科学。中国传统文化中知识本身没地位，读书为做官。对科学的理解，多是实用主义。从价值判断看，技术已经在很大程度上脱离早期由政府掌控的公共性、普惠性，变成市场化的商品，时时想方设法去掏空愿者上钩的口袋。从技术层面看，一定阶段的技术水平创造了"人化自然"，却不能完全预测该技术带来的后续效应，塑料的发明曾经使人类欣喜若狂，可现在人们却不得不为如何处理它而煞费苦心，人类面临着塑料几百年乃至上千年不能降解的无奈。英国布里斯托大学有一套"人工成熟"的人造化石实验室流程，可在 24 小时内利用高温高压生产出几百万年才能形成的动植物化石，这些化石就是用扫描电子显微镜检查，与真化石相比都有着很高的相似度，这项技术一旦流入不法分子手中，考古界也将面临灾难。从社会层面看，存在法律法规和制度监管的缺失、道德约束与价值导向不足等问题，导致人为因素利用技术作恶，如网上黑客攻击、利用大数据犯罪等。

技术迭代创新像脱缰的野马一路狂奔，每项新技术的产生都是对法律和伦理的挑战，技术的发展如同历史的车轮一样不可阻挡，我们不可能通过限制技术的发展来实现治理，只能依靠对技术的发展方向、应用范围、规模、风险等提高警惕，适时制定新的规则，从而实现规则与技术之间的平衡，让技术向善，避免作恶。这是一个社会整体变迁中文化滞后的哲学命题，没有任何规则可以对越来越趋向无穷大的技术集实现全覆盖，但人类必须时刻保持警惕性，提高识别力，增强危机感。20世纪，一群军事政治疯子把人类拖入灾难；21世纪，必须严防一群技术经济疯子再把人类拖入灾难。

（本文原载于《中国发展观察》2019 年第 15 期）

农具的智能演进与
农民的社会地位

工人从事工业生产使用的器具叫"工具",农民从事农业生产使用的器具叫"农具"。传统观念里,使用工具的人比使用农具的人显得高贵。说起农具,上了年纪的人头脑里很快会跳出镰刀、锄头、耧、犁、耙,铁锹、木锨、太平车,而年轻人的头脑里很快会跳出拖拉机、播种机、收割机、插秧机。但是,对于"智能农具"可能还没有多少人想过。就农业的动力而言,如果说刀耕火种的"人动时代"是农业 1.0版、驯化牛马驴骡的"畜动时代"是农业的 2.0 版、机械化自动化的"机动时代"是农业的 3.0 版,那么"AI"横空出世的"智动时代"就是农业的 4.0 版。人类社会已经进入一个跨界、迭代、互渗、融合的边界模糊时代,"智动"时代的智能"器具"是"工具"还是"农具"已经很难辨识。"农具"的思维突破正历史性地扭转乾坤。农业将不再是一个落后的行业,农民将不再是一个落后于时代发展的族群。

美国每年有市值 40 亿美元的苹果需要采摘,于是苹果采摘机就问世了,它的准确率与人没有一点区别,但速度却能抵上数十人,轻摘轻放,拿捏分寸的水平一点不比人差。2016 年世界上第一台草莓采摘机的诞生更令人拍案叫绝,成熟度高的草莓人工采摘都要特别小心,但机器却精细过人,专拣成熟度达 70% 以上的果子摘,一点不会损坏、抓伤,速度比人快几倍。还有一种装有手爪的智能农具,可以把大堆的如胡萝卜、葡萄、樱桃等各种形体的农产品抓取搬运分装,这种能处理有长有短、有大有小、有软有硬、有粗有细近乎脑筋急转弯的高难度智能农具，已近乎神话。中国快递业人工智能分拣邮件已经被称为奇迹，但与这种装有手爪的智能农具分拣水平相比还大有逊色。据美国劳工统计局调查，美国每年受雇分拣农产品的劳动力为5.3万人，由此产生的劳动力成本为13亿美元，智能农具不仅能大大提高效率，降低成本，还彻底解放了劳动力。

无人机这种新农具的用途已经渗透到喷药、施肥、病虫监测、田间管理等领域，一台无人机十分钟可喷洒15亩，一天可喷洒200多亩，是人工的十数倍，不仅高效且省药、精准、不误农时。高光谱摄影无人机通过从红外线及可见光谱中收集数据，实拍的扫描图的精细程度能辨别连肉眼都看不见的虫害、真菌感染等病变植株，这对于及时提供病虫测报信息无疑是人工无法企及的。无人机在田间管理上的应用更是绝妙，谁偷懒，水果套袋没做好，谁技能欠缺，果树剪枝没到位，它会立即拍照传到责任人手机上，让你重来。

还有一种智能农具可以根据家畜家禽的活动状况、声音变化识别家畜家禽是否生病。如奶牛跛足就会使乳汁流失、生育下降等，再加上治疗成本，一头跛足牛将增加175美元成本，典型调查显示，牛场跛足奶牛发生率平均高达23.5%，全世界2.5亿头奶牛每年因此损失高达110亿美元，如果采取AI识别技术，这些可以及早预防、治疗，从而降低成本。

在发达国家，科学家正在帮助农民根据各类家庭农场的不同需求，制定使用智能农具从事耕地、播种、插秧、施肥、防虫、治病、灌溉、洒药、收割、分拣、包装、仓储等一整套全产业链的最佳方案，智能农场、智能牧场、智能果园、智能渔场、智能农产品加工车间、智能农产品绿色供应链，"智能农具"的效用有着广阔的发挥天地。日本久保田已经宣布为应对日本农业老龄化现实，到2020年将推出"一键完全自动"的农业"傻瓜机械"，像已经过时的"傻瓜相机"那样实现"傻瓜种田"。

有关资料显示，改革开放以来的40年里，全国各省状元中无一报考学农的。"锄禾日当午，汗滴禾下土""面朝黄土背朝天""一粒粮、一滴汗",这种"务农苦、地位低"的普遍社会心态可能是才子离农、弃农、厌农的关键因素。当人机围棋大战,阿尔法狗那声划时代的"狗叫"结束人类主宰世界的美梦之时,农具的演进是到了该让我们清醒的时候了,4.0版的农具你会用吗?使用4.0版的农具比使用4.0版"工具"的人低人一等吗?拥有4.0版的"农具"还土得掉渣吗?农具的变迁使农民正结束繁重艰苦的体力劳作,从事农业将与从事二产、三产一样受人尊重的时代已经到来!

对于农民而言,拖拉机、收割机是农具,采摘机、分拣机是农具,而手机、电脑、无人机同样是农具。一部手机可以预知天气,可以咨询农技,可以购买农资,也可以出售农产品,还可以遥控大田灌溉,遥控大棚温室等。AI时代的冲击具有三性:一是急剧性,不是日新月异,而是秒新分异;二是颠覆性,移动支付对银行是颠覆,刷脸对门卫是颠覆,网约车对出租汽车是颠覆;三是不可知性,谁都无法预测AI会怎样发展。这毫无疑问将对"智能农具"产生不可预知的影响,它将继续而深刻地改变着农民的身份、农民的地位、农民的价值。在发达国家农民持证从业已成常态,农民不是谁都可以当的,中国农民的从业资格认证也只是时间问题。推进农具智能化,培育现代农民,打造智慧农业,实现乡村"智治",应是乡村振兴的重头戏。

(本文原载于《中国发展观察》2018年14期)

"四无劳动"的制度性
终结与社会进步

　　威廉·配第说："土地是财富之母，劳动是财富之父。"人类社会的每一次进步总是在与社会劳动的抗争中不断推进的，迄今为止，人类的发展史就是一部与"四无劳动"不断抗争的历史。所谓"四无劳动"，即无偿（或低偿）劳动、无益（甚至有害）劳动、无效（或低效）劳动、无处劳动。

　　第一种抗争是在生产力低下的农业社会背景下与无偿劳动或低偿劳动的抗争。集中表现为与三种力量的对抗：一是与掠夺劳动成果的统治力量抗争。奴隶社会，奴隶主对奴隶的役使是不付报酬的。封建时代，统治者横征暴敛，"四海无闲田，农夫犹饿死"的现象也多有发生。历史上，因苛捐杂税、超越农民承受能力而引发农民起义的事件不胜枚举，它在加速了王朝更迭的同时，也推动了国家机器的渐向进步。二是与吞噬劳动成果的自然力量抗争。当遭受自然灾害侵袭，人类面临无收获又无救济的困境时，就会激发人们的抗争行动，而生产力水平也就是在人与自然斗争过程中逐步提高的。三是与侵夺劳动成果的社会力量抗争。当国家的统治失序时，社会的动荡就会相伴而生，兵灾匪祸不断让劳动成果被无偿掠夺，与失序的统治和动荡的社会相抗争的力量同步成长起来，往往会形成失序国家中的革命性力量，继而促成国家走向统一、社会趋向安定。中国古代的春秋战国、五代十国乃至近代的军阀混战历史都反复地印证了这个道理。在社会安定祥和、科技高度发达的当今中国，这种无偿或低偿劳动正在异化变种，有的企业把农民工最低工资标准当成执行标准，且长期不变，引起农民工不满；还有一种最普遍、最直接的表现就是因拖欠农民工工资引发的劳资纠纷。2003年，时任国务院总理温家宝为重庆农民熊德明讨薪曾引起巨大的社会反响，随后，中国的劳动法律和制度渐趋完善。党的十八大以后，随着扫黑除恶等一系列得民心顺民意的重大举措的实施和《民法典》等一系列法律法规的颁布，这种无偿劳动或低偿劳动得到了根本性遏制。

第二种抗争是在工业社会背景下与无益劳动甚至是有害劳动的抗争。与无益甚至有害劳动的抗争，表现形式相对多样，既有发生在劳资双方之间的，如2009年河南碎石工张海超"开胸验肺"事件，也有发生在劳资双方之外的，典型的就是因工业化进程的急速推进而导致的过度环境污染、过度资源消耗，这种有害劳动所产生的负面效应往往也是难以修复的。2012年，国际环保组织为警示人类对自然的索取已经超越地球的承受能力，特设立地球生态超载日。1970年的地球生态超载日为12月29日，到2019年已经提前到7月29日，整整提前了150天。正因为如此，一些发达国家进入后工业化时代，都努力摒弃资源高消耗的经济增长方式，尤其注重土地资源的集约使用。但我国的工业化过程与快速扩张的土地城镇化交织，土地浪费现象严重。到2016年，全国城市、县、建制镇和乡人民政府所在地建成区占地面积就已经达到12.02万平方公里，可住12亿多人。大量被圈占的土地被过度用于发展房地产，房产泡沫巨大，有些地方甚至一度出现"空城"异象。与无益劳动甚至有害劳动的抗争，在促进了劳动法律制度完善的同时，也对生态立法、资源立法的进步起到了推进作用；关于职业病鉴定、工伤保险、环境保护、土地管理等法律法规也逐步完善并科学化。特别是随着党中央"房住不炒"的准确定位、"三大攻坚战"的有力推进、"碳中和、碳达峰"的郑重承诺等一系列行之有效战略决策的实施，这种无益劳动得到了根本性好转。

第三种抗争是在计划经济时代与无效或低效劳动的抗争。这种抗争最显性的表现就是人民公社时期的"大锅饭"现象，以革命化节奏推进经济建设，不仅经常要求挑灯夜战、周末是"义务劳动日"，甚至连春节也不休假。1967年1月29日，国务院发布春节不放假的通知，要求人们节日更要拼命干，过一个"革命化"的春节，到1980年正式全面恢复春节休假制度，全国整整13个春节无假期。即使在这种全年无休的紧张劳动状态下，也未能实现国家经济与个人收入的快速增长。1967年，我国人均实际GDP仅为169.71元，到1979年，增长至299.73元，13年只增长130元左右，年均增长10元；1967年，农村居民年人均可支配收入仅为113元，到1979年增长至160.17元，13年增长不足50元，年均增长3.6元左右。尽管历史已经过去，但并不意味着无效劳动在今天就已经完全消失，计划经济沿袭下来的习惯性思维仍然存在，无效劳动发生了"基因变异"，隐蔽性更强，破坏性不减。形象工程、政绩工程屡禁不止，劳民伤财引发一些群众不满；项目落地需要层层审批，有的甚至一两年都批不下来。有些地方的行业主管部门不研究市场，一哄而上抓项目，造成群众劳动成果"打水漂"。前些年，"蔬菜灾""水果灾"频繁发生，甚至出现贵州火龙果滞销被农民倾倒而染红河水的事情。异化的无效劳动不仅无益于产业发展，还损害政府公信。自2013年开始，党中央、国务院先后出台100多个文件，推进政府职能转变和"放管服"改革，落实简政放权，推行权力清单，清理规范的国务院部门行政审批中介服务事项323项，取消的中央制定、地方实施行政审批事项283项。这些举措无疑是对无效劳动的制度性宣战。

第四种抗争是在信息化（人工智能）背景下与无处劳动的抗争。所谓无处劳动，直接表现就是"机器换人"，使劳动者找不到就业岗位。无论是以色列历史学家赫拉利所预言的人工智能将催生一个新的"无用阶级"的诞生，还是李开复预测的"未来90％的工作将被人工智能取代"，所指的都是信息化社会和人工智能时代对就业市场的冲击。虽然目前人工智能对就业的冲击还没有达到上述预言的程度，但有些征兆已初现端倪。电子商务让大量实体商店倒闭、视频监控取代保安巡逻乃至"无人商店"的诞生等，都预示着"机器换人"已经由可能变为现实，并且不是任何人为力量就能轻易阻挡的浪潮。信息化从来都是一把"双刃剑"，从宏观层面把握好信息化推进的"度"是关键。在目前农村产业发展不平衡不充分尤其是二三产业发展不充分、城市接纳农民工就业空间弹性不大的条件下，解决农业转移人口的就业问题事关民生、事关和谐稳定，因此，不宜过快地推进"机器换人"。同时，还要把握好信息化在乡村推进过程中的设施配套。大量农产品都是鲜活产品，难以长时间储藏或储藏成本过高。虽然近年发展起来的农村电子商务对拓展农产品销路起到了很大的推进作用，但由于配套的冷链物流和其他基础设施条件一时还难以跟上，鲜活农产品储存、运输、销售等诸多环节链条时断时续，货畅其流仍然是一大难题。近年来倡导的智慧农业发展，同样需要循序渐进，综合考虑成本、收益和配套条件等多方面的因素，不宜超越现实、超越阶段，用力过猛、发展过度超前。大量劳动岗位被机器取代，劳动力无处就业，这不单单是一个经济问题，更是一个严肃的政治问题、复杂的社会问题。

高科技推动人类社会进入跨界、迭代、互渗的高速发展时代，颠覆性变革时刻都在发生。信息化让每个产业、行业乃至个体都必须不断地调整节奏去适应变革，并在不断循环往复的变革与适应中推动社会进步。人类与"四无劳动"的抗争谱写了一部人类社会发展的历史，这种抗争还将长期延续。当今时代是"四无劳动"的叠加期，在科技发展瞬息万变的现实生活中，人们的灵魂显然跟不上肉体。让我们好奇的是，与"四无劳动"抗争之后，第五个"无"又将以何种形态出现，这是一个大大的"天问"！我们坚信，人类的发展一定是能够从生生不息的抗争中获取源源不断的澎湃动力。

（本文原载于《中国发展观察》2021 年 24 期）

时代很快"三农"很慢

跨界迭代，瞬间颠覆，飞速发展的科技革命对社会产生强烈冲击，求新、求变、求快成为时代的主旋律，各行各业、社会各界都在奋力奔跑，生怕掉队。在这样一个被"快文化"裹挟的现实面前，"三农"显然跟不上节拍，滞后于时代。对此，一些人急得跳脚，大有恨铁不成钢的哀怨。在以快为特征的时代大潮中加速推进"三农"发展无疑是正确的选择，但务必看到"三农"慢的原因十分复杂，其中有社会认知的影响，有制度设计的阻滞，也有自身规律的约束，必须稳扎稳打、久久为功，慢不得，也急不得。

这是一个快得让人来不及反应的时代

农业生产动力更新换代的历史周期越来越短。人类的农业生产动力经历了刀耕火种的"人动时代"、驯化牛马的"畜动时代"、机械化的"机动时代"和"AI"横空出世的"智动时代"。人类从农业生产动力依靠人本身的"人动时代"到开始使用畜力的"畜动时代"，大约经历了100多万年；从"畜动时代"到以蒸汽机发明和使用为标志的"机动时代"，大约经历了数千年；从"机动时代"到数字技术在农业等领域广泛运用的"智动时代"，经历了大约300多年；"智动时代"的到来虽然只有短短几十年，但信息技术、数字技术的大范围应用，劳动工具智能化的演进越来越快，呈现出不是以年为周期，而是以月为周期的加速状态。

智动时代终结了人类主宰世界的格局。2017年5月，谷歌公司开发的AlphaGo与排名世界第一的世界围棋冠军对战，以3∶0的总比分获胜，成为第一个击败人类职业围棋选手、第一个战胜围棋世界冠军的人工智能机器人。2017年10月，AlphaGo Zero诞生，该系统在无任何人类输入的条件下，从空白状态迅速自学围棋，以100：0的战绩强势打败了AlphaGo。AlphaGo的工作原理是深度学习，结合了数百万人类围棋专家的棋谱，以及强化学习进行了自我训练。AlphaGo Zero则"抛弃人类经验"和"自我训练"，系统一开始甚至并不知道什么是围棋，只是通过强大的搜索算法，进行自我对弈，逐渐调整，提升预测下一步的能力，最终赢得比赛。AlphaGo Zero还为围棋这项古老游戏带来了新的见解，一年之内，推翻了人类四千年的围棋理论。

算力革命推动量子霸权时代的到来。2019年9月，美国谷歌公司研发的量子计算机成功在200秒时间内，完成传统计算机需1万年时间处理的问题，在全球首次实现"量子霸权"。2020年12月，中国科学技术大学潘建伟团队构建量子计算原型机"九章"，完成传统计算机6亿年的算例，成为量子计算研究的里程碑。"算力革命"推动世界进入量子霸权时代，超越经典的量子计算能力从理论走进实验，未来超级算力将广泛运用于各学科、各领域。一年之内把算力提升了五亿九千九百九十九年，一个新的计算能力飞跃的时代不期而至。

落后于时代节拍的"三农"慢的原因复杂

首先，农业发展动力不足。一是农具滞后。中国工程院院士罗锡文认为，中国农机智能化不足10%，较发达国家落后30年。早在20世纪80年代，意大利菲亚特公司农机平均故障间隔时间是350小时，中国2019年才达到340小时。我国每亩地的平均农机动力是美国的6倍，发达国家一台拖拉机后面带3～6种农机具，我国只有1.6种，农机动力没有充分发挥，农机的开发、普及、推广较为缓慢，效率不高。二是粮食价格疲软，生产者的积极性受挫。世界粮食实际价格呈现下降趋势。过去20年，小麦价格年均增长速度为0.21%，大豆、玉米、水稻价格年均增长率为0.3%，扣除物价上涨，四大主粮价格普遍下跌，1961年以来，全球粮食产量年均增长率达到2.2%，与之相对应的是，世界人口由1961年的30.72亿增长为现在的76亿，年均增长率为

2.4%；肉蛋奶的消费急剧增长，使饲料粮消费量每年增长近6%。而对粮食的消费，世界已形成口粮、工业与饲料的4∶2∶4的消费结构。生产与消费增长的不协调、与价格增长的不匹配，使农业发展缺乏动力支撑。

其次，农民需要有一个认识自然、适应规律的过程。农产品生产相对于工业产品生产有六大自身特点：不可间断，不可倒序，不可搬移，是活的生命体，遵循自然再生产与经济再生产两个规律，结果只能最终一次性显现。农业本身是一个弱质产业，一遇旱涝病虫等自然灾害，收入可能为负，"靠天吃饭"的局面在一个相对长的时期内难以摆脱。复杂多变的自然规律要认识、要把握十分不易，要遵循更是难上加难。但我国农村教育整体发展水平较低，有能力的精英又都被城市的虹吸现象抽空，要认识复杂多变的自然规律，遵循农业生产的自身特点，没有一个艰难渐进的探索过程是难以把握、无法适应的。

第三，农村地广物古，需要在传承保护中发展。在我国960多万平方公里的土地上，城市、县城以及乡和镇所在地建成区面积只有12万多平方公里，98%以上都是乡村。要使这么大范围内的乡村基础设施和公共服务都步入现代化，绝非短期内就可以一蹴而就的易事，急不得，也快不了。西方有句谚语，上帝创造村庄，人类创造城市。乡村是自然形成的聚落，是几千年文化的堆积，有几千年积淀的乡愁。中国的乡村不同于"原始型落后"的非洲及南美洲的村落，中国的乡村是"文明型落后"，它是中华民族五千年文明史的重要载体。因此，推进村庄建设、改造旧村庄，不能像城市开发一样，在一张白纸上，想怎么画就怎么画。对乡村的改造不能一律推倒重来、大拆大建，抹去几代人的集体记忆。村庄蜕变是"迭代"而不是"换代"，只能是原生态改造，原风貌建设，在保护传承中发展。

理性看待"三农"的"慢"

首先，要有适应规律的定力。工业文明的理念是"人是自然的主宰"，人定胜天，改造自然；农业文明的理念是"人是自然的一员"，天人合一，遵循规律。不能用工业文明的理念看待农业、发展农业。例如，农作物和畜禽种子是自然界长期筛选的结果，人类可以食用的植物有几千种，但驯化成熟的只有几十种，主粮只有玉米、大豆、小麦、水稻等几个主要品种；家畜、家禽的驯化经过数万年演进，少的也有几千年，基因渐变，逐渐稳定。农作物和畜禽种子的筛选培育不同于工业品升级换代快，是一个渐进而漫长的过程。这是规律，规律不能打破，只能遵循、只能适应。在农业发展进程中，必须克服工业文明"人定胜天""驾驭规律"的思维方式，在大自然面前保持足够的定力。

其次，要有科学发展的耐心。人类对发展观的认识大致经历了经济发展观、综合发展观、可持续发展观和科学发展观四个阶段。经济发展观是以经济增长为目标。综合发展观兼顾经济发展和社会发展。可持续发展观则在综合发展观的基础上，关注未来发展。而科学发展观在可持续的同时，更加关注人的全面发展。今天党中央提出的创新、协调、绿色、开放、共享的新发展理念是依据中国国情，对发展观的又一次认识提升，创新着眼解决动力不足问题、协调着眼解决发展平衡问题、绿色着眼解决人与自然和谐问题、开放着眼解决内外联动问题、共享着眼解决公平正义问题。"三农"发展必须坚持贯彻新发展理念，这是一个复杂的、综合的、长期的过程，因此，应有足够的耐心。破解发展中的难题、增强发展中的动力、厚植发展中的优势，积小胜为大胜，而不能指望毕其功于一役。

最后，要千方百计加快推进"三农"现代化。"三农"现代化是一个庞大复杂的系统工程，需要整体谋划、分步推进、分类实施。一应变革"三农"体制、机制。把乡村与城市摆在平等的地位上，创新以工促农、以城带乡的体制机制，实现高强度、高频率的城乡相互作用，促使农村、农业和城市、工业有机结合，推动城市优质资源下乡，缩减城乡差别，消减工农产品价格剪刀差，提升农民总体综合素质，建立更加可持续的内生增长机制，实现城乡融合发展。二应想方设法在"三农"领域植入现代科技。现代科技直挂云帆，乘风破浪，而农业领域几千年要使用的农具在一些偏远山区丘陵仍然身影频现。现代科技应与传统农业广泛嫁接，农具落后的状况要加快改变，无人机喷洒农药、服务田间管理、无人驾驶拖拉机、收割机、播种机等智能农具应加快普及，互联网、大数据、云计算、物联网、机器人、算力革命更应在农业领域充分应用。加快提升农民的现代科技水平，加快建立农业现代科技服务体系，加速农业"智动时代"的步伐是实现农业现代化的标志性体现。三应推进三体共化。建设现代化强国、实现党的第二个百年奋斗目标"短腿"在"三农"。农业现代化，农业是本体，农民是主体，农村是载体，必须让本体农业和农业经营的主体农民以及农业生产的载体农村同时现代化。中国要强，农业必须强；中国要富，农民必须富；中国要美，农村必须美。实现三体共化是建设强、富、美的中国关键所在，也是解决当下城乡发展不平衡、乡村发展不充分这一突出矛盾的关键所在。四应牢固树立农业文明是人类母体文明的理念。一切文明都是建立在农业文明的基础之上发展起来的，农业文明是与工业文明、城市文明并行不悖的文明形态，不能因为农业文明发展缓慢而抛弃农业文明。世界上所有发达国家都没有因为拥有现代文明而抛弃农业现代化。城市国家新加坡，寸土寸金，仍然在高楼大厦上发展现代农业。只有理念现代化、思维现代化，"三农"才能跟上时代节拍。

乡村与城市不同，它可以形成一个自我封闭的内循环系统，可以与外界隔离，实现自给自足。现代社会尤其是城市，是一个开放的系统，一个环节出了问题，则可能导致整个系统崩溃。陶渊明笔下"不知有汉，无论魏晋"的桃花源只能存在于乡村，不能存活于城市。乡村在当今时代剧烈变革的移动性背景下，对于应对各种新型灾难具有特殊优势。新冠肺炎疫情防控期间，上亿农民工在城市无业可就，退守乡村经营农业，依旧平静度日，社会得以安然无恙。疫情警示我们，在难以预测随时都有可能发生的人类各种新型灾难面前，防患于未然，遵循自然规律，守好乡村这个可以退守的后院，应是明智之举。

（本文原载于《中国发展观察》2021 年 6 期）

"快文化"之殇

改革开放以来，中国经济社会发展速度之快，举世称奇。短短 30 多年，几亿人摆脱了贫困，生活水平大幅提高，经济总量跃居世界第二。这是个了不起的壮举，令国人欢欣鼓舞。但欣喜之余，人们发现，"快"已经成为经济、政治、社会、文化等各个领域的价值标杆，成为一种浸透人们生活的文化现象。人们都在急匆匆地生活，来不及感受，来不及感动。尽管中央提出"又好又快"的要求，但经济社会的运行在"快文化"的左右下，一些方面已经初露动力机制失范、平衡机制失缺、公共秩序失谐、社会理性失控的端倪。人们额手拭目："快文化"要把我们带向哪里?

是什么孕育了"快文化"

"快文化"起于青萍之末，发于群体共鸣，成于价值导向。"快文化"能够在不长的时间内形成一种风靡社会的文化现象，有着复杂的时代背景，是多种因素的凝结、多重力量的聚合。

一是"穷怕了"的求变心态促使"快"。改革开放以前，中国人陷于集体贫困，尤其是三年困难时期，成为国人刻骨铭心的记忆和挥之不去的阴霾。今天，祖祖辈辈的贫困链已经打破，温饱问题基本解决，吃不饱的现象基本消失。但"饿怕了""穷怕了"的心理却挥之不去，加上对未来缺乏稳定的预期，没富起来的人似乎担心哪一天一夜之间温饱又会成为问题，而富起来的人似乎担心哪一天自己挣得的财富会一下子付诸东流，于是，当改革开放的政策不断推开阻碍发展的"水泥板块"时，"终于逮住机会"的人们，就拼命抢时间，争速度。一度亚健康遍及社会，过劳死屡见不鲜。

二是国际比较差距牵引"快"。改革开放前人们对外部世界了解不多，自我感觉良好，国门一打开，不比不知道，一比吓一跳。老百姓急了，政府也坐不住了，赶紧追赶，参照坐标即为发达国家。这种追赶，使"快"占据了道德制高点。由于差距过大，别人还在继续赶路，短时间接上轨绝非易事，于是想尽一切办法，动用一切力量去追赶，拼命追赶，越跑越快，越追不上，越要加速。

三是现代科技传导"快"。欲望、技术和智慧构成了现代哲学最基本的话语体系。技术是实现欲望的工具，现代科技则是"快"的翅膀。美国一位知名记者托马斯·弗里德曼在 2005 年写了一本书《世界是平的》，他认为，在源代码、搜索技术等十大现代科技的传导下，这个世界变得越来越小、越来越平、越来越快。科技的传导，使天涯成为咫尺，大家互相看着比着，谁跟不上时代的节奏，谁就可能被这个时代淘汰。于是，你追我赶，唯恐落后。

四是不断吊高的社会胃口推进"快"。马斯洛理论表明，一旦一种需求得到满足，就会有另一种需求滋生出来。中国在一穷二白的年代，人们共同的欲望只有一个吃饱，吃饱了就是幸福，后来吃饱之后，人们的欲望却变成无数个。人们现在的兴奋点是要千方百计地赶超别人，动辄全国第一，世界第一，再不济也要弄个区域第一，导致发展越快，攀比越严重，对物质占有的欲望越强。

五是政绩工程刺激"快"。"出名要趁早，当官要趁小"，一些带着这种观念的人，为了赶上"早集"，恨不得上台第二天就拿出政绩。任期是有限的，但想上的欲望是无限的，为了把有限的任期变为无限向上的资本，都想在有限的任期内干出一番看得见摸得着惊天地泣鬼神的大事来。因此，一些地方政府变成了"生产突击队"，千方百计在短时间内生产出形象工程、政绩工程。比如为了以最快速度提高城市档次，吸引眼球，来不及考虑全面协调可持续发展，先整几个"地标建筑"忽悠一下。一项研究表明，历次政府换届都会推进 GDP 快速增高。"换届效应"对中国经济的冲击已引起国内外经济学界的普遍关注。有工程，才有政绩；有政绩，才能升迁。快出政绩，才能快速升迁，你要从长计议，为子孙谋，没谁看得见，或被视为无能，很可能被淘汰出局，这就是造政绩者的心理逻辑。

六是"日新月异"的价值标杆催生"快"。"日新月异"是汉语词汇中形容变化快最常用的修饰语。现在说哪个地方日新月异，就是对其最大的褒奖。"日新月异"已然成为人们价值标准、审美判断的一个标杆。一些地方对下面的要求是两个月组织一次检查，只看新项目、新成绩，旧的不看，逼得下面只好不顾一切造新的，变着花样出政绩。这个标杆有两个核心刻度，一是"新、异"，二是"日、月"，前者强调发展的状态，越新越异越好，后者强调变化的时间，越短越频越好。在这种度量标尺的丈量下，一个个标新立异的事物在短时间内应运而生，进而演化成集体时尚。比如，几乎所有的建筑师都想搞出一个贝聿铭的玻璃金字塔，结果中国成了世界奇形怪状建筑物的试验场。中国城市不仅比赛长"胖"，竞相扩张地盘，还比赛长"高"，摩天大楼一个比一个壮观。"日新月异"的价值预设还会直接导致一个后果：求统一而废个性，追逐新而忘记好。大家都在挖空心思追求奇异，而忽略了自己的特色，忽略了应该坚守的东西，应该传承的东西。积淀了几千年的传统民族文化，蕴含着许多人类文明的基因，但在当下"快文化"的冲洗下，已是凤毛麟角。城市一样化，集体无个性。更令人担忧的是，"日新月异"一旦成为工作标尺，人们就可以对制定的规划和已有的成果视而不见，甚至否定历史从头再来。

七是动力机制失范盲目"快"。动力机制，是人类社会赖以运行的最根本、最基础、最普遍的机制。现在我们面临的最大问题就是发展太快，就像脱缰的野马，任意狂奔。只要对自己有直接好处的就大干快上，没有直接好处的就拖着不干；不该快的快，该快的不快。当今世界的竞争主要集中在生物技术、新能源技术和信息技术三个前沿科技方面，这三大技术我们与世界相差甚远，本应快马加鞭、急起直追，越快越好，但却没能快起来。相反，不该快的，快得惊人。在中国现行体制下，动力机制失范最容易导致一些部门根据自身利益盲目快上项目。根据中国民航局 2009 年 3 月发布的统计公报，中国境内航空通航机场共有 158 个，许多中小机场利用率低，甚至出现"无机可飞"的闲置状态。在这种情况下，各地仍斥巨资改扩建和新建机场。在动力机制失范的情况下，许多狂想都会出现，许多狂"快"都会产生。

今天，人人像一个高速运转的陀螺，"快文化"就像一支为陀螺加速的鞭子。"快"已经不仅是节约时间这个单纯的理由，其背后有着更多的急功近利的目的；"快"已经不仅是人们的生活节奏，而成为一种普遍流行的文化现象。

"快文化"要把我们带到哪里

"快"是一把双刃剑，合乎规律、不越边界、遵循科学的"快"能指向天堂，反之，只能把我们带向相反的地方。这是由"快文化"的特性决定的。

一是加速性。媒体报道，英国怀斯曼教授和英国文化委员会联合调查结果显示，过去十年，人们步行的速度加快了 10%，大街上到处是步履匆匆的行人。跟物理学上的加速度原理一样，在社会学上，发展中的事物一旦失去约束，就如同物体之间失去摩擦力，也会呈现出越来越快的加速度发展态势。

在这种"越来越快"的大环境下，"以快论英雄"的畸形偏好被社会普遍接受，"快"意味着一切，只要能快，就是本事。导致一些人在追求"快"的道路上，不择手段，不计成本，不顾后果。这种超越规律的加速，就像一辆疾驰的列车，想减速都很难，更不要说停下来。《共产党宣言》里有一句话：一切固定的僵化的关系以及与之相适应的素被尊崇的观念和见解都被消除了，一切新形成的关系等不到固定下来就陈旧了。一切等级的和固定的东西都烟消云散了，一切神圣的东西都被亵渎了。这可以用来解读快文化的加速性带来的后果。

二是省略性。一味图快，只求结果，只能省略过程。朝为田舍郎，暮就想登天子堂，做任何事都巴不得一步登天。一些酒厂，省略窖藏甚至酿制的过程，用工业酒精与化学药品勾兑，十年的味道，甚至百年的味道，十分钟即可搞定；一些项目，不顾物理反应和化学变化的基本时间要求，压缩工期，偷工减料，导致豆腐渣工程频频出现。省略过程的"快"一旦成为文化，社会自然会弄虚作假，破坏程序，不讲规则，少劳或不劳而获。这是眼下中国人心浮气躁的源头。

三是裹挟性。文化具有与生俱来的同化力和裹挟性。快一旦成为文化，便形成"漩涡效应"，不管你该不该快，能不能快，愿不愿意快，不管你是工、是农、是学还是商，统统把你漩入其中，想躲都难。不少孩子希望家长是"富一代""权一代"，这样可以一步跨过二十年，学生中比阔拼富，从幼儿园到大学普遍存在；一些研究者为了快出成果，移花接木，不"论"而文，此风已泛滥成灾，逼得评审者不得不用现代高科技手段检测真伪。快文化的裹挟效应，导致跟风盲从，人人不必思考，不愿思考，不想思考，也来不及思考，社会以顺潮跟风、随波逐流为能事。一个不善思考的社会，不知会滑向哪里？

四是渐进性。主要表现在三个方面。第一，从行为到心态再到制度。"快文化"起于青萍之末，开始只是在做某事上求快，随着一个一个快速行为的累积，人的心态渐渐也发生了变化，不管做什么事，都想方设法快一些，再快一些，形成事事争快的定势。这种求快的心态又逐渐由己而人，推而广之，"快"不再只是隐匿于人们心中的自我节律，而是登堂入室，成为写在纸上挂在墙上的管理和治理的硬性约束。第二，从单项到局部再到整体。一开始只是局限在某些特定的单项工作，进而就扩展到越来越多的领域，直到流布整个社会，形成浓厚的"快"的氛围。现在，吃的是快餐，喝的是速溶饮料，学习是速成班，就连爱情也追求速配、闪婚。第三，从物质到精神再到文化。"快"最初的表现形式多为物质性，比如项目的快速推进，经济增长的几何式递增；渐渐地，这种"快"浸润到人的大脑，进入精神层面，越来越多的人在追求财富时绷紧神经，只争朝夕。谁快谁就可能先富起来，谁快谁就可能先提上来，一部分人的自觉行为慢慢演绎成一个群体一个社会的生活样法，成为一种约定俗成的社会文化。

一种文化的生成不是一蹴而就的，而是以"润物细无声"的方式，在不知不觉中进入人的大脑，又在不知不觉中左右人们的价值观、人生观和世界观，如果不及早防备，就会出现"温水煮青蛙"的后果，从这个意义上讲，文化风险源是维护社会和谐需防范的四大风险源（其余三个是经济风险源、社会风险源、政治风险源）中的最大风险源。

五是非理性。置身在"快文化"的氛围中，就像"身在庐山"的观者，看不清本来面目，再加上对发展的饥渴和崇拜，人们对"快"常常表现出非理性的色彩。只琢磨快的速度，不考虑快的结果；只琢磨跟风赶潮，不考虑是福是祸。早在 2005 年，全国就有 100 多个城市提出建立"现代化国际大都市"的目标，30 多个城市提出要建中心商务区，至于什么是现代化国际大都市，要具备哪些条件，则考虑的不多。全国目前耗费巨资建有各类主题公园 3 000 个，只有 10％赢利，20％勉强维持，70％亏损。

六是变异性。在通常情况下，快能节约时间，提高效率。古今中外对"快"的溢美之词不绝于耳。但是超越限度的快，结果会发生质的变化。一块石头扔到水里会立即沉下，但如果改变它的运行速度，它就会浮在水面疾驶。《孙子兵法》说："激水之疾，至于漂石者，势也。"

在社会学上，不当的速度也会导致质的变化，使结果南辕北辙。"过犹不及""欲速则不达"是古人经验的总结。曹操急于成就统一大业最终败走华容道，拿破仑急于进攻俄国遭遇另一个滑铁卢。

本来人们追求"快"的唯一目的就是提高幸福指数，但现实中，人们发现，GDP 的快速增长与内心的幸福感不一定成正比。更令人担忧的是，快文化使社会上一些人中弥漫着一股暴戾之气，动辄恶言相伤，拳脚相向，甚至动刀子、泼硫酸，更甚者雇凶杀对手、杀朋友、杀父母。

"快"有规律，"快"要适度，"快"须顺势。当快不快，必生懈怠；不当快而快，必受其害，结果会背离初衷，适得其反。

"快文化"如何降温退烧

当"快"成为一种文化，其影响和作用就远远超出了"快"的应有之义，成为与"科学发展"相背离的一种社会现象。"快文化"亟待消解。

首先，应弄清为何而快，为谁而快。《旧唐书》里有一句话"自古以来，国之兴亡，不在积蓄多少，唯在百姓苦乐"。毫无疑问，"快"的出发点和落脚点应该是"人"，是"百姓苦乐"。"人"是任何社会存在的终极目标。因此，求"快"之道，必须围绕四个"人"字展开。

问题一：是不是为了"全体人"？在快的急行军中，需要前行的不光是哪一部分人、哪一个群体，而是所有的人。决不能只顾自己跑得快，而将一部分人甩掉不管。

问题二：是不是为了"多需人"？人是多需的，既要物质产品，又要精神产品，还要政治产品。只顾物质产品快速增长，只能形成一个"经济人社会"，物欲横流，人多趋利；只顾精神产品快速增长，只能形成一个"乌托邦社会"，虚无缥缈，空中楼阁；只顾政治产品快速增长，只能形成一个"政治人社会"。因此，有失偏颇的快都是毫无意义的快，关键要看这个"快"是否扣紧了社会价值的正向度，是否契合了人类文明发展的航向，是否满足了人民日益增长的多种需求。

问题三：是不是为了"多代人"？改革开放30多年来，中国经济增长速度世界第一，不可谓不快，但当中也存在对历史、对现实和对未来的透支。如几千万年甚至上亿年形成的自然风景遭到破坏，很难修复；如污染环境几代人受害，过度消耗资源与子孙争饭吃。因此，求"快"必须坚持全面协调可持续性，实现经济发展和人口、资源、环境相协调。全社会都应思考一个问题，"今天我要快发展，我拿什么比明天"？

问题四：是不是为了"具体人"？人是具体的，而不是抽象的。任何一项政策的设计都必须细化到不同需求的目标人群，不能笼而统之、大而化之、省略主体、虚化主体、空喊口号。

其次，应在制度层面予以规正和约束。改革开放以来，中国经济发展取得巨大成就，但由于制度供给不足和制度变迁中的路径依赖等问题，给"快文化"的滋生、发展和盛行埋下了伏笔。因此，要从根本上消解"快文化"，必须从制度上予以规正和约束。

一是把转变经济发展方式落到实处。经历了30多年的高速发展，我国现代化"三步走"战略成功走过两步，在21世纪头20年全面建成小康社会已经"赛程过半"。可以说在"量"的问题上，我们有了一份漂亮的成绩单，但是，在"质"的问题上，存在经济增长的资源环境约束强化、投资和消费关系失衡、收入分配差距过大、资本主导劳动、科技创新能力不强、产业结构不合理、农业基础仍然薄弱、城乡发展、区域发展不协调、就业总量压力和结构性矛盾并存、社会矛盾明显增多等问题。今后，要实现质与量的统一、快与好的统一、物与人的统一、人与自然的统一，必须加快转变经济发展方式。

二是建立一套科学的评价考核体系。如果仍然坚持"以快论英雄"，那么转变发展方式注定是一句空话。所以，必须建立一套严格的评价考核制度，把快文化装进"笼子里"，让快文化在规定的边界里运行。在新的评价体系中，应重新设计评价标准和考核内容，比如再也不能单纯"以快论成败"，而要以好为先，好中求快；再也不能老盯着 GDP，而要关注 HI（幸福指数）和 HDI（人类发展指数）；再也不能把基尼系数、恩格尔系数等涉及民生和公平的数据搁置一边，而要作为预期性甚至是约束性指标硬性规定。党的十八大以后陆续出台了一系列政策，要求对不同地区的考核要采用不同的指标体系，尤其在保护生态环境方面，要求实行责任终身追究制，这就从根本上抑制了"只要垒起金山银山，哪管日后洪水滔天"的行为发生。

三是分类指导。国家虽然已经在总体规划中制定了优化开发区、重点开发区、限制开发区和禁止开发区四大主体功能区，但是多年形成的"有条件要上，没有条件创造条件也要上"的惯性，仍在"激励"着我们不少的干部。没有条件为什么要硬上呢？显然是违背自然规律和社会规律的事情为什么非要硬来呢？各级各地在规划和部署工作时，需要的是因人制宜、因地制宜、因时制宜，分类指导。

四是以"科学文化"取代"快文化"。以科学发展观为全部内容的"科学文化"就是消解"快文化"最好的钥匙。但问题在于，很多人只是把科学发展观作为一个"大容器"，什么东西都往里面装，不论什么事情，只要穿上"科学发展"的外衣，就算"科学"了。事实上，这种语境下的所谓"科学发展"只是贴上一个"科学"的标识，形式"科

231

学"了，内容上依然故我。现在需要做的是把科学发展观由"大容器"变为"过滤器"，所有的东西都要放到里面过滤一下。

最后，进入小康时代应提倡慢生活。印第安人有一个观点，肉身和灵魂脚步的速度有时是不一样的，肉身走得太快，会把灵魂走丢。按照他们的信仰，如果连续三天赶路，第四天必须停下来休息一天，以免灵魂赶不上匆匆的脚步。中国人"一张一弛，文武之道"的生活哲学与这个故事异曲同工。老庄的清静无为、道法自然蕴涵的是遵循自然节律的哲理。中国人请人吃饭，爱说"慢用"；吃完饭送客，爱说"慢走"。现在这些话成了单纯的客套语，"慢"已经成了难得的奢侈。

一应合理引导社会需求。中国传统文化的核心就是"中庸""致中和，天地位焉，万物育焉"。伊朗有一句谚语，"疾驰的快马往往只跑两个驿站，从容的驴子才能日夜兼程"。英国也有一句颇为相似的谚语"蒙蒙细雨能持久，暴风骤雨一扫即过"。这些谚语表明一个道理，慢些，就会更快；慢些，就会更远，决不能用百米冲刺的速度去跑马拉松。因此，要懂得用期望值管理，不应让社会成员的胃口疯长，不能什么都要跟国外比。每个国人都应明白，"坐在宝马里伤心地哭"是假幸福，"骑在单车上会心地笑"才是真幸福。各种媒体应切实担负起修复大众审美偏离的责任，引导社会理性客观地追求，不能只讲述功成名就后的风光无限，而应更多宣传走向成功的努力、拼搏和艰辛；不能把那些一夜暴富、一步登天的个案大肆渲染，而应更多地关注那些凭借规定动作稳扎稳打的平凡百姓。

二应创造慢生活的宽松环境。一要建立并落实休假制度。我国虽然也规定了休假制度，但是真正执行的寥寥无几，大家最缺的就是时间，除了忙还是忙。各级政府和各类企业一定要把休假制度作为一种常设制度并坚决执行。二要发展适合慢生活的舒适环境。目前全球共有 25 个国家 140 个城市建立了"慢城联盟"，加入"慢城"必须符合世界慢城联盟规定的"七大标准、四大前提、八条公约和五大行动准则"。他们共同的图腾是蜗牛，慢城里的汽车限速为 20 公里，植物禁用农药、化肥。我国目前仅南京市高淳县桠溪镇符合要求，被批准加入联盟。三要营造慢生活的氛围。意大利一个慢调生活组织提议设立"国际慢调生活日（SLOWDAY）"。记者卡尔·奥诺雷向美国国会建议将每年的10月24日命名为"官方无手表日"，号召人们扔掉闹钟和手表，找回那些被工作挤占掉的业余时间，寻求一种悠闲的生活方式，让人们充分享受自由，享受高科技文明的便利，而不是做时间和技术的奴隶。

一个全新的生活理念正在全世界悄然兴起，这是被"快文化"压得喘不过气来的人类做出的行为反弹。如果说温饱时代为了生存拼命求快，是情理之中，理所当然，那么在"生存"不成问题，"生活"成了问题的今天，再不惜一切求快，只会徒增社会病，降低幸福感！

（本文原载于2014年7月3日的《北京日报》）

中华文化漫议

不同职业、不同层面的人对文化有不同的理解。世界名家对文化的定义有 300 多种。一般而言，考古学家眼中的文化最大，是指人类活动的痕迹，一堆古代垃圾，考古学家都能从中分析出古代人是怎样生活的；有的行政管理人员眼中的文化最小，仅指宣传加娱乐；普通百姓眼中的文化最具体、最直接，是指古文、外文加文凭。

文化应该是一种精神价值和生活方式构成的集体人格，文化与文明不同，不是所有文化都符合人类文明的标准。

每个人，每个地区，每个城市，每个民族，每个国家，每个时代都有自己不同的文化特点，不同文化中都有各自的精华与糟粕，而文明则是人类共同遵守的最高准则，适用于所有人，所有民族，所有国家，所有的社会形态。如儒家文化里既有"刑不上大夫，礼不下庶民"的糟粕，也有"己所不欲，勿施于人"的精华。西方称"己所不欲，勿施于人"是人类文明的"黄金定律"。

文化的定义很多，文化的内涵丰富。和其他事物相比，一般有五种分类方法。

一分法：即把人类通过自觉活动所创造的一切物质财富和精神成果都叫文化，就是经过人的创造，不再是一个自然的东西，就成了文化。

两分法：即把人类活动和人类活动的精神成果叫文化。文化是相对于物质层面的东西分类的，我们说精神文明就是指和物质文明相对应的文化。

三分法：即把整个社会分为三大块，经济活动、政治活动、文化活动，包括教育、科技、体育、宗教等。

四分法：即党的十八大之前的分法，包括经济建设、政治建设、文化建设、社会建设。

今天采用的是五分法，就是在四分法中再加上一个生态文明建设。2012 年党的十八大把生态文明建设纳入中国特色社会主义事业总体布局，把"四位一体"拓展为"五位一体"。

如果用最简洁明了的语言概括文化，就是四个字："人化""化人"。

中国文化有记录的历史起源于甲骨文，以前的文化只限于传说，没有文字记录。

20 世纪前期，中国文化领域发生了两大事件，一件是推行白话文，一件是破解甲骨文。

从王懿荣、王崇焕、刘鹗到罗振玉再到王国维的共同努力，引起社会对甲骨文的关注，从 1928 年中央研究院成立至 1937 年共在小屯村发掘 15 次，1936 年挖出商代的皇家档案库 YH127 甲骨坑。

这些文化大师都已经逝去，但是一个商代被他们破译了，激活了，我们今天才得以了解整个商代的文明史。青铜器、甲骨文是商代文明的代表，也是人类文明的代表。人类有早期文字的民族很多，但大都没有延续性地传承下来，只有汉字从甲骨文到篆、隶、楷、行、草等多种书体一脉相承地沿袭至今。破译甲骨文是开启中华文化宝库的钥匙。

我们今天说保护环境，甲骨文记载，商代就有严刑峻法保护环境，谁要是在大街上倒垃圾，哪只手倒的就砍掉哪只手。

中华文化第二个值得大书特书的就是百家争鸣时代，公元前 5 世纪前后，整个人类历史进入了一个被西方哲学家称为"轴心时代"的重要历史时期。中国、印度、波斯、古希腊等东西方几大文明共同进入一个大创造时代。孔子、释迦牟尼、苏格拉底等一代大师几乎同时出现。孔子比释迦牟尼小 14 岁，亚里士多德比孟子大 12 岁、比庄子大 15 岁，苏格拉底比孔子小 10 岁，阿基米德和韩非子只相差 7 岁，大家一起跨入文明的门槛，然后由量变到质变，产生智能大爆炸。人类最精彩的思想创造集中在这一时期出现。历史又走过了 2 500 年，直到今天仍然没能超越那个"轴心时代"的思想。在这长达 2 500 年的历史进程中，每当人类社会面临危机或新的飞跃时，总能在"轴心时代"的先哲思想里得到精神的指导。

东西方文明在"轴心时代"是共同作业，多种文明共同从不同角度打造人类的文明，如古希腊文明更多地关注人与自然的关系；古印度文明更多关注人与超验世界的关系；中华文明更多地关注人与人之间的关系（仁者，爱人）。

在那个"轴心时代"，东西方各有一个最有名的大学，古希腊的雅典学院，东方齐国的稷下学宫，雅典学院出了不少大师，如柏拉图、亚里士多德等。东方的稷下学宫既是学校，又是齐国的智库，也是思想交流的大讲堂。当时高级智能人才如果想扬名，要么到稷下学宫去讲学，要么去做官，这个学宫名声最大的学者是孟子，但实际影响最大的是荀子，他曾三次做学宫的主持。

2 500 多年前的那个"轴心时代"在中国形成的百家争鸣局面中造就出一大批大师。孔子是格言大师，老子是哲学大师，一篇只有 5 000 字的《道德经》，据说在哲学素养最高的德国现在差不多家家都有一本。古往今来，世界范围内作品影响力排在前十位的写作者，老子居首位，老子是世界名人中拥有粉丝最多的写作者，比如美国前总统里根在国情咨文中引用了老子的"治大国若烹小鲜"，联合国前秘书长潘基文在就职演说中也引用老子的话"天之道，利而不害；圣人之道，为而不争"。世界上翻译成各种语言发行最多的第一是《圣经》，第二就是老子的《道德经》。

孔子最大的贡献是把人人都能体验到的家庭伦理推广到社会治理，以家庭伦理为基础重建社会结构、社会秩序。他思想的核心就是君子之道和中庸之道，这两点是儒家文化乃至中华文化的灵魂。君子之道是人格论，中庸之道是方法论，与今天构建和谐社会是一致的。

"轴心时代"是人类思想的集中创造时代，是没有分工的分工，是共同作业。中华文化又在这个基础上兼收并蓄，在 2 000 多年的历史长河里打造出儒释道一体的中华文化主体构架，儒是核心，又兼容释道两家。

什么是儒释道，有人用一个最简单的例证说明。一个学生在校园里丢了一辆自行车，有人说，要建章立制，规范行为，防止被盗，这就是儒家；有人说，要进行思想启蒙，开启智慧，提高境界，这就是释家，俗称佛家；有人说，丢了就丢了，随它去吧，这就是道家。儒家思想适宜于治国；佛家思想适宜于益智；道家思想适宜于养生。

佛是印度文化，佛家为什么会在强大的儒与道中长入中华文化，是因为儒与道都没有真正的宗教性和信仰力，佛家就从这个大缺口打入进来。儒要求做圣人，道要求做真人，这都需要高深的知识和一定的修养，而佛家不需要，它关注的是普通百姓的生老病死，什么是人生，什么是快乐，佛家用超越、跳脱的解释回答了这些问题，使人人都能接受，都能做到，不识一字，也能信佛。

从理论上说，佛家能在与儒道两家的博弈中存活下来，并发展壮大，主要是他跨越了儒家的"忠""孝"两大理论门槛。一是变通解释"忠"的问题。佛家认为尘世间人人都要拜佛，而儒家认为皇帝最大，人人都要向皇帝下拜。佛家为存活，不得不重新解释自己的理论，并向皇帝下拜，称皇帝是现世佛，是救苦救难的人世间菩萨，而心中佛是未来佛，信徒向皇帝下拜不是拜皇帝，而是拜现世佛。二是重新解释"孝"的问题。儒家认为"不孝有三，无后为大"，佛徒出家不结婚就是最大不孝。佛家解释，出家信佛带来的好处可荫护七代，而"有后"只是一代，信佛则是七代孝。忠孝理论一打通，佛家便有了生存的底气。

一些研究认为，秦始皇"罢黜百家，独尊儒术"的政策一出，汉魏六朝，中华文化没有多少特色。虽然出了《史记》《汉书》等名篇巨著，产生了"建安七子""竹林七贤"这样的文化群象，但思想性、艺术性的创造不足。只有陶渊明设计了一个"桃花源"梦想，为古今称道。王羲之把书法变成了纸面上的精神舞蹈，使书法成为中国美学的重要图腾。

汉魏六朝值得一提的就是选人用人制度。汉代以前都是分封制，以血缘分封诸侯。汉代开启了一个选人用人的新时代，即察举制，每个官员都有举荐干部的责任，经过朝廷考核，即予任命，但如出了问题，连同被举荐者一同拿下，追究连带责任。到后来，这个制度也腐败了，弄成"举秀才，不知书。举孝廉，父别居。寒素清白浊如泥，高第良将怯如鸡"的结局。

魏晋时代又流行九品中正制，这个制度是曹操首创，把人按才能高下分为九等，按等级做官，虽然易于操作，用人方便，但后来选出的评判人才的"中正"被世家大族控制垄断，以致选出的人"上品无寒门，下品无士族"。到隋炀帝时便发明了科举考试制度，武则天大加完善，逐步形成了长达1 300年的中国选人制度，西方认为这是中国对人类社会管理的第五大发明。

到唐代又形成以唐诗为代表的中华文化高峰。这一高峰形成的原因主要是对世界各民族多元文化的平等接纳、交融、吸收、消化。两个代表人物，李白是灵魂的诗人，占有天堂的愉快；杜甫是肉体诗人，占有地狱的痛苦，两座高峰无人企及。

宋代值得一提的是给文化人以特殊待遇。宋太祖曾下诏，本朝对上谏言事者一律不杀，并以丹书铁券形式存在太庙里，所以宋代文人敢说话，并且还把大师级的文人都推到最高级行政职位上。中国的艺术门类到宋代都达到顶点。而且科技创新能力特强，古代四大发明有三大产生在宋代。经济上已经成为世界第一超级大国。清明上河图描写汴京繁盛已成绘画经典。

自元至明清，中华文化受到专制政治的严重摧残，这一时段是中华文化的沼泽地，中国文化人的尊严被打击殆尽，文化人在重压下被整体消解。秦始皇的焚书坑儒虽然厉害，但那只是一个孤立的事件，不像元明清是长时期的整体破坏。为一个字可以户灭九族，甚至十族。虽然编了《永乐大典》《四库全书》，出了中国古典文学的四大名著，但文化专制严重扼杀了文人的创造力。《西游记》很有想象力，而《西游记》本来写作的意图是为当时的皇上反对佛教服务的，作者就写了这么一本小说讽刺佛教，但一不小心却弄出一个传世名著来。

西方有位学者研究认为，中华文化最大的特点就是"统一"。纵观几千年文明史，统一表现为四：一是统制度（禅让到分封世袭、文字、度量衡）。二是统思想。以儒为纲。三是统精英。以征伐功赏统武将，以荐贤科举统文人，以国家专营抑商人。四是统宏观经济。如，盐铁专营，此发明始于春秋时代的管仲。国家设有专门机构，负责统购统销。如盐民可以自由生产，但要由国家统购统销。冶铁由国家封闭矿山，百姓可以自由采炼，但产品卖给国家，盈利分成，民七国三。这种制度与我们今天的国有资产管理的最大区别是，国家只管住上头的购销，而放开下头的生产环节，且不直接办企业，这样就不会影响社会生产的活力。

从地域上看，中华文化的轴心正处于中华疆域腹地的淮河流域。在人类文化的轴心时代，从淮河流域走出去的管子、孔子、孟子、荀子、老子、庄子、墨子、韩非子等一大批思想家构成了气象万千、照耀神州、独步乾坤的文化集群，他们经天纬地、穿越时空的思想，为人类立轴、为天地立标、为民族立魂、为时代立心、为生民立命。传统中华文化的主体构架儒释道三家中，释（佛）是外来的，儒和道是本土的，而儒道两家的代表人物都生于淮河流域，淮河流域是儒道思想的发祥地，因此，淮河文化从一定意义说应是中华文化的轴心，可惜这种文化现象至今尚未引起世人的关注。

中华民族5 000年文明史就是一部厚重的民族文化史。18世纪之前，我们是农业文明的创造者。19世纪到20世纪，我们是工业文明的学习者。今天我们成了外来文化的学习者。什么时候我们才能成为先进文化的引领者、创造者，这应成为我们这样一个人口大国，先进民族的追求目标。任何民族、任何国家，先进的标志不是经济的发达，商业的繁荣，而是创造文化，输出思想。

中华民族浩浩5 000年没有中断的文明史，内涵之丰富，是世界上任何民族无法企及的。今天我们仰视祖先，纵览他们创造的辉煌文化，继往开来，发扬光大应是我们责无旁贷的责任。我们重温历史，应弄清历史的形态。历史分三种形态，一是原生态历史；二是被记录的历史；

问道乡村文化……

三是被解读的历史。所谓原生态历史，就是历史发生的本来面目不加任何人为因素，他就像原始录像原汁原味地反映了事物发生发展的过程。所谓被记录的历史，就是经过人为加工的历史，我们今天看到的历史都是被记录的历史，它就像一组照片，只能截取一些历史瞬间，许多过程都被省略掉了。所谓被解读历史，就是我们阅读历史时，由于立场、视角、水平、时代等多种因素的不同，对历史的理解都带有各自的色彩。同一件事，就有不同的理解，他就像电脑合成的图像，已经失真。

因此，我们学习传统，研究文化，要做到五个贯通，一是时间上贯通；二是空间上贯通；三是学科上贯通；四是理性逻辑与情感逻辑贯通；五是学术研究与实证研究贯通。

只有做到五个贯通，才能究天人之际、通古今之变，才能将中华民族的优秀文化融入人类文明，增强民族的自豪感和文化的自信心。

今天的中国已经在物质上成为世界第二大经济体，我们还要在精神上实现文化强国梦。要实现这一梦想，必须做到两句话，那就是"让有钱人读书，让读书人有钱"。只有知识和智慧体现出至高无上的价值，经济社会的发展，才会具有强大而又持久的动力。

（本文原载于《中国发展观察》2021 年 13 期）

淮河文化：中华传统文化的轴心

儒释道是中华传统文化的主体架构，传统观念认为，道以养身，释以养心，儒以治世，三位一体。这一传统文化精魂穿越时空，纵贯古往今来，覆盖地球上凡有华人的地理空间，以汉语为母语的 15 亿海内外中华儿女，无不受其熏陶。儒释道三家，释是外来文化，生于本土的儒道两家都源自淮河流域，因此淮河文化堪称中华传统文化的"轴心"。

根据德国思想家雅思贝尔斯的"轴心时代"概念，公元前 500 年前后是一个创造人类"文化元典"的时代，是一个在它之前都"趋近"它、在它之后都"回味"它的时代。中国、印度、古希腊等东西方几大文明古国同时跨入大创造的门槛，一代大师几乎同时出现，孔子比释迦牟尼小 14 岁，亚里士多德比孟子大 12 岁、比庄子大 15 岁，苏格拉底比孔子小 10 岁，阿基米德和韩非子相差 7 岁，这一时期的智能大爆炸对于后世影响深刻，每当人类社会面临危机或新的飞跃时，总能在"轴心时代"的思想里获取精神的指导。中华民族在人类文明的"轴心时代"思想尤为活跃，出现了诸子百家思想争鸣的旷世奇观，中华文化的基本品格即天人合一观念、道德本位意识、和谐融通精神都深深地根植于淮河流域，因此，淮河流域的山川地理、经济政治及社会生活孕育出一大批阐发中华文化精神的代表人物，如老子、孔子、管子、墨子、庄子、孟子、韩非子等都出生、成长于淮河流域，他们是中华传统文化"原创性架构师""导向性引领者"，是他们使淮河文化璀璨夺目，成为人类文明"轴心时代"中华文化的"轴心"。如果说中华文化是人类文化的高原，那么淮河文化就是中华文化的高峰。

纵观5 000多年中华文明史，淮河流域不缺文人的密度，27万平方公里的土地上，从古至今，文坛群星灿烂，先秦诸子，汉魏曹操父子、诸葛亮，明末清初吴承恩等家喻户晓。

不缺文章的深度，《管子》《道德经》《庄子》《论语》《孟子》《淮南子》是中华文库经典中的经典，一部《道德经》是迄今为止人类社会发行量仅次于《圣经》、位居第二的著作。

不缺文化的厚度，南北气候分界线的独特区位，使各种文化在这里被包容、被消化、被吸收、被沉淀。南雨北雪、南船北马、南稻北麦、南蛮北侉、南秀北雄在这里汇聚交融。这里既流响着青春少女执红牙板浅吟低唱"杨柳岸晓风残月"的韵味，也回荡着北方大汉握铁简板引吭高歌"大江东去浪淘尽，千古风流人物"的旋律。

不缺文明的高度，老庄孔孟的"天人合一，道法自然""己所不欲勿施于人""老吾老以及人之老，幼吾幼以及人之幼"等醒世哲思，被视为人类文明的黄金定律。

将淮河文化定位为"中华传统文化的轴心"是站在历史制高点上的鸟瞰。只有把淮河文化放在世界人类文明史和中华文化发展史的时空坐标中去研究，站在"中华传统文化轴心"的高度来认知，才能真正发掘出它的丰富内涵、珍贵价值和深远意义。今天，淮河文化兼收并蓄、各美其美的包容共生智慧，是我们构建"人类命运共同体"和"地球生命共同体"的精神动力。

淮河流经河南、湖北、安徽、江苏、山东五省40市181县，流域面积相当于国土面积的1/35，耕地面积占全国的12%，但却生活着占全国超1/9的人口，生产着占全国1/6的粮食，提供占全国1/4的商品粮，人口密度居全国各大流域之首。自黄河夺淮入海以来，由于地理位置、自然环境、气候条件、社会动荡及行政区划等多种因素的影响，这片土地多灾多难，在区域发展的赛道上淡出人们的视野，在中华文化的天幕上灿若北斗的淮河文化也因此被淹埋、被忽视，沉潜于历史的长河，尘封于人们的记忆。今天，说起淮河，在国人印象中就是一个落后愚昧的地方，导致生活在这里的人们严重缺乏文化自信，从而阻碍制约了这片土地经济社会的发展。实现乡村振兴，建设中国式现代化，生活着占全国超 1/9 人口的这片土地，亟待重新审视自身、重新认识自身、重新解释自身、重新谋划自身，鼓足精气神，适应新时代，找回自信，重塑自我。

近年来，学术界对淮河文化的研究逐渐升温，沿淮五省相继开展一些零星的淮河文化研究活动，出现一批有见解的研究成果。国家层面的研究机构、新闻单位和淮河流域的人文社科专家学者关注、研究淮河文化也渐成气候，这是十分可喜的事情。但是，当前的淮河文化研究存在一些需要重新审视的现象：一是对淮河文化在中华传统文化中的定位不准，有"一脉"说、"区域"说、"重要组成部分"说，无人"背负青天朝下看"，将其上升到"轴心"的视野高度予以考量；二是淮河流域五省都以自身的文化图腾为标志把淮河文化边缘化，安徽称自己为徽文化，河南称自己为中原文化，山东称自己为齐鲁文化，湖北称自己为楚文化，江苏称自己为太湖文化，博大精深、源远流长的淮河文化被五省集体无意识抛弃，没有形成流域文化圈层的认同感和归属感，在淮河文化研究和宣传上更难产生协同效应；三是对淮河文化的研究缺少"顶层设计"，重细枝末梢、轻主枝主干，视野不宽，境界不高，支离破碎；四是对淮河文化的研究不够全面系统，各地各行业各取所需，对文化应用层面研究多，对文化精神层面研究少；五是与现当代文化结合不够紧密，对淮河文化的精髓和传承价值提炼不够。简言之，当前对淮河文化的研究缺乏全局性定位、定向，缺乏流域性认可、认同，缺乏整体性发现、发掘，缺乏系统性整理、整合，缺乏建构性创造、创新。

当下，沿淮五省及国家层面的文化学者应协作攻坚，同心勠力，紧扣"淮河文化——中华传统文化的轴心"这一全新定位，统筹谋划、整体发掘、系统整理、全面研究，以增进 1.65 亿淮河儿女的文化自信和文化自觉，推进淮河文化在新时代创造性转化、创新性发展。

习近平总书记在党的二十大报告中指出："坚持和发展马克思主义，必须同中华优秀传统文化相结合。只有植根本国、本民族历史文化沃土，马克思主义真理之树才能根深叶茂。"把马克思主义精髓同中华优秀传统文化精华贯通起来，同人民群众日用而不觉的共同价值观念融通起来，为推进中华民族伟大复兴汇聚精神力量，更是淮河文化研究的历史担当和时代使命。鉴于这一文化工程的浩大繁多，可分系统、分领域、分阶段、分主题开展研究：

一是研究轴心时代淮河文化的思想体系及对后世的影响，重点研究儒家、道家的宇宙观、天下观、哲学观、社会观、道德观、民本观、经济观、生态观、法制观等，其中蕴含的天下为公、民为邦本、为政以德、革故鼎新、任人唯贤、天人合一、自强不息、厚德载物、讲信修睦、亲仁善邻、君子之道、中庸之道等思想观念对中华传统文化的"轴心性"贡献和对世界文化的深远影响，搭建淮河文化理论框架，推进淮河文化"轴心效应"重放异彩。

二是研究秦汉以来淮河流域有代表性的杰出哲学家、思想家、政治家、改革家、科学家、文学家、艺术家、军事家及其学术思想著作，对中华文化和世界文明的突出贡献。

三是成立由社科研究机构、高等院校和地方专家学者组成的淮河文化研究联合组织，共同对淮河文化进行跨学科、集团化研究，建立淮河文化研究资料库和数字资源库，编纂《淮河文化研究大辞典》，为今后持续深入研究淮河文化奠定基础。

（本文原载于《中国发展观察》2022 年第 12 期）

城市文化中荒唐的"高大上"

　　一种文化的生成是时间积淀的过程。中国城市化率从 1978 年的 17.9％迅速提高到 2013 年的 53％，有的城市规模扩张了几十倍、上百倍，最高的达 200 多倍。城市化率提高 20 个百分点，英国用了 120 年，德国、美国用了 80 年左右，法国用了上百年，而中国仅用了 22 年。快速崛起的中国城市，虽然高楼林立、车水马龙，但还来不及形成自己的文化。一些城市呈现文化荒漠化、碎片化、快餐化、无规则化的特点，这不仅有碍城市成熟发育，妨害城市软件建设，也会殃及城市发展的政治利益。

应以层次构造为着力点

　　中国城市文化建设的必要性、紧迫性及方法论已有诸多文章论述，但对中国城市文化生态的格局问题还少有提及。一个良性的城市文化生态应是"精英文化""大众文化""草根文化"三位一体的"草灌乔型"多元体系。借用林业生态术语，我们把"精英文化"比作直插云天的"乔木"，把"大众文化"比作不高不矮的"灌木"，把"草根文化"比作绿遍山野的"草木"。就像大自然数千万年形成的原始森林中的生态环境系统，草木、灌木、乔木融为一体，三者共生共荣，不分高低贵贱，都是其中的一员。不同层次互为因果，彼此照应，才使其生生不息，从而造就至今让人类无法破解的大森林生态系统良性循环之谜。因此，用生态学的原理打造城市文化应是当代中国城市文化建设方向性、目标性的着力点。

城市文化"靶向"偏差

　　综观当今我国城市文化建构，令人忧心的是，许多城市不惜人力、物力、财力，高薪延揽世界级大师设计的"高大上"的形象工程，投资数亿甚至数十亿的高档影剧院、音乐厅、山水实景演出等屡见不鲜，其奢华气派世所罕有，新奇怪诞堪称一绝。这些已达极致的"阳春白雪"行为，用学者王列生的话说，"一开始就没有面对社会基本文化诉求并以此为逻辑起点和靶向，而是在形式主义和官僚主义的支配下热衷于各种形象工程、政绩工程、标志工程、速效工程，热衷于文化建设中的权力意志所决定的随机虚拟指标以及对这些指标的政绩验收。"一些文化建筑建好后，门前冷落，入不敷出已成常态，不要说正常的维护费用无力筹措，有不少连水电费交起来都十分困难。

在一些人看来，只有标志性文化建筑才是主流文化的代表，才是中国人才能的显现，借此才能在世界文化发展中傲视群雄。在这种荒唐理念的驱使下，本来就投入不足的城市文化建设过多地向精英文化倾斜，嗷嗷待哺的大众文化、草根文化却无米下锅。难怪坊间戏称今天的一些城市文化是"富豪的文化""洋人的文化"。

"人化"和"化人"是关键

从风靡全国的大妈广场舞，毁誉参半；到徐州街头的万人集体暴走，评价不一；再到农民工业余时间四处游荡，无可奈何，这其中透露出的一个重要信息，就是城市文化需求与供给之间的尖锐矛盾，城市没有提供更多可以选择的文化活动方式，他们只好千人一面、万众齐驱地参与某项单调的活动。那些高不可及的一流歌剧院、音乐厅，那些交响乐、芭蕾舞、歌剧，票价都高得吓人，大众看不起，也不愿看，他们需要的是适合普通百姓消费的平民文化，尤其是那些参与式、体验式的自娱自乐文化。

基于文化就是"人化"和"化人"的理念，在城市文化建设中绝不能让老百姓不知文化何"化"、美术何"术"、图书何"图"、音乐何"乐"，而是务必树立适合平民消费的健康有益的大众文化、草根文化的观念，这才是一个城市的主流文化、主体文化和主导文化。一个城市的文化是所有生活在这个城市里的人共同创造的，每个人既是文化的消费者，也是文化的创造者。集聚城市的人来自天南地北，每个人都承载着不同的家族文化、民族文化、地域文化。各种文化在互相冲撞中融合，在融合中统一，在统一中升华，这就是"人化"的过程；然后再按照升华后的文化范式，约束规范来到这个城市生活的所有人，这就是"化人"的过程。城市文化有极强的包容性和巨大的同化力。每个人在他所生活的城市里既消费着既往的城市文化，也为这个城市的文化发展默默创造着、贡献着。如果忽视了占人口绝大多数的普通百姓，一个城市的文化建设将是没有价值的。培养一个城市市民的文化认同感、参与度和归属感，是一个城市凝聚向心力的根本途径和关键举措。

五个平台与四支队伍

当今中国的城市文化建设务必两眼向下，瞄准大众，瞄准基层，瞄准平民百姓，让他们贴得近，听得懂，能进入，能参与，喜闻乐见，积极投身。为此，当务之急是要搭建五个平台，建好四支队伍。

五个平台：一是免费开放的馆、站、室、厅等公共文化设施，如图书馆、博物馆、文化馆、阅览室、歌舞厅等。一些地方，博物馆成了"文物仓库"，图书馆成了"图书仓库"，一面是需求不能有效供给，一面是资源闲置浪费。而人口有 700 多万的我国香港有 77 家图书馆，图书借阅红红火火，一个借阅电话可以送书上门，还书不光可在任何一家图书馆，各地铁站口还都设有还书处。有关调查显示，国内图书馆借书还书手续多有不便，导致许多图书资料很少有人问津。某地竟出现一个有 32 名工作人员的图书馆一年只借出 32 本图书的奇闻。二是为 2.6 亿农民工搭建"文化低保"平台，在为他们免费提供文艺演出、电影电视、图书阅览的同时，免费发放文化消费券，让他们自由选择适合自己的定点商业文化消费，保障他们的基本文化权益。三是搭建适合群众自娱自乐的街头表演平台。国外许多国家在街头巷尾都建有这样的简易场所，可以让那些有即兴表演兴致的人，兴来神至，临时组合，演完即散。四是搭建便于市民包括农民工交流的"亲情网站"，使那些无法融入城市或心情郁闷难以自我排遣的人找到情感的寄托。可以组织专业人才或征集志愿者帮助他们排解积郁、疏导情感，提供交流思想、答疑解惑的平台。五是搭建非物质文化传承平台。在芬兰，小学生掌握一项本民族非物质文化遗产是必修课。城市应免费开办各类有当地特色的非物质文化遗产传承培训，吸引爱好者参与，使之薪火永续。

四支队伍：一是能尽心尽职做好服务的基层专业文化工作者队伍，把那些热心于基层文化事业的同志选出来，用到位。二是民间文艺骨干队伍。把那些有各种文艺才能的民间骨干分子组织起来，广泛开展各种文艺活动。三是具有专业文艺水平的师资培训队伍。把公办院、团、校的专业人才组织起来，采取多种方式，深入基层文艺骨干群体，定期开展各类培训辅导。四是志愿者队伍。把有文艺特长的志愿者组织起来，利用节假日或其他休息时间到社区和企业开展文化服务。

城市文化的丰富多彩是一个城市精气神的体现，建立起"草灌乔"结合的城市文化生态，不仅能够让广大市民尤其是农民工找到精神的栖居之所，更能充分激发一个城市昂扬向上的强大活力，生动展示一个城市的勃勃生机，这也是一个城市树立形象、提升软实力的重要途径。

（本文是国家社科基金重大项目"农民工与城市公共文化服务体系研究"的阶段性成果，原载于 2014 年 8 月 29 日的《人民日报》）

从"挥金如土"到"挥土如金"

当今中国，维布仑式的炫耀消费流布广泛。一些在改革开放中受益，积聚了巨额财富的富豪们，常常是奢侈无度、挥金如土。

一是炫吃喝。有的"吃金""喝银"，人均每餐要在 5 000 元以上，菜单中穷尽各种山珍海味。有的耗资数十万元制作莫须有的所谓"满汉全席"，196 道菜肴和 124 道茶点没有食用就变馊、倒掉；还有的翻遍古书寻找记载中的古人美食，并高薪聘请名厨依样烹饪。喝国酒茅台已经过时，喝名牌洋酒才算高品位，一瓶几万、十几万的拉菲酒被当成像矿泉水一样的狂饮。世界上只要有最高价红酒一出来，马上就成为富人的抢手货，有人认为酒价高就代表身价高。此风很快以极强的裹挟力影响社会，以至改变了中国人几千年主饮白酒的历史传统。2013 年中国消费红酒高达 18 亿瓶，一跃成为世界第一红酒消费大国。他们的高消费真正应了那句老话：没有做不到的，只有想不到的。

二是炫购物。中国人海外血拼买空免税店、横扫名品屋的新闻屡见不鲜。英国邦德街、法国老佛爷的店家们纷纷雇佣能说汉语的店员，增加银联卡刷卡范围，提供专门针对华人的退税点。海外购房团使欧洲多地房源紧张。2008 年开始，富豪又转而对法国波尔多地区酒庄感兴趣，当地房产机构称平均不足一月就有一家酒庄被中国人买走。法国人担心这里 8 650 座酒庄被中国人买走可能只是时间问题。买空华尔街黄金令金融大鳄瞠目的"中国大妈"已排在 2013 撼动中国的五大人物之首。2013 年中国黄金消费首破千吨，已达 1 176.4 吨，连续七年位居世界第一。相比富豪们在国外的一掷千金，国内挥金如土式的奢靡消费更是随处可见。世界上所有的奢侈名品在中国都设有分号，富豪的口号是"只买贵的，不买对的""什么最贵买什么"，以此代表自己的鹤立鸡群。"私人定制"的流行，就是这种心态的折射。2013年，中国人购买了全世界47%的奢侈品。

三是炫婚嫁。2012年3月，山西某老板在海南为女儿举办婚礼，邀请的明星阵容，不亚于中央电视台春晚，总耗资高达7000万。福建晋江更有人摆出亿元嫁妆，在堆积如山的百元大钞前留影，并邀请了十多位好莱坞明星在会议中心站上一个小时，总耗资难以计数。更有离奇的婚嫁，把8888888元现金分成18担，加上一些日用品，由18个壮小伙挑着担子招摇过市送到家里。

四是炫饰配。金眼镜、金手表、金戒指、金项链、金手机等，圈内流行身上必得有六种以上闪金光的饰物才算"高大上"。有的金项链已经变得像手指一样粗。"土豪金"也由这帮土豪的炫耀应运而生。他们无视社会的观感肆意"孔雀开屏"。这种行为把社会引向"一个不够"的时代，一个手机不够、一辆车子不够、一套房子不够的现象普遍存在。

五是炫财富。前些年，社会流传一个故事，一个富豪的儿子在英国读书，每天开着豪车上学。一天，他打电话给国内的父亲说，同学们都是坐地铁上学，开车上学很不好意思。父亲马上回答，明天我就给你汇一个亿去，咱也买一个地铁。记者采访一位富豪，问他在北京有几套别墅，他很不屑地说，要别墅干嘛，我买房子是围绕天安门两公里范围内买8套以上，一套自己住，其余送朋友，吃喝玩乐一喊就到。

我国这样一个人均收入仍排名在世界百名之外、贫困人口数量排名世界第二的发展中国家，却跻身于世界第二大奢侈品消费国，这两个"第二"的鲜明对比可称得上举世无双。这种触目惊心的行为背后，留下诸多值得深思的暗影。一是消费观念的变态。西方富人留下的印迹，多是建筑和雕塑；是牛津、剑桥、哈佛、耶鲁等名校；是图书馆、博物馆、艺术馆、音乐厅。中国的富人留下的印迹，大多则是"二奶村"、豪华墓地和为子孙留下的银行存款。一些在欧美发达国家乏人问津的顶级豪车和奢侈品牌，却屡屡成为中国富人的抢购之物。中国富人们挥金如土、奢侈消费不为别的，只是试图借此炫耀自己的身家财富，以博得别人的敬重和仰视。

二是回报社会意识淡薄。有关调查显示，全国注册的工商企业超过1 500万家，而有过捐赠记录的不超过13万家，即99％的企业没有过捐赠记录。2012年，美国人在他们的自由支配收入所占比例已接近历史低位的情况下，慈善捐款仍增长3.5％至3 160亿美元，人均善款1 029美元，占当年人均GDP的2.14％。而在我国经济形势一片大好的时候，2012年的中国慈善捐助报告却显示，全国慈善和公益事业的捐款约817亿元人民币，较2011年相比竟下降3.31％，人均善款只有近60元。更令人寒心的是，中国每年捐赠大约75％来自国外，15％来自中国的富人，10％来自平民百姓。中国富人对待慈善事业的悭吝，极大地削弱了"人人慈善"的热情，挫伤了民众承担社会责任的积极性。更为可悲的是两位裸捐后的"巴比娃娃"中国之行，并没有唤醒富豪们的社会责任意识。

三是税收制度存在缺失。自2001年起，中国每年都发布纳税百强排行榜，而每当人们将纳税百强排行榜与另一个著名的排行榜——福布斯排行榜来比较分析，总能看到两者不成比例的巨大反差。目前，我国占总人口20％的富人纳税只占总额的百分之十几，中产阶级纳税占百分之十几，而低收入人群纳税却占总额的60％多，竟然出现了穷的交税多、富的交税少的现象。有的资料显示，甚至中国富人还有数万亿元的灰色收入没交税。政府税收不公，贫富差距继续增大，社会不和谐因素不断增多。由于种种原因始终没有开征的遗产税，又滋生一批"富二代"自由疯长起来，让不通过自我奋斗就成为有产者不再是一件可耻的事，从根本上动摇了国人的财富观和价值取向。

四是教育方式过于溺爱。中国的富豪们大多创业于改革开放之初，时间精力大都花费在事业的打拼中，对子女的教育可谓是有心无力。再加上认为自己陪伴子女的时间不多等心理亏欠因素，有的富豪就采取用物质财富去弥补的方式，无节制地满足子女的物质欲望。而这些蜜罐里长大的子女们，由于从小生活在物质极大丰富的环境中，极易沾染恶劣生活习气，极易丧失理想追求动力，精神世界极度空虚，各种出格炫富行为随之产生，给社会广大青少年心智成长造成了恶劣的影响。

五是精神世界的空白。古人有"立德""立功""立言"的"三不朽"追求，这是先祖们意欲抵达的人生最高境界。不知什么时候，这种精神世界被换成了开名车、住豪宅、喝好酒、穿名牌的内容。有人认为这是"追赶型经济体"在特定阶段的常态，问题在于这种常态用于"原始型落后"的追赶尚可理解，而中国属于"文明型落后"的追赶，出现这种所谓常态实在令人不可思议，这绝不是一个有着五千年文明史的民族应该显现的气质。

2 000多年前，孔孟就提出"富而无骄""富则见义"的观念。骄奢淫逸、无度挥霍绝不是中华民族的传统文化。矫正观念、纠正行为、调正方向是政府和社会需要尽快解决的问题。其一，要确立文明、健康的享乐观。物质财富多了，可以使人过得幸福、快乐，但"挥金如土"未必给人带来幸福和安宁。那些热衷于炫耀各种奢侈消费却缺乏社会责任感的人，虽然在物质上锦衣华服，在精神上却依旧衣衫褴褛，不可能真正赢得社会的尊重与认同。用挥霍奢侈意识浸淫的灵魂里，人的伦理、道德、精神、情操、人品等一切神圣的东西，都会烟消云散。在一种阴暗心理笼罩下，日子过得怎能幸福快乐？再说，追求奢侈就要攫取，攫取就会不择手段，就有可能走向犯罪的深渊，此类例子并不少见。其二，要建立完善的政府税收体系。在市场经济条件下，由市场决定的分配机制，不可避免地会拉大收入分配上的差距，客观上要求通过税收调节、缩小这种收入差距。目前，我国的课税制度既没按收入，也没按财产，更没按消费，亟待统筹完善，真正让征税机制成为我国经济社会发展平衡机制，充分发挥好这只"无形的手"的作用。其三，培养"富二代"谦卑自律的人生态度。欧美发达国家，在培养"富二代"方面确实有很多值得我们学习和思考的地方。为了不让"富二代""坑爹"，他们普遍采取的方针是"富孩子穷养"，社会主流价值观也不会认同花父母钱的富二代。千万富翁中有55％都将送孩子上公立中学，要求孩子通过修剪草坪、假期打工等劳动来满足自己的愿望，让孩子从小养成负责任的人生态度，形成独立的人格，懂得谦卑、自律，追求上进，塑造多元化、多样化的价值观。很多人眼中的坏女孩帕丽斯·希尔顿，其实也是一个掌管多家时尚企业的女商人，她创立了自己的品牌，运营了一家摩托车队，设计了多种时尚产品，拍摄过十几部电影，出过唱片和书。事实上，她的爷爷巴伦·希尔顿早在 2007 年就把整个家族 97% 的财产捐献给了慈善机构。我们的富豪们，是时候该认真思索一下，财富到底意味着什么，我们的后代应该何去何从。

如果说"挥金如土"是一种奢侈浪费，挥霍的只是个人金钱，那么近年悄然出现的"挥土如金"现象，不仅仅只是浪费个人财富，更是对像黄金一样稀缺的土地财富的浪费，这是对国家、对社会资源的无度挥霍，这不仅仅是道德层面的问题，更是法制层面的问题。

此风缘起已无从考究，最先引起轰动的是网易办的养猪场。2009年，网易高调宣布投资养猪业，圈占 1 200 亩土地试图为中国探索"第三代养猪模式"。但五年过去了，曾经的誓言变成了口号，五年间，总共只有 400 头猪在养，还只能争取 100 多头在 2013 年底出栏供试吃。平均一头猪占地竟达 2 000 平方米，这可能是史上最牛的"猪豪宅"。之后，此风渐长。京东商城圈地 5 000 亩种无农药无污染的大米，三年间产出的大米也仅供亲友和员工吃。广东天地食品集团斥资 2 亿元，在江门新会圈地 3 000 亩，搞养猪和旅游生态农业。河南某企业整个圈了一个乡镇的几万亩土地，把农民挤出去，声言要建设现代农业。北京一地产大鳄在陕西渭南建设"黄河国际食品产业基地"，投资 10 亿元，圈地 10 万亩养猪。更有甚者，沈阳某富豪以发展现代农业为名，开挖护城河，修建围墙，圈占村集体土地千余亩修建"土豪大院"。上述圈地已成风潮，席卷全国，并大有愈演愈烈之势。

此类赶时髦者大体有五种心态：一是求时尚"玩农业"。党的十八届三中全会和 2014 年的中央 1 号文件都要求鼓励和引导工商资本到农村发展适合企业化经营的现代种养业，向农业输入现代生产要素和经营模式。再加上前一段时间召开的"现代农业的破局与升级"论坛上，在各位企业家的鼓动下，农业似乎成了越来越时髦的行业，仿佛你不沾农业就落伍了，不弄块土地玩玩就掉队了。一些富豪们觉得"挥金如土"已经不能满足他们的炫富心态，要标新立异，争做时代潮流的弄潮儿，"挥土如金"便成了他们的新型炫富方式。圈内流传一句话，"手里没有几千亩地，就在同行面前觉得没面子"。玩农业、圈土地已经上升到面子问题，当然令人趋之若鹜，"不用扬鞭自奋蹄"了。二是想探索但力不从心。一些富豪行为初衷是想为食品安全探索新路子，但随着实践的深入，他们发现对遇到的困难和问题准备不足，自身并不具备现代种养业能力，圈占了土地又无力经营，导致大量的土地荒废。三是只为满足"小众需求"。如近些年出现的褚橙、柳桃和潘苹果等，他们只是在为高端消费创造需求，虽在一定层面上取得了成功，但是他们的产品仅仅只是满足小众的高端需求，难以进行大范围的推广，毕竟大量的土地资源主要是用以保证大众的粮食安全和食物安全。四是暗度陈仓，伺机改变用途。有的明里打着发展现代农业的旗号，表面上种一些不讲经济效益的农作物，暗里却窥测时机，采取各种手段，逐渐实现"非粮化"，进而"非农化"的目的。五是抱着赌一把的心态囤积居奇。土地是不可再生的稀缺资源，只会越用越少，价值越来越高，一些人利用闲钱圈占土地，根本就没打算从事农业经营，目的在于坐等土地升值，以期待从中获取暴利。

土地是人类赖以生存的基本依托，是人类繁衍生息的物质基础，永续发展的重要源泉。中国人均耕地 1.52 亩，是美国的 1/13，加拿大的 1/18，相当于世界平均水平的 40%，在世界排名 126 位以后，连比我们还穷的印度，人均耕地也是我们的 1.2 倍。我们比美国多十亿人，而美国则比我们多十亿亩耕地。巨大的反差昭示我们必须树立"寸土寸金"的理念。中央要求中国人的饭碗必须端在自己手里，中国人的饭碗里必须装自己的粮食，一再强调要确保耕地红线，并且采取古今中外最严厉的政策，防范乱占耕地，但富豪们财大气粗，不管政策多严厉，照样圈占着如黄金般珍贵的土地资源，而不能发挥应有的效益。对此，国家有关部门应尽快按 2014 年的中央 1 号文件明确提出的要求，对工商资本租赁农户承包耕地，建立严格的农地经营的准入与退出监管制度。从制度上防止某些企业以发展农业的名义乱圈乱占土地。尤其要杜绝一些企业在租赁的土地上盖别墅、建度假村，地方各级政府应当尽快出台相关实施意见，形成切实可行的操作方案，并建立全社会监督机制，确保政策执行到位。作为富豪自身应学会合理慎重支配财富。正所谓"闻道有先后，术业有专攻"，那些拥有巨额财富的富豪们，应将财富投入自己擅长的领域，发挥其最大的社会效益。每个人的知识、精力是有限的，要支持我国现代农业快速发展，大可不必亲自动手，可以选择一些农业知识丰富、农业技能娴熟、创业激情旺盛的个人或者团队，发挥自己资金雄厚和市场经验丰富的优势，给予一定的指导与帮助。就像李开复博士创办的创新工场那样，针对早期创业者需求的资金、商业、技术、市场、人力、法律、培训等提供一揽子服务，帮助早期阶段的创业公司顺利启动和快速成长。同时帮助创业者开创出一批最有市场价值和商业潜力的产品。以养殖业见长的泰国正大集团、联想旗下的佳沃集团也都在这方面做出努力和尝试。这样既可发挥富豪们企业经营管理方面的优势，也可弥补农业知识不足的劣势；既可让珍贵的土地资源得以充分利用，又可让资金使用效益最大化。

富豪们需明白，种地是农民的事，工商资本到农村去只应大力发展以农产品为原料的加工业和为农服务的服务业以及适合工厂化生产的种养业，不应与农民争种大田作物。"老板"一旦挤了"老乡"去种地，地是种不好的，这是古今中外农业发展的基本经验。只有家庭经营才是农业经营的主体、主导和主力，美国家庭农场占农业经营主体的86%，整个欧盟平均占88%。我们这样一个人多地少生产力还不发达的农业大国、农民大国、农村大国，更要以家庭经营为基础。当今社会，人们评论富豪已经不只是关注他拥有多少财富，而更关注他如何对待和使用财富，为社会做出了多大贡献。事实上，已有一些先富者投巨资兴办各种社会公共福利事业，带领更多人走上共同富裕之路，比如"希望工程"的发起人徐永光、公开宣布"裸捐"的中国首善陈光标等，他们以担当社会责任的勇气和以创业为荣的职业道德实践着一个"上半夜想自己，下半夜想别人"的财富观。"自尊自律自明敢担当"的"贵族精神"应成为中国新富的座右铭。自尊即塑造自己的独立人格，不为世俗左右；自律即严格要求自己，自觉遵规守矩；自明即始终清楚自己所处位置，不断学习奋进防落伍；敢担当即敢于承担社会责任。两次世界大战，英国600多万参战人员死亡率20％多，而著名的贵族学校伊顿公学参战死亡率高达40％多，伊顿公学学生参战皆为军官，死亡率应大大低于普通战士，他们的敢担当由此可见一斑。贵族精神赢得社会的普遍尊重关键就在于此。长期以来，我们的思想教育对贵族精神大加批判，是因为我们找错了贵族精神的对立项，其对立项不是平民百姓而是流氓痞子。今天应让这一人类精神金字塔塔尖的宝贵财富重放异彩，这才是中国新富们应该追求的人生境界。新富们应清醒地认识到，面对中国地少人多且贫困人口仍高居世界第二的现实国情，大量圈占土地而不发挥应有的作用，不仅不代表有面子，还会成为社会诟病的口实。

人们常说赚钱难，但懂得将钱用在最恰当的地方更难。社会应采取适当的方式告诉富人，尽管你的钱来路正当，有了钱就可以为所欲为，但有些"为"是对人类的犯罪。你拥有十几甚至几十辆名车是有原罪的；你拥有上千甚至几千平方米的豪宅是有原罪的；你拥有几百双鞋子、几百条裙子是有原罪的；你拥有数千亩、上万亩土地而不产生效益也是有原罪的。人类维持生命的物质只有阳光、空气、水和最基本的衣食住行需求，其他全是奢侈品。我们期待中国的富豪们成长成熟觉悟觉醒起来，把追求企业利润与担当社会责任都置于重要位置，将"达则兼济天下"的传统美德转换成实实在在的行动，引领国人树立正确的人生追求和价值取向，让"挥金如土"和"挥土如金"的现象渐渐远去。

（本文系国家社科基金重大项目"农民工与城市公共文化服务体系研究"阶段性成果，立项号：12&ZD022，原载于《中国发展观察》2014年第7期）

让社会多一点"粮心"

经过艰苦努力，中国粮食连续八年增产，长时期的衣食无忧使社会渐渐淡化甚至丢失了"粮心"，一种轻视、漠视、忽视粮食生产的心态正在蔓延。人们不知道，中国只有 18 亿亩耕地，每年需要进口相当于 7 亿亩土地产出的农产品才能满足现实需求。中国的粮食产量"八连增"，中国粮食进口也是"八连增"。

农业是最原始、最传统的基础产业，农业文明是人类赖以生存与发展的基本文明。在工业文明、城市文明强力挤压农业文明的现实中，我们必须清醒地认识到，粮食生产是人类生与死的根本问题、是社会治与乱的重大问题；全社会应重振与强化"粮心"，大力促进农业文明与工业文明、城市文明同时、同步、同样发展！

"粮心"之重：农业的多功能性与粮食武器化

"民以食为天"，粮食问题永远是人类生存发展面临的首要问题。人类社会不管发展到哪个阶段，人类文明程度不管有多进步，粮食生产将始终是"大于天"的事。我们的祖先 2 000 多年前就提出"仓廪实而知礼节"的观点。时代发展到今天，粮食生产仍然是治国安邦的头等大事；解决好粮食问题，才能在复杂多变的国际形势中站稳脚跟。

首先，从农业的多功能性来看，以粮食生产为基核的农业不再是传统意义上简单的"吃饭产业"，它对于经济社会的发展具有重大意义。

农业作为基础产业，其食物保障功能永远摆在第一位，任何一个国家在任何一个历史时期，解决好吃饭问题始终是农业最重要、最基本的任务。尤其到了今天，人口增加和生活改善使社会对食物数量的需求持续增长，对品种的要求不断增多，对质量的追求日益提高，既要吃饱又要吃好，更要吃出营养和健康。我们这代人先是被贫穷毁坏一次，今天又被富裕毁坏一次，要求精细破坏了原生态营养，我国平均每八对夫妻就有一对遭遇生育困境，不孕不育人群比例 30 年增长了 10 倍，问题主要就出在"祸从口入"上。

今天，不光人在吃粮，动物在吃粮，机器也张开血盆大口与人和动物争粮。1961—2007 年，世界人口增加了 1 倍，粮食产量增加了 2 倍。目前，世界每年生产的粮食足够养活 120 亿人，但人吃的还不到一半，大部分用于动物饲料和工业原料，尤其是能源。汽车加满一箱燃料乙醇，需要消耗 200 千克玉米，差不多是一个人一年的口粮。生产生活用具小到牙具、板凳，大到汽车、飞机零部件，都可以用粮食生产，美国已经可以用玉米生产出 2 000 多种生产生活用品。工业对粮食的需求无限增加，而供给的增长却是缓慢的、有限度的。

就业收入功能是农业传统功能之一，为农民提供了基本的社会保障。在工业化、城市化和农业现代化等多种力量的综合促动下，新阶段的农业产业链条正从一产向二三产业延伸，就业空间大大拓展，农民收入大大增加；科技、资本、土地等要素投入的集约化，使农业收入增长方式转变、可持续性增强；农业产业体系逐步健全，农业就业收入的渠道不断拓展；城乡、工农之间交融联动发展，为农业就业和收入增长增添新的动力。

农业是自然再生产和经济再生产相互交织的产业，这也是它区别于其他产业的本质特征。二三产业对环境破坏显而易见，只有作为第一产业的农业才具有对被破坏的环境予以修复和对尚未破坏的环境予以保育的独特功能。农业生产是人类利用自然规律满足自身需要的活动，对农业生产的合理利用丝毫无损于农业的生态保育功能，农业生态系统与整个环境存在着天然的协同作用。这种利用与保护相结合的体系，是一种新的生态平衡，它最有生命力，对人类生存和自然发展相互有利。

旅游休闲观光农业起始于一百多年前的法国、意大利，20 世纪 60 年代传入日本、韩国。在现代化和城市化的背景下，随着人们消费水平的提高、消费观念的改变，导致需求层次逐渐升级；随着城市化的负面影响加剧，城市居民"返璞归真""体验自然"的追求逐步增强；随着现代农业的迅猛发展，使得社会生产效率快速提高，人们的闲暇时间大量增多。这些都使得开发农业的旅游休闲观光功能有着十分巨大的市场前景。

中华民族有着灿烂辉煌的文明史，源远流长的农业文化是重要基础和内核。中国传统农业具有作物文化的传承（如粟文化、麦文化、稻文化、蚕桑文化、茶文化）、农业技术的传承（如农事历法、精耕细作生产技术、育种技术、传统农具等）、经营模式的传承、农业哲学的传承（集中表现为"三才理论"）、农业制度的传承（如农地制度、赋税制度等）、重农思想的传承、村落家族文化的传承、民俗文化的传承、田园文学的传承、中医药文化的传承等十大文化传承功能。有人认为，中华民族之所以成为世界上唯一一个拥有几千年没有中断的文明史，关键就在于独特的农业文明承先启后、代代相接。充分开发农业的多功能性，是中国在世界上最能独树一帜的文明形态，也是中国最具可持续性的文明形态。

其次，从当今世界格局来看，粮食已经被"武器化"，而作为最原始、最传统的产业一旦被"武器化"，将成为最先进的现代武器攻无不克。没有哪种武器比粮食更具杀伤力。

基辛格于 20 世纪 70 年代曾预言：谁控制了石油，谁就控制了所有国家；谁控制了货币，谁就控制了世界；谁控制了粮食，谁就控制了所有的人。第二次世界大战以后，西方国家正是根据基辛格"粮食控制论"的战略思想，制定了"粮食武器化"战略，在多个方面做了充分准备，以此巩固世界霸权地位。发展中国家谁不听话，就不给饭吃。美国过去有 1 亿多吨玉米出口，2008 年以来大力培育和发展乙醇加工业，玉米一粒不出口，导致墨西哥等国家粮食供应链顷刻断裂，多国发生恐慌。2009 年美国生产了 4.16 亿吨谷物，其中 1.19 亿吨用于乙醇燃料生产，这些谷物足以供 3.5 亿人生活一年。2010 年，美国用于生产乙醇燃料的玉米增长到 1.4 亿吨。美国对中国的农产品战略布局已进入到中国最核心的粮仓部位，美国农业部已分别在北京、上海、广州、成都、沈阳设立五个农业贸易处，并还将继续扩大。这是从国家层面加强占领中国农产品市场的兵力布局。孟山都、杜邦等一些经营农产品的跨国公司也在密切配合，加紧步伐攻城略地，抢占中国农产品市场。中国三大肉产品加工集团，雨润、双汇已被高盛全部买下，宝迪正在谈判，并且他们还步步为营，大量收购猪、鸡等大型养殖场。农产品已经成为美国像美元一样控制其他国家的重要手段，他们已拥有诸多优势，他们是最大的粮食出口国，有着百年历史的世界 ABCD 四大粮商前三大在美国，最先进的以转基因技术为代表的生物技术也在美国。目前，世界每年 2.5 亿吨的粮食贸易量中，80％被四大粮商控制，他们凭借雄厚的资本和百年经验，已经完成对上游原料和期货、中游生产加工及品牌、下游渠道供应的绝对控制权。另一现实是，我国目前每年农作物播种面积大体在 23 亿亩左右，其中粮食 16.5 亿亩，蔬菜 2.7 亿亩，棉花、油料、糖料三种用地 3 亿亩，其余是其他各种农作物。根据目前农产品需求量，中国需要 30 亿亩播种面积，还有 7 亿亩左右的缺口，需要借国外的土地种植才能满足。2010 年中国进口大豆 5 480 万吨，占世界总出口量的 55％。目前大豆亩产量 125 千克，8 亩地才能生产 1 吨，5 000多万吨就需要 4 亿多亩土地才能生产出来。粮食、棉花、植物油、猪肉、食糖这些主要品种没有一样不需要进口的；我们自给率应在 95％以上，现在已跌破 90％。我们进口粮食，实质上是进口土地。如此下去，中国人如果不把饭碗牢牢端在自己手里，当"粮奴"的时代可能为期不远。

当今世界的竞争主要是新能源技术、信息技术和生物技术三大前沿科技的竞争，而中美竞争的焦点主要集中在生物技术上，生物技术在今天最广泛最直接的应用就是农业领域。特别是转基因技术已成为生物技术角逐的主战场。西方强国利用转基因等技术进行的种子革命，不仅仅是为了增加农作物的产量，更重要的是为控制他国自有的种子资源，并形成对其商品种子的永久性依赖。一旦一国的种子依赖他国或被他国控制，粮食等农产品安全甚至食物主权便无从谈起。在这方面，美国深谋远虑。我国加入 WTO 以来的几年间，2011 年中国进口大豆 5 240 万吨，其中 50％以上来自美国。中国有 4 000 多万大豆种植者面临失业和生存危机，主产区的大豆加工企业全面瘫痪。中国最大的蔬菜基地山东寿光的蔬菜种子 90％以上为外企控制。中国种业正在一步一步被控制，一旦种业被全面控制，人家让你吃什么品质的东西，你只能吃什么品质的。给你多少吃，你只能吃多少。有专家预言，在 21 世纪第二个十年，农业将成为中国和美国进行国际竞争的最终竞技场。人类社会的竞争，最终又回到了农业这个维持基本生存的原点，而农业的竞争归根结底就是种业的竞争。中国的种业必须迅速上升为国家战略、国家理念、国家意志的层面加快建设步伐。未来社会，说种业是关系到一个国家、一个民族生死存亡的大事，并非危言耸听。

　　"手中有粮，心中不慌"，粮食是每个人生存的基本需求，也是一个国家兴旺发达的根基。随着时代进步，粮食的重要性不是越来越轻，而是越是越重；涉及领域不是越来越窄，而是越来越广。粮食生产不再只是吃饭产业，而是重要的国家战略；当今世界流行的"三金说"（货币是黄金、石油是黑金、粮食是白金）已经把粮食提高到与货币和石油同样重要的位置。

"粮心"考问：粮食供需紧平衡与粮食生产的隐忧

　　人类生存离不开食物，人类繁衍生息的本能不会改变。马尔萨斯在 200 多年前发表的《人口原理》中，系统地探讨了人口与食物的关系。人口增加以及食品消费结构升级等其他因素长期带来的刚性需求，使世界粮食需求增长令人震惊，1990—2005 年年均需求增长量为 2 100 万吨，而 2005—2010 年的五年里年均增长到 4 100 万吨，几乎翻了一番。世界粮食生产主要集中在亚洲、欧洲和北美地区，美国、加拿大、澳大利亚、巴西等国不仅是储粮大户，更控制了世界粮食出口量的 80％。近几年，全球粮食产量稳定在 22 亿～23 亿吨之间，美国粮食产量约占全球粮食产量的 1/5，常年出口量占全球出口总量的 35％左右。所以，美国不只是经济大国、军事强国，还是名副其实的农业大国、农业强国。全球粮食供求总体偏紧，近 12 年中有 9 年粮食产量产不足需，220

多个国家和地区，粮食能够自给的不足一半。从 2004 年到 2007 年，全球饥饿人口至少增加 7 500 万，2008 年有 33 个国家遭受粮食危机，2009 年首超 10 亿，平均有 2.5 万人死于饥饿。当今世界，有 1/5 的国家缺粮，11 亿人挨饿，10 亿人"隐性挨饿"，但也有 10 亿人在过度消费，每年生产的食品中有 1/3 最后被浪费。由于世界粮食体系日渐脆弱，粮价持续上涨，使得高度依赖粮食进口的国家和地区难以承受，导致缺粮甚至饥荒。2011 年，全球粮食价格比 2007 年翻了一番，联合国粮价指数达到人类有史以来最高水平，可以预计国际粮价还将长期维持高位，这也意味着很多国家和地区将长期与饥饿相伴。时至今日，马尔萨斯幽灵并未真正走远，始终成为高悬在几十亿人头上的一把达摩克利斯之剑。

十几亿人吃饱吃好是中国当前最大的民生。2011 年，我国粮食生产实现"八连增"，粮食播种面积、单产和总产再创历史新高，总产首次迈上了 11 000 亿斤台阶。但是，受粮食需求长期刚性增加、供求结构性和区域性矛盾突出等因素影响，我国粮食供求处于并将长期处于紧平衡状态。目前，我国人均粮食占有量只有 700 多斤，而且动物和机器还要与人争粮。这个水平早在 1 000 多年前的唐朝天宝年间就已达到。近年来，虽然国家把粮食生产放在十分重要的位置，不少专家、学者也专门研究粮食安全问题并提出对策，但是，由于工业化与城市化的"挤出效应"，加之地方政府追求 GDP 缺乏种粮热情，农民追求经济效益要钱不要粮，因而粮食安全远未形成社会共识，国家政策也不能很好地贯彻落实。从我国现状来看，排除国内政策和国际市场的影响，粮食生产依然存在着极大隐忧。

隐忧一，谁来种粮。农民是农业的主体，也是粮食生产的主力军。随着工业化和城市化加快发展，农村无人种粮、不愿种粮的问题日益突出，而且呈现出不断扩大的趋势。一是农村无人种粮、人才匮乏。大量的农村青壮年涌入城市，农村劳动力出现老年化和女性化倾向。我国农村目前栖居的主体人群是一个被称为"386199"部队的老弱病残妇幼，"青壮打工去，收禾童与叟"的景象十分普遍，很多家庭是"门口拴着一条狗，屋里剩下老两口"。

同时，由于农村教育投入严重不足，农村人力资源只利用不开发，农村基础教育和职业教育发展迟缓，制约了农村人才的培养和积累，导致农村劳动力素质难以提升；在教育产业化的大背景下，大学选人偏向城市，大量高智商的农村学生无缘进入大学，农村大学生的比例一降再降，全国592个贫困县中5年来80%以上的县没有考生考入清华大学；不断扩大的城乡差距，阻碍了人力资源的合理化配置，使人才在城乡之间双向流动的推拉力失衡、机制失效，呈现出从农村向城市的单向流动特征。二是农民不愿种粮。因工业化进程中形成的工农业产品价格"剪刀差"始终在延续，致使我国农业效益特别是种粮效益一直偏低，甚至出现种粮亏本的现象。袁隆平算了一笔账，2011年农民种水稻一亩只赚7.5元。欧洲农民生产2 500千克蔬菜或水果就能换回一辆轿车，中国农民生产2.5万千克蔬菜或水果还难以换回一辆轿车，也就是说中国农民生产的价值在工业品面前还不及欧洲农民的1/10。同时，粮食生产过程中还存在种粮与打工的比较效益差、种粮与种植经济作物的产出效益差、粮食限价与农资价格飞涨的"剪刀差"。这种"剪刀差"，严重挫伤了农民的种粮积极性，许多农民宁愿背井离乡到城市打工，也不愿意留在农村种田，直接导致农村劳动力呈现结构性紧缺，粮食生产"副业化"趋势已经较为普遍。

隐忧二，何处种粮。我国的基本国情是人多地少水缺，即便如此，有限的土地和水资源仍然没有得到合理利用和有效保护。就土地而言，受非农建设占用等各种因素影响，我国耕地资源逐年减少。改革开放以来，全国耕地锐减近3亿亩；2007年全国耕地面积为18.26亿亩（其中质量相对较差的中低产田约占2/3），比1996年减少1.25亿亩，年均减少1 100万亩。目前，全国人均耕地面积1.38亩，约为世界平均水平的40%，而且土地沙化、土壤退化、"三废"污染等问题严重，现有2亿多亩耕地受到污染。随着工业化和城镇化进程的加快，耕地依然会继续减少，宜耕后备土地资源日趋匮乏。虽然中央"确保18亿亩耕地红线"的警钟一再敲响，但是"钟照敲、线照闯"的现象十分普遍。为应对国家占补平衡政策，农村土地整治新增耕地只是数量意义上的占补相对平衡，质量和肥力不足，粮食产出率大受影响。从水资源来看，存在着"水少、水多、水脏"的问题。"水少"：我国淡水资源总量约 3 万亿立方米，约占全球 6%；人均占有量约 2 200 立方米，约为世界平均水平的 1/4，每年农业生产缺水 200 多亿立方米，约有 2.3 亿亩耕地遭受干旱威胁。而生产一斤小麦需要 1 000 斤水，生产一斤水稻需要 1 500 斤水，这是必须的。"水多"：水资源时空分布极不均衡，南多北少，夏季多，春秋少。北方地区水资源短缺矛盾突出，东北和黄淮海地区粮食产量占全国的 53%，商品粮占全国的 66%，由于近年来降水持续偏少，干旱化趋势严重，很多地区超采地下水灌溉，三江平原近 10 年来地下水位平均下降 2～3 米，华北平原已形成世界最大的地下水开采漏斗区。"水脏"：水污染严重。我国污水排放总量世界第一。农业源污染已超过生活源和工业源污染，成为水体的主要污染源，水污染已从点到面、从城市到农村、从大江大河向小溪扩散。乡村田野流淌的大小河沟，污染程度触目惊心，臭气熏天、鱼虾绝迹的现象为数不少。用这样的水质灌溉农田，生产出的农产品可想而知。有专家研究，有效治理深层污染需要上千年时间。

隐忧三，如何种粮。我国农业基础条件仍然薄弱，总体上"靠天收"的局面没有根本改变。首先，农田水利基础设施建设严重滞后。水利是农业的命脉，对粮食生产的贡献率在 40% 以上，但由于投入不足，农田水利基础设施尤其是中小型农田水利建设欠账过多，基本上还在吃 20 世纪六七十年代的老本，很多处于超期服役、带病运行的状态。全国有效灌溉面积 2011 年刚刚超过 50%。近些年，极端异常气候发生次数越来越多、程度越来越深，或违反时令，突如其来；或大涝大旱，登峰造极；或集于一点，摧毁万物。有专家调查表明，2010 年地质灾害比过去扩大了十几倍，全国类似舟曲易发泥石流的地方有 1.6 万个。大自然的威力，对农田水利基础设施的要求越来越高。其次，农业科技支撑能力不强。科技是第一生产力，对粮食增产的贡献显而易见。但是，我国农业科技比较落后，很多地方仍然沿袭着精耕细作的传统生产方式。我国农业科技贡献率 2011 年仅为 53.5%，发达国家都在 70%～80%。有关专家称，2009 年我国投入农业的科研经费为 21 亿元人民币，而美国孟山都一家公司投入的科研经费就高达 8 亿多美元。同时，农业机械化水平偏低，农作物耕种收综合机械化水平仅有 54.5%；农业科技推广投入少，服务手段不足，服务能力不高，效果不明显。

隐忧四，食品安全。粮食安全是量与质的统一。但令人担忧的是，现在不安全食品正在时刻威胁着我们。土地污染、水污染、化肥农药污染、加工环节污染危及食品安全，"谁能告诉我，究竟吃什么"成了社会流行病。吃本来是一顿饭的事，现在变了一辈子的事，吃不好，一眨眼一辈子就过去了。更为可怕的是，由于政府监管不到位（2010 年全国仍有 72 个地级区域、1 305 个县级区域未设立食品监管机构）等原因，在这场危及所有人的食品安全保卫战中，人人都在后撤，人人都做旁观者。"祸从口入"成了这个时代人人自危的根源。

粮食生产要素主要有土地、劳动力和生产资料投入。而我国耕地面积日趋锐减，种粮劳动力日益短缺，中间物质投入长期不足，这些都将直接影响到粮食产量。作为一个有着十几亿人口的大国，一旦粮食生产出现问题，谁也救不了我们。

"粮心"回归："政通人和"与"天时地利"

粮食是准公共产品。粮食生产是安民保国的大事，只能"靠己"不能"求人"。依赖世界粮食市场供给，不仅无法有效满足国内粮食消费，还要承受巨大的财政压力、政治和道义压力，甚至可能会危及国内产业发展，进而受制于人。我国粮食安全之策，必须立足国内、实现基本自给，同时加强粮食国际合作，实施多边粮食贸易战略，破除国际资本垄断，避免经济风险和政治摩擦。坚持国内粮食基本自给方针，关键是要做好"政通、人和、地利、天时"四篇文章。

"政通"就是充分发挥政策的支撑效应和调控功能，保障粮食安全有效供给。一是加大投入力度。调整中央财政支出结构，提高用于农业特别是粮食生产支出的比重，逐步增加对农业基本建设和农村基础设施建设等各方面的投入；进一步完善财政支农的结构和方式，重点增加对种粮农民的直接补贴；在金融、税收、保险、投资等方面加大对农业特别是粮食生产的支持。二是加强粮食宏观调控。健全粮食统计制度，加强粮食监测，加快建立粮食预警监测体系和市场信息会商机制。建立健全与物价变动相适应的城乡低保动态调整机制，保障特殊群体的粮食供应。加快研究制定国内粮油收购、销售、储存、运输、加工等领域产业政策。三是推进粮食法治建设。制定粮食安全法，制（修）订中央和地方储备粮管理、规范粮食经营和交易行为等配套法规。加大执法力度，强化粮食市场监管，保证粮食质量和卫生安全，维护正常的粮食流通秩序。四是健全粮食储备体系。完善粮油储备调控体系，优化中央储备粮油地区布局；健全储备粮管理机制，改善储粮条件，提高粮食储藏技术应用水平，确保储粮安全。五是深化粮食流通体制改革。积极推进现代粮食流通产业发展，努力提高粮食市场主体的竞争能力。继续推进国有粮食企业改革，重点扶持一批国有粮食收购、仓储、加工骨干企业，发挥他们在粮食收购中的主渠道作用。健全粮食市场体系，重点建设区域性、专业性的大宗粮食品种批发市场和大中城市成品粮油批发市场，发展粮食统一配送和电子商务，建立全国粮食物流公共信息平台。加强粮食物流体系建设。六是保证食物质量安全。推进特色农业区域化布局、专业化生产和产业化经营，坚持市场导向、龙头带动和科技支撑，不断提高优质特产农产品的规模和质量；提高农产品市场准入制度，畅通劣质产品退出制度，加强生产安全认证制度、质量安全信息追踪制度和食品卫生保障制度，强化市场监管，加强检测检验，努力构建从农田到餐桌的全过程绿色无公害产业链条。

"人和"就是营造各方面重视粮食问题的社会氛围。一是以奖励机制调动地方政府抓粮积极性。建立健全粮食安全分级责任制，逐步完善粮食安全监督检查和绩效考核机制，确保保护耕地和基本农田、稳定粮食播种面积、充实地方储备和落实粮食风险基金地方配套资金等任务落到实处。加大对粮食主产区的转移支付和奖补力度，缓解主产区财政困难，促进主产区进一步提高粮食生产能力。建立产销区利益补偿机制，主销区应按照净调出商品粮食数量对主产区进行补偿，并划定粮食自给率底线，承担粮食安全的公共责任。二是以经济效益激发"种粮者"的内生动力。完善农业"四补贴"和粮食最低保护价收购政策，逐步增加粮食补贴标准和规模，稳步提升粮食价格，缩小并逐步消除"剪刀差"。建立符合市场化要求、适合国情的新型粮食价格支持体系，完善农业政策性保险，逐步提高粮食生产的投入收益和比较效益，促使农民回归土地。大力发展农民专业合作组织，强力支持粮食企业和种粮大户发展，在税收、土地租赁、农田水利建设、农业保险补贴、农机服务等方面予以政策倾斜，推动粮食生产的机械化、专业化、规模化，大幅度提高劳动生产率和粮食生产能力，破解粮食生产多重难题。三是以舆论宣传引导社会节粮、惜粮。加强舆论引导和宣传教育，提高全民粮食安全意识，倡导科学节约用粮。改进粮食收购和储运方式，加快推广农户科学储粮技术，减少粮食产后损耗。控制粮油不合理的加工转化，提高粮食综合利用效率和饲料转化水平。按照建设资源节约型社会的要求，形成科学合理的膳食结构，建立"绿色餐饮、节约粮食"的文明规范，引导科学饮食、健康消费，弘扬全社会爱惜粮食、反对浪费的良好风尚。

"地利"就是加强耕地保护，提高耕地质量，保障粮食生产的土地需求。一是实行最严格的耕地保护制度，确保全国耕地保有量不低于18亿亩。坚持省级耕地保护目标责任制度，执行耕地保护分解任务，把基本农田落实到地块和农户，保证面积不减少、用途不改变、质量有提高。严格执行基本农田保护条例，健全国家土地督察机制，坚决查处土地违规违法行为。二是改革征地制度，保障农民的土地权益。划定基本农田，加强土地利用年度计划管理，严格控制非农建设用地规模；执行耕地占补平衡制度，加强对补充耕地质量等级的评定和审核；改变财政收入中央和地方权责不对等状况，杜绝土地财政；建立城乡统一的用地市场，大幅提高农民在土地增值收益中的分配比例。三是改善耕地质量。推进农业综合开发和基本农田整治，加快中低产田改造，优化耕地利用结构，调整土地利用布局，改进耕作方式，发展保护性耕作，稳步提高耕地基础地力和持续产出能力。严格控制面源污染，大力推广使用有机肥料、生物肥料、生物农药、可降解农膜，减少耕地污染，保护和改善粮食产地环境。四是加快农业经营体制机制创新，依法推进农村土地承包经营权流转，培育和发展多种形式适度规模经营的市场环境，促进土地规模化和集约化经营，提高土地产出效率。

"天时"就是改善粮食生产环境，大兴农田水利建设，提高农业科技支撑力，从根本上改变"靠天收"的局面，促进粮食稳定增产增收。一是加强农田水利基础设施建设。加大水利建设资金投入，加快重大水利工程项目建设，实施重点涝区治理，狠抓中小型农田水利建设，完善灌排体系建设，提高农业供水保证率，增强防灾抗灾能力。二是提高水资源效益。加强水资源管理，严格控制地下水开采，加快灌区水管体制改革，对农业用水实行总量控制和定额管理。积极发展节水灌溉和旱作节水农业，大力发展循环农业和生态农业，切实提高水资源利用效率。三是强化科技支撑。建立以政府为主导的多元化、多渠道的农业科研投入体系，加快农业技术成果的集成创新、中试熟化和推广普及。大力促进科技创新，强化农业生物技术和信息技术的应用，加强科研攻关，提高生物育种的研发能力和扩繁能力，加快培育形成一批具有自主知识产权的高产、优质、抗性强的粮油品种。构建以国家农技推广机构为主体、科研单位和大专院校参与的农业科技成果推广体系，加大重大技术推广支持力度，探索农业科技成果进村入户的有效机制和办法。大力发展农村职业教育，完善农民科技培训体系，引导涉农企业、农民专业合作经济组织开展农业技术创新和推广活动，提高农民科学种粮技能。

"人皆有粮"，是联合国粮农组织的梦想，也是全球每一个公民的梦想。当现实与梦想割裂甚至越走越远时，我们需要一种东西维系现实的希望、保持追梦的信心。这就是"粮心"。

只有社会多一点"粮心"，人类的生存与发展、文明的传承与发扬才多一分安全和保障。法国著名科学家法布尔有一段名言："历史赞美把人们引向死亡的战场，却不屑于讲述人们赖以生存的麦田。历史清楚地知道皇帝私生子的名字，却不愿意告诉人们麦子是从哪里来的。这正是人类的愚蠢之处。"现实已经不容许我们再让这种愚蠢延续下去了！

（本文原载于《中国发展观察》2012 年第 7 期）

信用，一把高悬的利剑

    市场经济的两大基石是产权和信用，社会治理的两大基石是法律和道德。道德其实就是伦理学视角的信用准则。信用之于经济社会发展具有基础性的价值和意义。它像一把高悬的利剑，保护守信者，制裁失信者。人无信不立，业无信不兴，国无信则衰。孔子《论语》中"耻"出现16次，"敬"出现21次，"义"出现24次，"善"出现36次，而"信"的出现高达38次。面对全国失信被执行人名单总数累计已高达1 500多万，而且还在不断增多的严峻现实，以诚为基、以信为本的信用体系建设应是当务之急。

    所谓信用即行为主体能够履行诺言而取得的信任。双方当事人按契约规定享有权利和承担义务，只要契约规定的权利和义务不是当时交割，存在时滞，就存在信用。信用是长时间积累的信任度，它是自愿自觉的，不是强迫违心的，是长期履行承诺、反复交往、不断延续的正面记录。信用的获取非一日之功，需要"积土成山""积水成渊"，但信用的丧失则会因一件小事瞬间完成，所有正面记录一次清零。从社会学的角度看，它是一种特殊的社会心理现象，是授信人依据受信人的资信作出的一种理性判断。它又是一种社会关系，信用不仅仅是个人行为，它是发生在授信人与受信人之间的一种社会交往关系。从经济学的角度看，信用是一种借与贷的关系，是指在商品交换或其他经济活动中，授信人充分信任受信人能够实现其承诺，以契约关系进行的价值运动，是一种交易方式。从伦理道德的角度看，又是一种道德品质准则。信用是将伦理道德规范加于自身的约束行为，它以伦理上无可非议的，既是正当的、又是正面的价值为最低道德底线。

信用体现的是双方当事人对约定义务的履行，它包括公约和私约两种，法律就是对全体社会成员具有强制约束力的社会公约。对于违反社会公约的失信行为，法律使用强制暴力限制失信人的自由，但对发生在人与人之间并不触犯法律、属于道德品质问题的不良行为，只能利用非强制的社会力量解决。尤其在经济生活中，大约有95%的失信行为是不触犯法律的不良行为，法律无法判决。违法一定失信，但失信未必违法。在发达国家，人们宁愿坐牢受到法律公约的制裁，也不愿接受社会道德的惩罚。一个人一旦信用出了问题，就等于为自己建立起了一座"虚拟牢房"，找工作没人雇佣你，没钱花无人敢借给你，住旅店要先交钱，买保险别人要100元、你得交500元，走到哪里不论办任何事情都会受到种种歧视，是一个生活在茫茫人海中的"鲁滨逊"，不管好人、坏人，没人愿意跟你合作，没人愿意与你联系，没人愿意与你交往，谁都对你翻白眼，谁都对你不相信……在这样举步艰难、寸步难行的"虚拟牢房"里生活，岂不是比实体牢房还难受！

"君子一言，驷马难追""一诺千金"……这样的格言警句在中华儿女的传统文化里妇孺皆知。"狼来了"的寓言故事家喻户晓，为了一个承诺，历经几代人接力完成的事例层出不穷。晋商首创汇兑业务，能让人用一大车白花花银子换一张白纸条，把票号开到数十个国家，靠的就是信用。中国的乡村几千年聚族而居，构建成一个熟人社会，熟人社会的游戏规则，诚实守信是根本，一旦失去诚信，将会被熟人社区成员集体抛弃，甚至祸及子孙。

今天我们正处在一个百年未有之变局的大变革时代，技术化社会的高科技正在全方位颠覆着人们的生活，传统的思维方式、思想观念正面临断崖式塌陷，价值观多元让人们对是非、美丑、善恶的判断力弱化。错综复杂、扑朔迷离的现实场景让诚信在一些地方、一些领域、一些人的头脑里变得模糊不清，甚至渐行渐远。全国法院系统从2013年10月至今已通过失信惩戒系统累计限制2 000多万人次购买机票、车票，霸座、抢位、乱扔垃圾、争夺公交司机方向盘等不良行为更是屡见媒体频频曝光。

社会化分工越来越细，在交通、通信高度发达的现代社会，人们的相互依存度却越来越高，一旦失信，毁掉的不仅仅是自己，很可能是一家企业、一个产业甚至一方经济。当年的三聚氰胺事件不仅毁掉了三鹿集团，更导致中国人对国产牛奶的消费信心至今尚未恢复，一个蒸蒸日上的牛奶产业从此一蹶不振，历经十年仍徘徊不前。在一个盛产特色农产品的地方，外地商人纷至沓来采购。一家客商不慎开车撞死一只羊，主人要求赔偿两千元，客商虽嫌价高，但身处异乡也只得接受。付钱后要把死羊带走，但主人不让，说两千元赔的是羊命，羊不能带走。商人与之理论，羊的主人慢悠悠地说：如果你撞死的是我爸，你能把他拉回你家吗？后事还不是归我处理！商人明知这是歪理又找不出应对言辞，只好作罢。此事一经传开，这里的农产品再无客商争抢的局面。

建立健全社会信用体系是国家治理体系和治理能力现代化的重要标志，当务之急应突出抓好以下几个方面。

首先是基层政府和各类基层组织要守信。基层政府和各类基层组织直接与广大基层民众打交道，一举一动、一言一行都会对社会信用的建立影响巨大。上有所好、下必甚焉，一旦失信，后患无穷。不光会影响社会风气，还会使社会治理掉入"塔西佗陷阱"，即一旦公权力遭遇公信力危机时，不论说真话还是说假话，做好事还是做坏事，民众统统认为不可信，统统不予理睬。当前一些地方大搞基础设施建设，结果拖欠企业资金，无法偿还，企业被拖垮的现象时有发生；一些地方没有经过充分的市场论证，就盲目宣传要农民都种什么或养什么，结果几年后产品成灾，卖不出去；还有个别地方没有弄清脱贫与致富的关系，在脱贫攻坚中提出让贫困户都要致富的目标任务，把脱贫与致富、政府与市场、保障与发展混为一谈，这种要求很难兑现。建立健全社会信用体系，基层政府和各类基层组织以身作则、恪守诚信、规范行为、做好表率，至关重要。实施乡村振兴的五大目标任务之一就是治理有效，而治理有效的关键环节就是建立社会信用体系，舍此，治理很难有效。而如果治理不灵，则其他四项目标任务实现了也会再失去。

其次是从村社、家户抓起，从学校、娃娃抓起，全面建立"守信者荣、失信者耻、无信者忧"的激励惩戒机制。就宏观层面而言，国家用于"征"的有三个方面：征人（如征兵卫国、征民应急）、征钱（如征税）、征信（征集公民信用）。在个人征信方面，全国已建立如启信宝、企查查、天眼查等130多个征信机构，国家正依托互联网建立全国统一的征信体系。就微观层面而言，可以县区为单位，因地制宜，在基层村社、家户建立信用评级制度，根据本地实际设立统一标准、统一系统、统一评级的信息采集和评价机制，全面开展创建"信用家庭""信用村社"活动，并与评优评先、项目建设、贷款使用、参保抵押等方面的利益分配挂钩。在有条件的村社可依托"智慧社区平台"，在公共场所安装监控设备，让偷窃、乱扔垃圾、随地吐痰等不良行为有案可查、村内曝光，让失信者不敢为、不能为、不愿为。信用体系建设是一项需要长期坚持、不懈努力的系统工程，因此必须进学校、进课堂，从娃娃时代打基础，让孩子从小就有强烈的诚信意识。应在大中小学建立一整套信用评价体系，与学生的毕业、升学、评优评先、奖学金发放、评语鉴定等紧密结合，从正面激励和反面惩戒两方面做好"他律"，以培养学生的"自律"精神。

再者是建立健全有关法律法规。据有关调查显示，美国有17部关于信用的法律，这是一种强大的威慑力量。我国在这方面刚刚起步，2016年国务院办公厅已经下发了《关于加强个人诚信体系建设的指导意见》，要求加强社会公德、职业道德、家庭美德和个人品德教育，并建立健全个人严重失信行为的披露、曝光和举报制度，使我国信用体系建设迈出一大步。在法律法规尚有缺位的情况下，充分发动社会成员、利用亿万双眼睛监督，通过社会的无形力量予以惩处，应当是当下维护社会秩序、规范市场行为、推进精神文明的有力举措。各地应在这方面大胆探索，一方面解决现实问题，另一方面为推进信用立法积累经验，提供条件，做好准备。

（本文原载于《中国发展观察》2019年第21期）

人文红利：乡村振兴的精神力量

　　20 世纪 80 年代，中国充分发掘人口红利的潜能，迅速崛起。今天随着出生率下降，老龄化提前，人口红利逐渐淡出，"人才红利"正成为推动经济社会发展的重要力量。各地政府多渠道培育人才，花重金延揽人才，出奇招发掘人才，"抢人大战"不断上演。不论是人口红利还是人才红利，都是关注个体，人口红利强调人的数量，人才红利强调人的质量。乡村振兴离不开人口红利和人才红利，但更需要开发"人文红利"。人文红利是关注人的群体，是一个国家和民族长期积淀的精神风貌和心智品格凝聚的感召力，是大多数成员认同的价值取向、思维方式、道德规范等真理性精神外化的影响力。

　　乡村振兴离不开艰苦创业精神。艰苦创业是中华民族最鲜明的突出特征，是中华儿女引以为傲的民族精神。五千年文明史也是中华民族的艰苦创业史、接续奋斗史，五千年文明薪火相传没有中断的重要原因就是中华民族有艰苦创业精神。从茹毛饮血到钻木取火，从刀耕火种到桑基鱼塘，从木制耧犁到智能机械，中华民族一路走来，始终重视对艰苦创业精神的塑造和弘扬。新中国成立以来，这种精神——尤其在集体协作的助推下，涌现出一批带有鲜明时代特征的典型范例，如全凭人工开凿，在悬崖峭壁上修起一条长达几千公里"天河"的"红旗渠精神"；在荒无人烟的沼泽烂泥地上开垦土地，打造大粮仓，年产 250 多亿千克粮食，可供 1 亿多人一年口粮的"北大荒精神"；曾经激励一个时代的"大庆精神""大寨精神"；从"一棵松"到"百万亩"的"塞罕坝精神"；把不毛之地建成塞上绿洲的"右玉精神"，等等。乡村振兴应该充分挖掘、发扬这种精神。在生存环境相对恶劣、物质条件相对匮乏的时代，人们容易保持这种精神。今天，生活条件相对富足，绝少出尽牛力的重体力劳作，没有饥寒交迫缺衣少粮的生活窘境，这种精神便逐渐淡化。当前一些地区或群体还处于相对贫困的状态，迫切需要继续发扬这种精神，克服"等、靠、要"思想，把艰苦创业这个中华民族世代接续的"传家宝"传下去。尤其在脱贫攻坚与乡村振兴衔接的关键时期，补足艰苦创业的精神钙片，敢于直面问题，勇于破解难题，更是我们抓好各项工作的动力源。由勤入懒易，由懒入勤难；由俭入奢易，由奢入俭难。艰苦创业精神这个传家宝一旦失传，小则阻碍乡村振兴，大则危及国家发展。

乡村振兴离不开改革创新精神。40年多前，发端于凤阳县小岗村的"大包干"揭开了改革开放的序幕，18户村民以"托孤"的形式，立下生死状，按下红手印，签订大包干契约，冲破了体制机制的障碍，为中国农村改革探索了方向、开辟了道路。今天，中国农村发展又到了新的历史节点，诸多体制机制障碍还没有真正破解。这些难题既有乡村内部的问题，也有如何与城市处理好关系的问题，例如城乡二元结构问题、城乡资源均衡配置问题、城市要素返农问题等，这些都需要敢闯敢试、大胆探索，需要发扬改革创新、敢于担当的精神。当前，各种改革试验在很多地方悄然推进，一些有勇有谋之士身体力行，不断开拓，农业农村部也在全国设立了50多个国家农村改革试验区，这些民间与官方的试点和探索，取得了很多卓有成效的经验。但总体上看，像小岗村一样的创新创举还很不足，带有前瞻性、全局性和深远性影响的改革举措还是不多。当然，这与我国城乡制度改革逐步迈入"深水区"也有关系。改革如逆水行舟、爬坡过坎，不进则退。城乡发展中的许多制度都存在路径依赖特征，如果改革在一些关键环节、重大问题上不能取得突破性深化，就会累积制度风险，进一步增大改革压力，城乡二元的体制机制就难以得到根本转变；城乡融合如果阻力重重，举步维艰，乡村振兴就难以如期实现。

乡村振兴离不开耕读传家精神。耕读传家是起于先秦，成于唐宋，盛于晚清的精神传统。耕是为了生存，读是为了发展。耕是为了小家，读是为了国家。耕读传家透现出"穷则独善其身，达则兼济天下"修齐治平的大格局，体现了中华儿女世代相传的家国情怀。纵观历史，绝大多数取得伟大成就的成功者都是从有着世代沿袭耕读传家风气的世家大族、名门望族中走出来的。浙江临安钱姓，自五代十国先祖钱镠留下家训传世，家族历代名人辈出，今天在世界各国的院士级科学家群体中，出自这个家族的多达 100 多位。头悬梁、锥刺股、囊萤夜读、寒窗映雪的求知佳话，成为古代教子读书的范例。在知识传播手段和条件异常发达的今天，耕读传家精神却有所淡化。父母外出打工，一些乡村孩子在家沉溺于刷抖音、玩游戏；受父母影响，一些乡村孩子赚钱意识很强，读书的意识却很弱，"读书不高尚，赚钱才富贵"的心态不断滋生。物欲至上、享乐至上，成了一些孩子的座右铭。这种风气的形成，有家庭、社会的原因，也有乡村教育体制机制的问题。乡村自推行撤点并校以来，学校总量已由最高峰的 60 多万所减少到最低时的 20 多万所，乡村孩子面临新的"上学难"。乡村孩子要接受更好的义务教育，需要到城镇上学，义务教育学费是免除了，但需要家长陪读、租房等，接受义务教育的成本更高了。因此，下大功夫落实好"学生单程不超过半小时"的国家政策，是继承耕读传家精神的制度供给。乡村孩子是未来振兴乡村的主体，是加长"四化"中农业农村现代化这条短腿的主力，培养乡村孩子的读书意识，为乡村孩子创造读书条件是根本。今天接受知识和信息的渠道虽然多元，但绝不能忽视学校的正规教育，这是培养乡村人才的根基。耕读传家的精神不能接续，乡村振兴就没有人才支撑。

乡村振兴离不开道法自然精神。从空间结构看，乡村振兴可分为家户、家园、田园、山水四层机理，山水是乡村振兴的第一层机理，守护好山水是乡村振兴的基础。山水是自然环境的统称，它脱胎于宇宙洪荒，是人类生存的大环境，大环境好坏关涉人们生存状态和生存质量。自从人类进入工业文明、城市文明以来，遵循自然规律的意识淡化，追求改造自然的意识增强，"人是自然的主宰"这一理念广泛流传，让人们陷入认识误区，认为可以不受自身所限，任意拓展资源利用广度，改变资源利用方式，由此，乱砍滥伐、乱采滥挖等现象层出不穷。这实际上是对道法自然精神的违背。2012年，国际环保组织开始设立"地球生态超载日"，意在提醒人们对自然的索取已经超过了地球生态临界点，开始进入生态赤字状态。据专家测算，1970年，地球生态超载日为12月29日，人类碳排放和资源消耗首次出现超载，地球首次进入"欠费"状态。以后这个时间不断提前，2016年为8月8日，2017年为8月2日，2018年为8月1日；2019年为7月29日，比1970年提前了整整150天，为史上最早一日，人类将背上沉重的生态欠债。道法自然是古人朴素的生态道德观，这种道德观由农业文明孕育而生，是中华文明能够延续传承的根本原因，它要求人们认识和顺应自然规律，尊重发展规则，正确处理人与人、人与物、人与自然之间的关系。中国改革开放以来，取得的巨大成就数不胜数，但最重要的成就就是走出了人与人、人与物和人与自然关系的陷阱，人们逐渐认识到，人只是自然的一员，规律只能认知，不能违背。由此，习近平总书记提出的"绿水青山就是金山银山"的"两山"理论，成为中国生态文明建设的指导思想，国家出台了严厉的生态环境保护制度，责任终身追究，筑起一道道壁垒森严的屏障；但真正落实到位还需下大功夫。乡村之于社会最重要的职责就是保障生态、粮食和文化三大安全，生态环境不安全是最大的隐患，它有可能带来亡国灭种的危险，古代四大文明古国有三个都因环境恶化而消失。

乡村振兴离不开团结协作精神。中国农业是典型的江河农业，长江黄河两大水系孕育了五千年的农业文明。中国农业发展史也是一部与水患做斗争的历史，需要上下游、左右岸通力协作，合力治水。这种长期共克水患的地理互动，培育了中国人民的团结协作精神，塑造了"以和为贵"的文化思想、"己所不欲勿施于人"的处世之道、"计利当计天下利"的价值追求。团结协作是人类生存的法则，也是社会发展的规律。当今时代社会化分工越来越细，但人的彼此依存度却越来越高，团结协作的要求也更加缜密、深刻、广泛。据史书记载，中国消亡、变迁和融合的民族共有 600 多个，即使少数民族入关，也都被逐渐同化，这可以透现出中华民族的包容性和融合力。这样一个多民族的国家，各民族也只有加强融合、团结协作，中华文明才能薪火相传，中华民族才能屹立于世界民族之林。习近平总书记提出的"人类命运共同体"所体现的团结互助、共生共荣、共同发展的协作精神，就是中国几千年延续传承的团结协作精神在处理各种复杂关系方面的具体展现。乡村振兴不只是乡村自己的事情，它需要多方合力，需要全社会方方面面的团结协作，需要政府和市场协作、城市和乡村协作、院校和地方协作、农民和干部协作等，只有各方面力量各司其职、各展所长、各得其所、同舟共济，才能培育乡村振兴的组织动能，产生乡村振兴的"能量聚变"效应。

乡村振兴离不开诚实守信精神。中国乡村几千年聚族而居，构建成一个熟人社会。熟人社会的游戏规则，诚实守信是根本，一旦失去诚信，将会被熟人社区成员集体抛弃，甚至祸及子孙。诚实守信是中国乡村社会的融合剂，是乡村社区成员的最大福利。但是，随着城乡人口的迁移和流动，乡村的熟人社会逐步向半熟人和陌生人社会转化，传统思维方式、思想观念开始面临断崖式塌陷，诚实守信在一些地方、一些领域、一些人的头脑里逐渐淡化，甚至渐行渐远。乡村振兴应重塑诚实守信精神，构建农村社区信用体系，全面建立"守信者荣、失信者耻、无信者忧"的激励惩戒机制。应以县区为单位，在基层村社、家户建立信用评级制度，全面开展创建"信用家庭""信用村社"活动，并与评优评先、贷款使用、参保抵押等方面的利益分配挂钩，有条件的村社可依托智慧社区平台，让不良行为有案可查、村内曝光，让失信者不敢为、不能为、不愿为。信用体系建设是一项系统工程，必须把农村社区信用体系建设与大中小学学生毕业、升学、评优评先等紧密衔接，从娃娃抓起，从正面激励和反面惩戒两方面做好农村社区成员"他律"，培养"自律"。人无信不立，业无信不兴，国无信则衰。培养诚信精神，构建信用体系，将使乡村振兴具有超常的凝聚力、强大的组织力、严谨的秩序性。

有着五千年文明积淀的中华民族累积着厚重的人文红利，需要我们在乡村振兴的征途上不断发现、发掘、发扬，使之成为推动乡村振兴取之不尽、用之不竭的精神能量。

（本文原载于《中国发展观察》2020 年 11 期）

图书在版编目（CIP）数据

问道乡村文化 / 刘奇著. —北京：中国农业出版
社，2023.9
ISBN 978-7-109-31072-8

Ⅰ.①问…　Ⅱ.①刘…　Ⅲ.①农村文化－文化事业－
建设－研究－中国　Ⅳ.①G127

中国国家版本馆 CIP 数据核字（2023）第 170330 号

中国农业出版社出版

地址：北京市朝阳区麦子店街 18 号楼
邮编：100125
责任编辑：闫保荣
版式设计：小荷博睿　　责任校对：周丽芳
印刷：北京中兴印刷有限公司
版次：2023 年 9 月第 1 版
印次：2023 年 9 月北京第 1 次印刷
发行：新华书店北京发行所
开本：700mm×1000mm　1/16
印张：18
字数：260 千字
定价：78.00 元
